데모쓰테네쓰

데모쓰테네쓰

비판정본

김억 번안

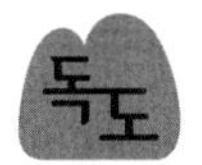

길을 읽다 5

독도 도서관 친구들

하늘은 아테네를 불쌍히 생각하시었던지 굉장히 뛰어난 인물을 아테네에 보내었습니다. 진실되고 열성적인 애국정신을 국민에게 폭포수와 같이 웅대하고 장쾌한 웅변으로 세 치 혀의 격동을 주어 한 시대의 안일함과 나태함을 각성하게 하려고 동분서주한 사람이었습니다. 이 사람은 과연 어떤 사람입니까? 다른 사람이 아니었습니다. 우리가 지금 붓을 다시 들어 말하려고 하는 데모스테네스, 바로 그 사람이었습니다.

〈해변에서 연설하는 데모스테네스〉. 들라크루아(Delacroix, Ferdinand Victor Eugène, 1798~1863)의 1859년 작품.

거센 바람이 울부짖는 날이면 팔레룸 해안으로 가서 뛰놀며 노래하는 파도를 군중의 왁자지껄한 소리로 삼고, 손을 들고 팔을 흔들며 큰 소리로 격렬하게 외쳐 가슴속에 가득 찬 의기를 발산하기도 하였습니다. 마음을 모아 오로지 연설술을 배웠습니다.【제2장 7】

최초의 대중 연설의 실패로 총회를 떠나는 데모스테네스. 영국 화가 월터 크레인(Walter Crane, 1845~1915.) 작품.

하루는 어느 집회에 나아가 연설을 시작하였는데, 문득 웃음소리와 지껄이는 소리가 나며 한 사람도 자기의 말을 들어주는 사람이 없었습니다. 데모스테네스는 얼굴이 붉어지며 혓바닥이 메말라 다시 말을 이어갈 용기가 없었습니다. 【제2장 8】

차례

비판정본 · 원문대역

부록

한국의 데모스테네스(Demosthenes Coreanus)

1921년 출간된《데모쓰테네쓰》를 이해하기 위해서, 20세기 초 한국에 소개된 데모스테네스가 어떤 모습이었고 어떤 특징을 지녔는지 소개하고자 한다. 한국 수사학 교육에서 데모스테네스의 모습을, 한국 역사에서 데모스테네스의 모습을, 수많은 고대 그리스 작가 중 데모스테네스가 가장 먼저 주목받은 이유를 살펴보겠다.

1. 안국선의《연설법방(演說法方)》

데모스테네스는 안국선(安國善, 1879-1926)이 저술한《연설법방》을 통해 처음으로 한국에 소개되었다. 안국선은 애국계몽기에 한국 정체를 군주제에서 공화제로 바꾸려는 개혁을 시도한 인물이었다. 안국선의 핵심 사상을 반영하고 있는《연설법방》은 1907년 11월에 처음 출판된 이후, 1년 만에 3판을 간행할 정도로 큰 인기를 얻었다.

이 책은 두 부분으로 나뉜다. 전반부는 연설에 관한 지침을 다루는 한편, 후반부는 모의 연설들로 구성되어 있다. 이러한 구성은 로마

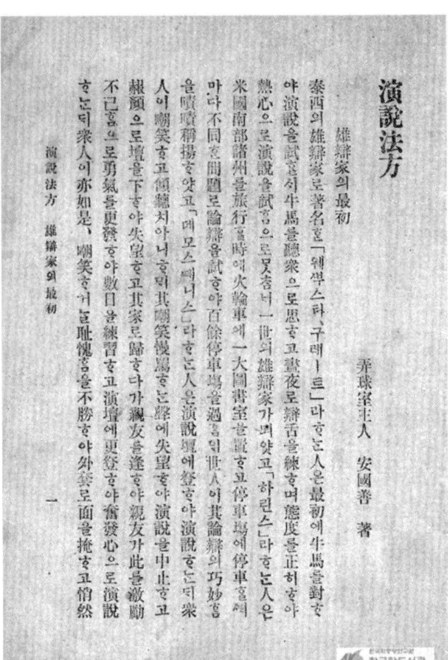

《연설법방》 초판본(editio princeps)

에서 유행했던 학교 수사학의 과정인 주장 교육(데클라마티오, declamatio) 또는 설득 훈련(프로귐나스마타, progymnasmata)의 전통을 따른 것이다. 이 책은 기본적으로《헤렌니우스를 위한 수사학 Rhetorica ad Herennium)》과 같은 수사학 교과서의 체계와는 완전히 다르다.《연설법방》은 연설의 종류, 연설가의 목표, 미덕, 표현의 기술 등에 대한 어떠한 설명도 제공하지 않는다. 예컨대, 비유(trope)와 문채(figure) 그리고 문체(style) 등의 논의에 어떤 관심도 기울이지 않는다. 책은 수사학 이론보다는 실습과 활용을 강조한다. 이는 안국선이 연설가의 용기와 태도를 강조한 것에서도 확인된다. 다음은 안국선의 말이다.

【태도 1】태도는 연단에 설 때 몸가짐의 방법이니, 곧 손짓하고

발짓하고 얼굴 가짐의 방법이다. 연설을 아무리 잘하더라도 그 몸가짐의 방법이 마땅하지 못하여 태도가 추하고 밉살스러우면 뭇사람은 환호하지 않고 도리어 싫증을 낸다. 수군거리는 사람도 있고 나가는 사람도 있어 좌중이 동요하면 연설의 재미가 점점 없어진다. 그러므로 어떤 이가 데모스테네스에게 연설의 비방을 물었다. 그가 답하기를 "연설의 비방은 첫째도 태도에 있고, 둘째도 태도에 있고, 셋째도 태도에 있다."라고 하며, 세 번씩이나 말하였다.

인용에서 살필 수 있듯이, 안국선은 데모스테네스를 연설가의 모범으로 제시한다. 그는 훌륭한 연설가가 되기 위해서는 데모스테네스의 끊임없는 노력과 실천을 본받아야 한다고 제안한다.

【최초 1】 '데모스테네스'라는 사람은 연단에 올라 연설하는데 많은 사람이 비웃고 귀를 기울이지 않았다. 그는 업신여기고 욕하는 소리에 실망하여 연설을 중지하고 붉어진 얼굴로 연단에서 내려왔다. 그는 실망하고 집으로 돌아가다가 친구를 만났는데, 친구가 격려해 마지않기에 용기를 내어 며칠을 또 연습하였다. 그는 연단에 다시 올라 분발심으로 연설하였다. 많은 사람이 마찬가지로 역시 비웃자, 부끄러움을 가누지 못하여 외투로 얼굴을 가리고 낙담하여 집으로 돌아왔다. 【최초 2】 (…) 이에 다시 마음을 단단히 먹고 깊은 산에 들어가 연설을 연습하였다. 큰 거울을 걸어놓고 손을 들고 발을 구르는 태도와 머리를 흔들고 눈알을 부라리는 자세를 배우면서 검을 어깨 위에 걸고 양어깨를 움츠리는 것에 주의하였다. 더러는 해변에 나가 해안의 암초

를 맞받아치는 파도 사이에 서서 큰소리로 그 파도의 소리와 다투며 작은 모래와 돌을 혀 아래 놓고 발음하기 어려운 음성을 소리 나게 하였다. 이러한 공부를 축적하여 그리스 제일의 웅변가가 되었을 뿐 아니라, 천년을 지나 오늘에 이르도록 이 사람에 견줄 만한 자가 없게 되었다.

위의 일화는 플루타르코스의 《비교열전》 중 데모스테네스 편의 6장을 기반으로 한 것이다. 안국선이 데모스테네스를 연설가의 모범으로 제시한 이유가 그의 문체(style)가 아니었다는 점이 흥미롭다. 이는 데모스테네스를 연설가의 모범으로 제시한 18-19세기 독일이나 프랑스 고전학자들의 평가와 추천과는 상당히 다르다.[1] 예를 들어, 서양고전학자들 사이에서 기술(ars)에 기반한 키케로의 문체가 우월한지, 아니면 본성(natura)에 충실한 데모스테네스의 문체가 우월한지에 대한 논쟁은 저자의 주요 관심사가 아니었다. 물론, 안국선이 그리스어 원문을 몰랐고, 데모스테네스의 문체에 내재된 연설의 힘과 표현의 위력을 제대로 파악하지 못했기 때문일 수도 있다. 사실, 연설의 문체에 대한 논의는 안국선에게 부차적인 문제였다. 연설은 어려운 것이라고 생각하는 사람들의 마음을 바꾸는 것이 더 급선무였기 때문이다. 그는 연습만이 이를 극복할 수 있는 것이라고 제안한다.

【방법 1】 그러나 맨 처음부터 잘하기는 도저히 가능하지 않으

---

[1] 18세기 유럽의 데모스테네스 수용사에 관해서는 독일의 고전 문헌학자 울리히 쉰델 교수의 박사논문을 참고하라. Ulrich Schindel, 1963, "Demosthenes im 18. Jarhhundert, Zetemata 31". C-H-Beck: München, 90-118.

니, 연습하는 공부를 쌓지 않으면 안 된다. 그 연습하는 방법은 일일이 열거할 겨를이 없다. 하지만 우선 제일 긴요한 것은 사람들을 마주하고 항상 변론하되, 꺼리지 말고 깊게 생각하지 말며 굴하지 말고 움츠리지 말라. 남이 나를 비웃어도 아랑곳하지 말며, 남이 나를 '미친놈'이라고 하여도 아랑곳하지 말며, 힘이 다하여도 태만하지 말며, 날이 저물어도 지치지 말며, 밥을 대하더라도 그 변론을 마친 뒤에 먹고, 일이 있더라도 그 언론이 그친 뒤에 행하여 쓸데없는 언론이라도 항상 변론할 것이다.

안국선은 데모스테네스를 연설 연습의 모범으로 추천하면서, 그의 연설을 정확하게 읽고 베끼라고 제안한다. 그 사례로 데모스테네스의 연설을 직접 인용하는데, 아래와 같다.

【박식 11】유명한 연설가의 연설문을 숙독하며 베끼는 것이 긴요한 연습이 됨은 그의 경험으로 말미암아 분명해졌다. 데모스테네스의 일을 앞에서 많이 말했기에 아래에 그 연설을 소개한다.【박식 12】"여러분, 여기에 모인 많은 사람 중에는 한편으로 필리포스가 인솔한 군대 형세의 매우 큼을 보았고, 한편으로 우리 헬라스의 여러 국가가 미약하여 영토가 점점 삭감되어 없어지는 것을 보았습니다. 필리포스가 우리의 가장 두려운 원수인 줄 생각하는 자가 한 분이라도 계시면, 저는 그 어른의 생각이 너무도 당연함을 부정하지 못하겠습니다. 그러나 저는 그 사람을 향해 한마디 말을 고하고자 합니다. 우리 아테네 동포 여러분, 지금 필리포스 2세에게 복종하는 헬라스 여러 나라의 태반이 이미 한번 자유독립국이 되었던 일을 생각하시오. 또 필리포

스와 동맹하려는 마음이 없고 우리 아테네와 동맹하려는 마음
을 품은 적이 있음을 생각하시오."

이 대목은 데모스테네스가 마케도니아의 왕 필리포스 2세에게 대
항하여 기원전 351년에 발표한 제1차《필리포스 반대》연설에서 가
져온 것이다. 그 중 4장에 해당하는 부분을 안국선이 한국어로 번역
한 것이다. 번역은 데모스테네스의 그리스어 원문을 직접 번역한 것
처럼 정확하다. 아래의 비교가 이를 잘 보여준다.

안국선의 번역	그리스어 원문
【박식 15】 或은 諸君이 言ᄒ기를 「휘일립푸」가 死ᄒ거ᄂ 病ᄒ거ᄂ 혼 報道를 姑待ᄒ다 ᄒ니, 諸君이여 請컨딘 注意ᄒ시오, 「휘일립푸」가 病드ᄂ 것이 諸君에게 무삼 關係가 有ᄒ오닛가, 設使 「휘일립푸」가 死ᄒ얏다 홀지라도 諸君이 萬若如前히 各自의 利害를 輕忽히 ᄒ고 姑息心을 斷絶치 못ᄒ면 更히 第二 「휘일립푸」가 來ᄒ오리다	τί δ' ὑμῖν διαφέρει; καὶ γὰρ ἂν οὗτός τι πάθῃ, ταχέως ὑμεῖς ἕτερον Φίλιππον ποιήσετε, ἄνπερ οὕτω προσέχητε τοῖς πράγμασι τὸν νοῦν· οὐδὲ γὰρ οὗτος παρὰ τὴν αὑτοῦ ῥώμην τοσοῦτον ἐπηύξηται ὅσον παρὰ τὴν ἡμετέραν ἀμέλειαν.
【번역】 간혹 여러분은 '필리포스가 죽거나 병들었다는 소식을 우선 기다리겠다.'라고 합니다. 여러분, 주의하기 바랍니다. 필리포스가 병든 것이 여러분과 무슨 관계가 있습니까? 설사 필리포스가 죽었다고 할지라도 여러분이 예전처럼 각자에게 닥칠 이익과 손해를 경솔하게 따지고 일시적 편안함만 구하는 마음을 잘라내지 못한다면, 제2의 필리포스가 다시 올 것입니다.	"필리포스가 죽었다고요?" "아니, 그런 정도는 아니겠지만, 그가 아프다고요?" 그게 여러분과 무슨 상관이 있습니까? 필리포스가 무슨 변을 당하는지와 무관하게, 여러분이 그 같은 사고방식으로 대처를 하게 되면, 또 다른 필리포스를 맞게 되는 겁니다. 그는 스스로의 힘이 아니라 여러분의 태만을 통해 힘을 키우는 것이죠.(최자영 번역, 2025)

하지만, 안국선이 그리스어 원문을 참고했을 가능성은 낮다. 이 연설은 아마도 그가 《연설법방》을 집필하면서 참조했던 서양의 수사학 교과서에서 가져왔을 것이다. 이와 관련해서 주목할 점은, 그가 데모스테네스의 연설을 인용하면서 영국 상원 의원을 지낸 헨리 브루엄(Henry Brougham, 1778-1868)이 아버지에게 보낸 편지를 직접 인용한다는 것이다.

【박식 11】영국의 웅변가로 일컬어지는 브루엄 씨가 말했다. "내가 귀족원에서 황후를 위해 논변할 때 그 준비로 4주간을 데모스테네스 씨의 연설을 반복하여 숙독하고 20여 번을 베꼈다. 그래서 귀족원에 나가 논변할 때 뜻밖의 좋은 결과를 얻어 세상의 갈채를 받았다."

다음은 브루엄이 1923년에 재커리 맥컬리(Zachary Macaulay)에게 보낸 편지이다.

저는 경험상 이 시대에 (비록 상황이 나쁘더라도) 그리스를 모범으로 만들어진 것만큼 훌륭한 것은 없다고 알고 있습니다. 제 경험을 말씀드리는 것은 빈약한 사례이겠으나, 저는 법정과 의회, 심지어 군중 앞에서도, 제가 그리스어를 번역하다시피 했을 때만큼 그렇게 많은 호응을 만든 (아주 현대적인 표현을 사용하자면) 적이 없습니다. 하지만, 저는 상원에서 여왕을 위해 행한 연설문의 종결부를, 데모스테네스의 글을 3-4주 동안 읽고 복습한 뒤에 작성했으며, 최소 스무 번 작성했습니다. 이 연설문은 분명 매우 경이로운 수준에 도달했습니다. 그 자체의 장점을 훨씬 뛰

어넘는 성공을 거두었습니다.[2]

안국선이 브루엄의 편지를 읽었을 가능성은 매우 낮다. 주목할 점은, 브루엄의 편지가 보스턴 대학교 수사학 교수인 타운센드(L. T. Townsend, 1838-1922)의 《연설의 기술(The Art of Speech)》(1881, 107쪽)에 포함되어 있다는 것이다. 타운센드 역시 데모스테네스의 예찬자였고, 데모스테네스를 모범적인 연설가로 소개하는 긴 글을 썼다. 이를 고려할 때, 안국선이 《연설법방》을 집필할 때 타운센드의 책을 참고했을 가능성이 높아 보인다. 물론 이 책 외에도 안국선은 다른 여러 수사학 교과서를 참고했을 것이다. 그 단서 가운데 하나는 그가 연설에서 몸짓의 중요성을 강조했다는 점에서 찾을 수 있다. 다음은 안국선의 말이다.

【태도 5】 연설자의 태도는 그 연설 중의 어세를 따라 어떤 때는 손을 들며, 어떤 때는 얼굴을 변하여 그 심중의 상황을 드러내 보이는 것이 필요하다. (…) 이와 같은 어구에 이르러서는 풍부하고

---

2 "I know from experience that nothing is half so successful in these times (bad though they be) as what has been formed on the Greek models. I use a very poor instance in giving my own experience; but I do assure you that, both in courts of law and Parliament, and even to mobs, I have never made so much play (to use a very modern phrase) as when I was almost translating from the Greek. I composed the peroration of my speech for the queen, in the House of Lords, after reading and repeating Demosthenes for three or four weeks, and I composed it twenty times over at least; and it certainly succeeded in a very extraordinary degree, and far above any merits of its own." John Harvard Ellis, 1868, *Lord Brougham considered as a Lawyer*, Boston: Reprinted from the American law review for private circulation, p.26.

큰 목소리로 노기를 약간 드러내어 오른손을 머리 위로 들었다가 그 말끝을 맺는 동시에 내려칠 것이다. (…) 이와 같은 말에는 온화한 목소리로 두 손을 춤추는 것과 같이 좌우로 펴고 어세를 따라 장단을 맞추어 오르내리며 장려할 것이다.【태도 6】(…) 이와 같은 말에는 비참하고 기원하는 목소리로 두 손을 합하여 빌고 원하는 형상을 지을 것이다. (…) 이와 같은 말에는 구절마다 오른손으로 가리키다가 끝 구절에 이르러 오른 주먹을 머리 위에 높이 들어 뭇사람에게 그 주먹을 보이고 격렬하게 말을 마칠 것이다.【태도 7】(…) 여기서는 연설 탁자에서 잠시 떨어져 두 발로 활보하는 기상을 보이고, 오른손은 어깨 위로 높이 들고 왼손은 지면으로 비스듬히 들어 조금 몸을 돌리면서 끝말을 말하고 마칠 것이다. (…) 이와 같은 어구에는 몸을 추키거나 펴서 가슴과 배를 내밀고, 왼손을 허리에 두면서 오른 주먹을 두 눈앞에 들어 가리키다가 말끝에서 강하게 내려칠 것이다.【태도 8】(…) 연설을 마치고자 할 때는 공손한 언사로 시작하여 연설 탁자 곁으로 조금 비켜서며 한 손의 손가락 끝으로는 탁자 모서리를 가볍게 짚고 한 손으로는 넓적다리에 편안하게 늘어뜨린다. 그리고 말을 마치는 동시에 인사하고 돌아서 정중하게 연단을 내려올 것이다.

안국선이 몸짓과 연기를 강조한 것은 독립전쟁 이후 미국에서 유행했던 연기 관련 서적들에서 크게 영감을 받았기 때문으로 보인다. 예를 들어, 그는 전달(actio)의 중요성을 강조하는 토마스 버치(Thomas E. Birch, 1763-1821)의《버지니아의 연설가(The Virginian Orator)》를 읽었을 가능성이 있다. 책에 부록으로 실린《몸짓의 기본(Elements of Gesture)》에서 버치는 몸짓 전달 방식의 규칙 중 하나를 이렇게 말했다. "소원과 애정을 표현할 때는 두 손을 펼쳐야 하고, 초대할 때도 같은 손을 펼쳐야 한다. 위협할 때는 오른손을 꽉 쥐고 팔을 휘두르며 발을 구른다."[3] 그림은 벤자민 프랭클린(Benjamin Franklin, 1706-1790)을 모델로 자세와 손짓에 대한 지침을 가르치는 장면이다.

안국선은 연설의 모범으로 유럽과 미국의 훌륭한 연설 사례도 제시한다. 이는 그가 미국 수사학 교과서(Schoolbook)를 참

잡지 《Universal Asylum and Columbian Magazine》 1790년 4월호에 실린 벤자민 프랭클린의 연설하는 모습.

고했음을 시사한다. 예컨대, 그가 인용했던 미국 독립을 외쳤던 패트릭 헨리(Patrick Henry, 1736-1799)의 자유에 대한 연설은 19세기 유럽의 수사학 교과서에는 등장하지 않기 때문이다. 그는 데모스테네스의 연설, 마르틴 루터(Martin Luther, 1483-1546)의 종교 개혁 연설, 셰익스피어의 《줄리어스 시저(Julius Caesar)》에 나오는 브루투스와 안토니우스의 연설을 본보기로 제시한다. 그가 제시한 연설 사례들은 19세기 미국 학교에서 가르쳤던 전형적인 연설들이다. 아래는 보스턴 라틴 학교의 모의 연설 행사에서 낭독되었던 연설 목록이다.[4]

---

3 "RULE VIII. When you would express desire or affection, both hands must be spread forth, and the same when inviting. When threatening, the right hand clenched, and the arm brandished, with a stamp of the foot." 《몸짓의 기본 (Elements of Gesture)》 p.14.

ORDER OF DECLAMATION.
JULY 2, 1823. Boston.

1. Extract from Mr. Webster's speech on the Greek Question ⋯ G. F. Simmons.
2. Extract from Dr. Ramsay's eulogy on Washington ⋯ S. P. Shaw.
3. Ode for the celebration of the Battle of Bunker Hill ⋯ W. A. Pierpont.
4. Extract from Prof. Everett's Oration before the Phi Beta Kappa
⋯ A. O. Spooner.
5. Extract from President Nott's address⋯ E. Smith.
6. Extract from Mr. Canning's speech in answer to Mr. Brougham
⋯ J. S. B. Thacher.
7. Extract from Prof. Everett's oration at Concord ⋯ J. Bradford.
8. Antony's speech over the body of Caesa r⋯ C. M. Winship.
9. Extract from Lord Chatham's speech on the privilege of Parliament
⋯ T. O. Thacher.
10. Extract from Mr. Curran's speech on the trial of Justice Johnson
⋯ J. O. Sargent.
11. Extract from Mr. Webster's address on Bunker Hill ⋯ G. J. Foster.
12. 'Pedantry,' a Dialogue
⋯ C. M. Winship, A. C. Patterson, C. B. Trott, J. M. Warren.
13. Extract from Mr. Sheridan's invective against Hastings ⋯ J. Q. Loring.
14. Extract from Mr. Morris' speech on the Judiciary ⋯ G. Gardner.
15. "Dirge of Alaric" by Prof. Everett ⋯ F. H. Gray.
16. Extract from R. T. Paine's oration ⋯ E. Crutf.
17. Extract from Patrick Henry's speech ⋯ W. Phillips.
18. Extract from Prof. Everett's oration at Plymouth ⋯ A. C. Patterson.
19. Speech of Catiline before the Roman senate — 'Croly's Catiline'
⋯ F. A. Williams.
20. Extract from Byron ⋯ S. Wigglesworth.

---

4 Carolyn Eastman, 2009, "Ch.1 Demosthenes in America" in *A nation of Speechfiers: Making an American Public after Revolution*. Chiacago and London: The University of Chicago. p.42.

《연설법방》이 미국의 수사학 교과서에 큰 영향을 받았다는 점은 안국선이 특히 데모스테네스와 패트릭 헨리를 논의의 말미에 다시 연설가의 모범으로 강력히 추천한 사실에서 확인된다.

【박식 18】그러나 연설을 익숙하게 연습하지 못한 자는 다른 사람의 의견을 생각할 여지가 없고, 자기의 의견만 무미하게 진술하기에 박수갈채의 소리가 작은 것이다. 이상에서 게재한 데모스테네스와 패트릭 헨리의 연설을 반복하여 연습하면 얻는 것이 많을 것이다.

안국선이 데모스테네스와 패트릭 헨리를 추천한 것은 단순히 연설 교육을 위한 것만은 아니었다. 더 깊은 이유가 있었다. 데모스테네스와 패트릭 헨리는 연설로 조국의 자유와 독립을 위해 싸운 영웅들이었다. 안국선도 연설 교육을 통해서 한국의 데모스테네스나 한국의 패트릭 헨리를 교육하고자 했다. 이것이 안국선이《연설법방》을 저술한 이유였다.

【태도 5】나는 여러분을 존중합니다. 나는 여러분을 사랑합니다. 대저 여러분은 국가의 간성干城이고, 독립의 보호자입니다. (…)

【태도 6】아, 하나님이 진실로 계시면 우리 동포의 이러한 불행을 살필 것입니다. 아, 하나님이여! 어찌하여 우리 한국을 이런 지경에 이르게 하였습니까? 아, 우리 한국 인민이 어떻게 하면 독립 자유의 복락을 얻겠습니까? (…) 우리나라 장래의 독립은 운수를 기다릴 것도 아니고, 시세를 기다릴 것도 아니고, 다른 나라의 원조를 바랄 것도 아닙니다. 대저 국가의 독립은 운수에 달린 것이 아니고, 시세에 달린 것도 아니며, 다른 나라의 원조 여부에 달린 것도 아닙니다. 다만 여러 청년의 주먹에 달려 있습니다. (…) 【태도 7】유럽을 잡아 흔들던 나폴레옹은 어떠한 사람입니까? 여러분과 조금도 다르지 않은 남자입니다. 여러분이여! 분발합시다. 어찌 여러분의 앞길을 막을 알프스산이 있겠습니까? (…) 우리 청년의 주먹이 비록 작고 약하지만 정의와 공도를 위하여 휘두른다면 저 가증스럽고 오만무례한 자를 넉넉히 제압하여 복종시킬 것입니다.

《연설법방》은 한국의 청년들이 한국의 자유와 독립을 지키는 수단으로 연설을 교육하기 위해 저술된 책이다. 캐럴린 이스트먼(Carolyn Eastman)은 19세기의 "미국 교과서는 그리스의 연설가 데모스테네스를 아이들이 존경하고 본받아야 할 모범으로 제시했다."[5]고 주장한다. 안국선도 미국의 수사학 교과서들과 마찬가지로 데모스테네스를 연설가의 전범으로 내세운다. 이를 놓고 볼 때,《연설법방》이 19세기 미국 수사학 교과서의 영향을 많이 받았음이 분명하

5　Carolyn Eastman. 2009, *A Nation of Speechifiers: Making an American Public after the Revolution*. Chicago: University of Chicago Press, p.17.

다. 또한《연설법방》의 구성 방식과 내용 구조는 미국의 수사학 교과서의 체계와 매우 유사하다.

그렇다면, 안국선은 도대체 어디서 수사학을 배웠을까? 그가 1896년 와세다 대학교의 전신인 도쿄 전문학교에서 공부할 때에 외국인, 아마도 미국인이나 영국인에게서 수사학을 배웠을 것으로 추정된다. 안국선은 영어를 매우 잘했다. 예컨대,《학술 강습회의 연설》중 갑론을박의 상황을 묘사하면서, '아니 아니, 들어보세요! 들어보세요!'를 아주 자연스럽게 영어로 "No, No, hear! hear!"라고 표현한다. 안국선이 영어를 잘했다는 것은 그의 한국어 번역이 패트릭 헨리의 영어 원문에 매우 가깝다는 것에서도 확인된다. 물론《연설법방》이 일본어 서적의 번역이나 번안일 수도 있다. 그렇다고 하더라도, 이 책을 쓸 때 안국선은 일본어 저술이나 영어책을 동시에 참고했을 가능성이 높다. 그도 그럴 것이, 앞에서도 살펴본 것처럼, 안국선은 한국의 자유와 독립을 염원하는 연설을 사례로 제시하기 때문이다. 그리스의 자유와 독립을 강조하는 데모스테네스의 연설, 미국의 자유와 독립을 역설하는 패트릭 헨리의 자유에 대한 연설, 종교 개혁을 옹호하는 마르틴 루터의 연설 등은 적어도 한국인들이 가장 간절히 동의하고 열망했던 내용이었기 때문이다. 적어도 일본 제국주의의 관점에서 선호되었던 주제는 아니었다.

도대체 데모스테네스는 안국선에게 어떤 존재였을까? 데모스테네스는 연설가였고, 연설가의 모범이었고, 그 자신이 수사학 교과서였다. 연설에서 용기와 노력의 중요성을 가르쳐 준 수사학 교육가였다. 하지만, 더 중요한 점은 안국선에게 데모스테네스는 의심할 여지 없이 그리스의 자유와 독립을 위해 싸운 투사이자 애국자였다는 것이다. 물론, 데모스테네스에 대한 안국선의 이해는 포괄적이지 못

했다는 한계를 갖는다. 예를 들어,
《연설법방》에서 정치가로서의 데모
스테네스에 대한 성찰이나 평가는
찾기 어렵다. 바로 안국선이 이 책을
집필하던 당시, 박영효와 관련된 역
모 혐의에 휘말려 진도(珍島)에서 유
배생활 중이었기 때문이다. 따라서
안국선이 데모스테네스의 전기와 연
설을 직접 읽기는 어려웠고, 일본어
로 저술된 수사학 저술이나 미국의
수사학 교과서를 참조할 수밖에 없
었을 것이다.

《데모쓰테네쓰》 표지

2. 김억의 《데모쓰테네쓰》

안국선의 《연설법방》은 출간 당시 한국의 독자들 사이에서 큰 인
기를 끌었다. 초판이 출판된 이듬해인 1908년에 3판까지 간행되었
다. 아마도 데모스테네스는 한국인들에게 연설가이자 애국자로서
널리 사랑받고 깊이 존경받는 영웅으로 여겨졌을 것으로 추정된다.
하지만, 한국에 소개된 데모스테네스의 운명은 기원전 4세기에 그
가 겪었던 운명처럼 순탄치 않았다. 일제가 1912년에 《연설법방》을
'불온 문서'로 규정하고 더 이상의 출판을 금지했기 때문이다.

그렇다면 이것이 다일까? 출판 금지 이후 한국에 도착한 데모스테
네스에게는 정확히 어떤 운명이 기다리고 있었을까? 데모스테네스

는 출판 금지 조치를 당한 지 정확히 10년 만인 1921년, 서울의 한
성도서에서 출판한 전기를 통해서 한국 역사에 다시 등장한다.

　도대체, 1912년에서 1921년 사이에 무슨 일이 벌어진 것일까? 안
국선의 《연설법방》이 출판된 해는 1907년이었다. 하지만 1910년에
한국은 일본 제국의 식민지로 병합되고 만다. 일본 제국은 한국의
자유와 독립을 고취하는 문서와 책들에 대한 출판을 전면적으로 금
지한다. 이른바 일본 제국이 무력을 이용해서 한국을 강제로 억압하
던 시기였다. 이에 대한 저항 운동은 본격화되고, 이후 한국의 자유
와 독립을 선언한 3·1 독립 만세 운동으로 이어진다. 아래는 그 당
시의 상황을 보여주는 사진이다.[6]

　이 시위가 일어난 때는 1919년 3월 1일이었다. 서울의 탑골 공원
에서 한 무리의 학생들이 외친 "대한독립만세"의 함성은 이내 한반
도 전체로 울려 퍼졌다. 이 함성은 국가의 주권은 국민에게 있다는
민주주의의 시작이자, 일본 제국의 강제 병합과 무력통치를 반대하

6　출처: 국가기록원, 〈3·1운동 당시 사진〉(관리번호 CET0045991).

는 비폭력 평화운동으로 이어졌다. 200만 명의 국민이 한국의 자유와 독립을 선언하는 만세 운동에 참여했다. 온 국민들이 자발적으로 일어난 사건이었다. 이 운동은 한국의 독립운동으로만 끝나지 않았고, 중국의 5·4 운동과 인도의 비폭력 평화 운동으로 확산되었다.

데모스테네스가 한국 역사에 재등장하게 된 것도 이 독립운동과 직접적으로 관련이 있다. 참고로, 3·1 만세운동 이후 한국의 독립운동과 비폭력 평화 시위에 놀란 일본 제국의 식민지 통치 방식도 무력 통제에서 문화 정치로 전환된다. 이 통치 방식의 전환으로 인해 출판 검열도 다소 완화되었다. 그 덕분에, 1920년대부터는 외국어에서 한국어로 번역된 작품들이 양적으로 확장되었을 뿐만 아니라 질적으로도 변화하기 시작했다. 1900-1910년대 번역가들은 일본의 강제 병합 이전 교육을 받은 세대인 사학자나 신소설 작가들이었던 반면, 1920년대에 이르면 제도권 교육을 통해 배출된 1920년대 초 신세대들이 본격적으로 출판 시장에 등장했기 때문이다. 1920년대 이전에 활동해오던 번역가들은 중국어와 중국어 번역에 익숙한 사람들이었다. 하지만 1920년대 이후에는 일본어 교육을 받거나 유학을 통해 일본어 번역에 밝은 세대들이 출판 시장에 등장하였다. 이들은 중국어 번역이 아니라 일본어 번역을 저본으로 삼았고, 서양어 원문이나 에스페란토어 번역도 본격적으로 참조하기 시작했다는 것이다. 일본 유학을 경험하거나 혹은 한국에 들어와 있던 서양 선교사들과의 접촉을 통해서 영어를 비롯한 외국어를 배울 수 있는 기회가 많아졌기 때문이다. 이런 과정을 통해서 한국 역사에는 번역가라는 새로운 지식인들이 등장하게 된다. 그리고 이 지식인들이 활동하던 공간이자, 번역가와 독자들을 이어주는 역할을 수행했던 곳이 바로 출판사였다. 출판사가 본격적으로 활동하기 시작한 것도 1920년

대부터다. 이 시기, 중국 이외의 다른 문명에 대한 한국 독자들의 지적 갈증은 한껏 고조되었다. 이 갈증은 한편으로 정치적으로 몰락한 당시 중국의 상황에 대한 실망감과 직접적으로 관련되어 있었고, 다른 한편으로 새로운 문명에 대한 지적인 호기심과, 새로운 국가와 사회에 대한 염원을 담고 있었다. 이 갈증은 당시에 번역된 책들의 목록에서 확인된다.[7]

표 1. 한성도서주식회사 출간 서양번역물 목록[8]

번역자	서명	발행연도	원서
김억	《나의 참회(懺悔)》	1921.8, 1926	톨스토이《나의 참회》
김억	《짠딱크》	1921	
김억	《한니발》	1921.11.	
김억	《윌손》	1921.7.	
김억	《프랭클린》	1921.11.	
강매	《루소》	1921.6.	
강매	《아인쓰타인》	1922	
춘성 · 양주(洋州)	《세계명부전》	1922, 1923, 1924, 1928, 1937	
김억	《데모쓰테네쓰》	1921.5.	토도키《デモスセネス》
미상	《타콜》	1921	
미상	《크롬웰》	1922	
미상	《가리발디》	1923	

---

7 김성연,《영웅에서 위인으로》, 소명출판. 2013, 125.
8 김성연, 위의 책, 125.

이상수	극본《인형(人形)의 가(家)》	1922	입센《인형의 집》
이상수	극본《해부인(海婦人)》	1923	입센《바다의 부인》
오천석	《끄림동화(童話)》	1925, 1935	그림형제《그림동화》
오천원	《세계문학걸작집》	1925, 1939	호메로스《일리아스》, 보카치오《데카메론》, 위고《레 미제라블》, 괴테《베르테르의 슬픔》, 타고르《우체국》,
김주병	《설은 이야기》	1926	생피에르 《폴과 비르지니》

이 책들을 출판한 한성도서주식회사는 1920년 장도빈을 중심으로 서북지역 출신의 젊은 인사들이 모여 창설했으며, 1920년대 초반에 한국의 번역 출판을 주도했던 대표적인 출판사였다. 한성도서는 외국 유명도서의 번역 출판과 국내외 서적 완비를 사업소개 전면에 내세우고, 실제로 자사의 번역 위인전기 총서를 대대적으로 기획·광고했으며, '세계 명작' 번역을 추진하기도 했다.[9] 한성도서의 번역물 출간은 1925년 무렵까지 이루어졌다. 여러 작품 가운데에서, 호메로스의《일리아스》와 보카치오의《데카메론》 등을 번역해 모은 《세계문학걸작집(오천원 역, 1925)》과 그림형제의《끄림동화(오천석 역, 1925)》 등이 눈에 띈다.

《데모쓰테네쓰》 역시 1921년 5월 10일 한성도서주식회사에서 출판되었다. 한국의 자유, 독립 및 애국 계몽 운동의 수단으로 활용하기 위해서였다. 책의 가격은 60전이었다. 이는 오늘날의 화폐 단위

---

[9] 김성연, 위의 책, 131. 표 1을 참고하여 재구성.

로 30달러 정도의 가격에 해당한다. 책의 판권지에는 한성도서주식회사가 저작자로, 장도빈이 그 대표자로 실려있을 뿐이며, 번역자는 따로 밝혀놓지 않았다. 하지만, 독도글두레의 연구에 따르면, 이 책의 번역자는 김억(金億, 1896-?)이다.

김억은 일본 게이오 대학에서 영문학을 전공했고, 에스페란토어에도 조예가 깊어 문법서를 출판하기도 했다. 서양의 문학 이론, 특히 개인의 감정과 욕망을 한국어로 자유롭게 표현하자는 문학 운동을 주도하였으며, 자유시와 상징시를 한국에 본격적으로 소개한 인물이었다. 이를 위해서 한국의 대표적인 문예 잡지인 《폐허》와 《창조》의 동인으로 활동했다. 한국의 대표적인 서정시인으로 인정받는 김소월의 스승이기도 했다. 그러나 말년에는 일본 제국을 찬양하는 시들을 짓기도 했으며, 한국 전쟁 중에 북한으로 끌려간 뒤, 이후의 행적에 대해서는 안타깝게도 알려진 것이 거의 없다. 사정이 이러함에도, 문학 이론가이자 시인으로서 김억이 한국 문학에 매우 큰 기여를 했다는 점은 분명하다. 이와 관련해서, 김억이 번역 작가였고, 번역 활동을 통해서 한국 문학에 서양 이론과 서양 작품들을 소개한 공로도 마찬가지로 크다는 점을 강조하고자 한다. 말년의 활동과는 관계없이, 젊은 시절의 김억은 번역 작품을 통해서 한국의 독립과 애국 계몽 운

동에 매진했다는 점도 주목해야 한다. 삼천리사(三千里社)의 문사좌
담회 기록에 따르면, 김억(호: 안서)은 한성도서 출판물의 대부분을
번역한 인물이었다.[10] 그가 번역한 작품 가운데서 프랑스의 구국 영
웅인《짠딱크》, 사회 계약론에 입각하여 민주주의와 공화주의 근간
을 제시한 장 자크《루소》, 미국 건국의 아버지 중의 한 명으로 추앙
받는 벤자민《프랭클린》, 카르타고의 명장《한니발》의 전기가 확인
된다. 김억은 또한 위드로 윌슨의 전기도 번역했다. 아래는《윌손》의
표지이다.

《윌손》은 데모스테네스의 번역자가 누구인지를 밝히는 데 있어
매우 중요한 단서를 제공한다. 민족자결주의의 원칙을 표방하여 한

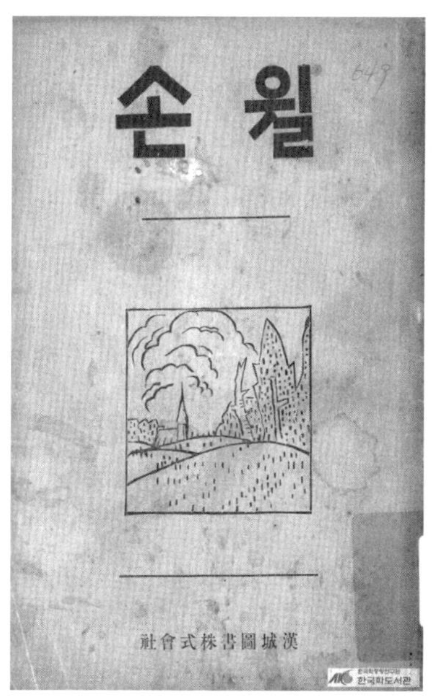

《윌손》(1921)의 표지와 책에 실린 우드로 윌슨의 사진

10 필자 미상(1932.6.15.), "三千里社 主催 文士座談會",《삼천리》제4권 제7호, p.28.

국의 독립운동에 영향을 준 인물이자, 데모스테네스를 가장 훌륭한
연설가이자 정치가로 추천한 사람이 바로 위드로 윌슨이었기 때문
이다. 김억은 윌슨의 전기를 번역하는 과정에서 윌슨이 존경했던 데
모스테네스에게도 관심을 가지게 되었을 가능성이 있다. 혹은 그 반
대로, 데모스테네스의 전기를 번역하면서 윌슨에 주목하게 되었을
지도 모른다. 《데모쓰테네쓰》가 1921년 5월 10일에,《윌손》이 같은
해 7월 20일에 출간된 점을 고려할 때, 두 책의 번역 작업은 거의 동
시에 이루어졌을 것으로 보인다.

이와 같은 저간의 과정을 통해서, 데모스테네스와 윌슨은 한국 역
사에서 매우 독특한 관계를 맺게 되었으며, 윌슨의 강력한 추천으
로 데모스테네스는 한국의 역사에 다시 등장하게 된다. 이때 데모스
테네스를 다시 등장시킨 사
람이 김억임은 분명하다. 김
억이 《데모쓰테네쓰》의 번역
자임을 뒷받침하는 증거는
다른 곳에서도 발견된다. 김
억이 청년들을 위한 잡지인
《학생계》 제7호에 자신의 이
름으로《데모쓰테네쓰》의 마
지막 장을 출판하기 때문이
다.

"데모스테네스의 末年"이
라는 제목 아래에는 金億의
이름이 분명하게 보인다. 김
억이 이 잡지에《데모쓰테네

쓰》의 마지막 장을 다시 기고한 이유는 책의 광고를 위해서이자 데모스테네스의 위대함을 한국의 청년들에게 알리기 위해서였다.

마지막으로, 김억이《데모쓰테네쓰》의 번역자임을 보증하는 또 다른 증거를 제시하겠다.

잡지《삼천리》11권 1호(1939년 1월 1일 발행)에 게재한《희랍서정시가초(希臘抒情詩歌抄)》에서 김억은 고대 그리스 시인 사포(Sappho)의 시 일부를 번역하여 소개했다. 그 중 〈돌개바람〉이라는 제목의 시는 사포의 단편 47을 한국어로 번역한 것이다. 이해를 돕기 위해서 그리스어 원문과 비교하면 아래와 같다.

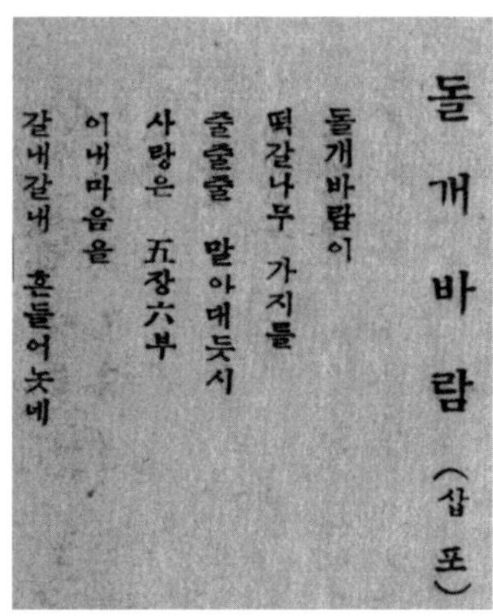

돌개바람(삽포)	Sappho Frag. 47 (OCT)
돌개바람이 떡갈나무 가지를 줄줄줄 말아대듯시 사랑은 五장六부 이 내 마음을 갈내갈내 흔들어놋네 〈273〉	Ἔρος δ' ἐτίναξέ μοι φρένας, ὡς ἄνεμος κὰτ ὄρος δρύσιν ἐμπέτων. Love shook my heart like a wind falling on oaks on a mountain. (David A. Campbell 번역, 1982)

김억의 번역은 현대의 어느 한국어 번역과 견주어도 부족하지 않다. 사랑을 단지 일반적인 바람이 아니라 돌개바람이라고 번역한 것도 매우 아름답다. 마음을 오장육부로 확대해서 번역한 것도 훌륭한 번역이다. 사포의 단편 31을 당장 떠올리게 만든다. 김억은 이 외에도, 단편 2, 단편 168b, 단편 105a,《그리스 시선집》XI 53, V 84, V 156을 한국어로 번역했다. 사포의 시에 대한 그의 평가다.

> 호메로스를 除하고는 여성으로의 삽포의 시적 평가는 예나 지금이나 조곰도 다름이 없을 만치 놉습니다. 엇지 하야 이 女詩人이 이렇게 이름이 높았는가에 대하야는 그의 노래가 高雅하고 진실하고 女性다운 優雅에다가 아름다운 심정을 갖었기 때문이라 합니다. 그러나 이 女詩人의 詩篇이 단편으로만 남아서 그 全面을 엿보기 어려운 것이 恨이외다. 삽포의 詩歌가 대개 戀愛에 관한 것이라는 이유로 다른 서적과 같이 焚燒되야 지금 남은 것이란 대개가 이 책 저 책에서 발견된 토막 토막에 지내지 아니하고 보니 떨어진 꽃송이에서 지내간 詩節의 芳香을 찾는 感이 없지 아니하외다. 〈272〉

김억이 서양 서정시의 기원인 사포의 시들을 한국에 소개한 것은 한국 문학에 서양의 자유시 전통을 발전시키기 위해서였다. 한국어로 개인의 감정과 욕망을 자유롭게 표현함에 있어서 그 모범으로 사포만큼 적당한 사례는 없기 때문이다. 사포의 시들에 대한 김억의 번역은 그리스 문학에 대한 그의 사랑과 존경을 명확하게 보여준다. 한국 문학의 저변에 깔린 그리스 문학의 영향은 이 글의 주제가 아니므로, 이에 대해서는 다른 기회에 자세하게 소개하기로 하겠다.

　서양고전학의 한국 수용의 역사도 나름 길고 복잡하다는 점 정도
만 언급하고, 다시 《데모쓰네쓰》에 대한 논의로 돌아가겠다. 위에서
사포의 시에 대한 김억의 생각을 자세하게 소개한 이유는, 이 자리
에서 번역에 대한 김억의 입장이 분명하게 드러나기 때문이다.

　詩歌의 移植이 어떻게 至難한 일인지는 새삼스러이 이야기할가
없거니와 나는 이번 希臘 抒情詩들을 옴겨 놓음에 대한 나의 태
도는 종래의 주장과 조곰도 다름이 없었읍니다. 다시 말하면 和
譯의 原詩에서 그 想을 따다가 가장 자유로운 筆致로 詩歌답도
록 만들기에 힘을 썻을 뿐입니다. 直譯이니 충실한 遂字譯이니
하는 것을 세상에서는 존중하는 상 싶으나 이것은 나의 어디까
지든지 참아할 수 없는 일이외다. 웨냐하면 그것은 永永 詩 그것
을 죽여버리는 것 밧게 아니되기 때문이외다. 나의 이러한 자유
로운 筆致를 아니라고 비웃는 분이 잇을 것이외다만은 나의 이
주장은 언제나 변치 않을 것이외다.

　김억은 사포의 시를 자유롭게 번역했다고 명시적으로 밝힌다. 김
억의 이 같은 입장은 《데모쓰테네쓰》에 대한 이해에도 크게 도움을
준다. 결론부터 말하자면, 김억의 《데모쓰테네쓰》는 사포 시의 번역
과 마찬가지로 일본어 원문을 한국어로 자유롭게 번역한 것이다. 중
요한 사실은, 이렇게 자유롭게 번역한 자리에서 한국어 《데모쓰테네
쓰》의 고유함과 독창성이 돋보인다는 것이다. 이를 분명하게 드러내
기 위해서 일본어 원서를 살펴보겠다.
　《デモスセネス(데모스테네스)》는 도쿄의 하쿠분칸(博文館)에서
'세계역사담(世界歷史譚)' 시리즈의 20번째 책으로 출판되었다. 일본

근대사를 통틀어 가장 유명
한 출판사 중 하나인 하쿠분
칸은 1887년 오하시 사헤이
(大橋佐平)에 의해 설립되었
으며, 당시 일본의 시대풍조
에 편승하여 여러 종류의 국
수주의적인 성격의 잡지를
발행하던 출판사로도 유명
하다.[11] 책의 저자인 토도키
와타루(十時彌, 1874-1940)
는 1899년 도쿄제국대학 문
과대학 철학과를 졸업하고
국립학교 학습원과 제3고등
학교에서 교수로 재직한 교

육자다. 1922년 구미에 유학하면서 사회학을 연구했고, 이후 히로
시마 고등학교(현재 히로시마 대학 종합과학부)와 제5고등학교 교장
을 역임했다. 저서로는《デモスセネス(데모스테네스)》(1901)와《社
会学撮要(사회학촬요)》(1902)가 있다. 당시 도쿄제국대학에서는 러
시아 출신의 고전학자 라파엘 폰 쾨베르(Raphael von koeber, 1848-
1923)[12]가 1893년부터 (향후 21년간) 철학과 서양고전학을 강의하

---

[11] 李冬木, "〔번역〕'국민성' 담론의 성립 — 루쉰과《지나인 기질》의 관계를 중
심으로(7)", 서유진 역, 연세대학교 중국연구원, 2024.7.1. 게재. (https://
yonseisinology.org/articles/culture/3253)

[12] Kyle Michael Shuttleworth, Sayaka Shuttleworth, Professor Koerber Watsuji
Tetsuro, "America's National Character by Watsuji Tetsurō: A Translation", *The*

고 있었는데, 토도키는 그에게서 그리스어와 그리스 고전학을 공부한 것으로 추정된다. 이는 토도키가《デモスセネス》의 마지막 장에 그리스 원문을 적고, 독자의 이해를 위해서 그리스어 발음을 일본어로 음차해 놓았다는 사실에서 확인된다.

인용된 그리스어 문장은 플루타르코스의《비교열전》데모스테네스 편의 마지막 문장이다. 이는 토도키가《デモスセネス》를 저술할 때, 그리스 원문을 저본으로 참조했음을 보여준다. 인용된 그리스어 문장은 약간은 문법적인 오류가 있지만 토도키가 그리스어에 정통했음을 보여준다. 이는 토도키가《デモスセネス》에서 직접 인용하는 데모스테네스의 연설문들이 모두 그리스 원어에 충실한 번역이라는 점에서도 확인된다.

토도키의《デモスセネス》는 서양에서 출판된 데모스테네스의 전기를 번역한 것이 아니라 일본어로 저술된 독창적인 창작물이다. 이는 세 가지 점에서 분명하게 확인된다. 하나는 그가《デモ

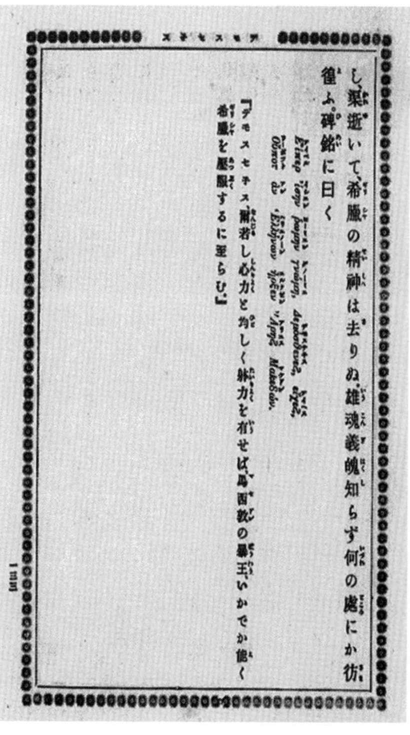

《デモスセネス》의 마지막 장

Journal East Asian Philosohphy, Springer. 2021, pp.75-99.

스세네스》를 지으면서 그의 생애에 대한 서사를 재구성한다는 점이다. 토도키는《삼단노선에 관하여》,《필리포스 반대》,《올린토스의 변》,《화관에 관하여》연설에서 발췌한 내용을 토대로 데모스테네스의 생애를 시간 순으로 기술한다. 물론 플루타르코스의 기록에 나오는 이야기도 직접 인용하거나 해설하는 방식으로 활용한다. 이와 같은 서술 방식은 플루타르코스의《비교열전》과는 크게 다르다.

토도키와 플루타르코스의 여러 차이점 가운데에서 눈에 띄는 것부터 소개하겠다. 먼저, 플루타르코스는 키케로와의 비교를 염두에 두고 데모스테네스의 문체에 대한 분석에 상당히 많은 지면을 할애하지만,[13] 토도키는 이에 대해서 어떤 언급도 하지 않는다. 주목할 점은, 토도키가 연설과 수사학에 익숙하지 않은 일본 독자들을 위해서 데모스테네스를 중국의 소피스트라고 부를 수 있는 장의와 비교한다는 점이다. 토도키의 말이다.

[1-4] 장의는 한낱 미천한 몸으로 의심하고 질투하는 전국 시대의 여러 나라를 배회하며 제후를 설복하고 여러 임금을 가지고 놀았습니다. 자기가 뜻을 쏟은 대로 천하의 형세를 변동케 하여 자기의 공명을 세우려 할 즈음에, 그가 소유한 것은 세 치 혀하나밖에 없었습니다. (…) 천하를 이롭게 하려고 하는 생각은 꿈에서조차 없고 자기의 더러운 내부는 될 수 있는 대로 감추고 외부의 기교만 잘하여서 제후와 여러 임금의 환심을 얻으려는 것밖에는 아무것도 없었습니다. 이러한 자기의 야심을 만족하게

---

13 이와 관련해서는, 플루타르코스의 《비교열전》 중 데모스테네스와 키케로의 비교
　　편을 참고하라.

하려는 사람도 오히려 세 치 혀에 의지하고 자기의 뜻을 얻으려고 하였습니다. 그 내면은 참으로 무엇이라고 말할 수 없을 만큼 비열하였습니다. 이러한 사람과 우리 데모스테네스와는 비교할 수가 없습니다. 왜 그러냐 하면, 하나는 자기 하나의 이익을 위하여 유세하였으며, 다른 하나는 정의를 위하고 동포를 위하여 자기의 모든 열정과 정신을 다 바치었으므로, 이 두 사람의 목적하는 바와 뜻하는 바가 각각 서로 달랐음에 따라, 또한 가치의 높낮이도 있는 까닭입니다.

또 다른 차이는 정치가 데모스테네스에 대한 평가다. 플루타르코스는 그를 실패한 정치가라고 평가하지만, 토도키는 그를 매우 훌륭한 정치가이자 애국자라고 평가한다. 토도키에 따르면, 데모스테네스의 정치적인 좌절과 실패는 그의 탓이 아니라 아테네 시민의 어리석음 때문이고, 그가 시대를 잘못 타고 태어났기 때문이다.

[1-3] 하지만 흥망성쇠는 사물이 바뀌고 세월이 흘러감에 따라 오는 어찌할 수 없는 운명이라고 할 수 있을지 모르나, 그렇게 아름답던 그리스 문화의 꽃은 어느덧 원기元氣가 마르고 시들어 떨어지는 가을을 만나게 되어 두 번 다시 지나간 웅장한 경관을 볼 수 없게 되었습니다. 다시 말하면, 내부에는 용맹스럽고 나라를 위해 힘써 일하는 기상이 없어짐에 따라, 외부에는 사납고 굽히지 않는 강적이 있어 항상 끊이지 않고 엿보고 있었습니다. 끝이 없습니다. 국운은 차차 쇠퇴해 가며 변란의 맹아는 계속 싹터서 장차 아테네의 패망이 가까워지려 하였습니다. 이러한 때를 맞이하여 하늘은 아테네를 불쌍히 생각하시었던지 굉장히 뛰어

난 인물을 아테네에 보내었습니다. 진실되고 열성적인 애국정신을 가지고 국민에게 폭포수와 같이 웅대하고 장쾌한 웅변으로 세 치 혀의 격동을 주어 한 시대의 안일함과 나태함을 각성하게 하려고 동분서주한 사람이었습니다. 이 사람은 과연 어떤 사람입니까? 다른 사람이 아니었습니다. 우리가 지금 붓을 다시 들어 말하려고 하는 데모스테네스 그 사람이었습니다.

위의 인용에서 살필 수 있듯이, 토도키에게 데모스테네스는 정의로운 사람이고, 국민을 위해 노력하는 애국자였고, 탁월한 연설가이고 계몽가였다. 토도키에게 데모스테네스는 민중선동가가 아니었다. 이런 토도키의 입장은 데모스테네스를 "대중의 아첨꾼이자 사랑받는 자(the flatterer and favorite of the multitude)"[14]라고 불렀던 영국의 보수적인 역사가 윌리엄 밋포드(William Mitford, 1744-1827)의 평가와는 철저하게 반대된다. 오히려 토도키에게 데모스테네스는 그리스의 예언자였고 아테네의 구원자였다.

[1-11] 이러하였기 때문에 그리스 여러 나라로 말하면, 내부에는 분란이 끊이지 않았고 외부에는 강적이 항상 호기를 노리고 있었습니다. 말하자면, 그리스 운명은 위태로웠습니다. 앞에는 거대한 맹수가 입을 벌리고 들어오며, 집안에서는 형제의 싸움이 끊이지 않았습니다. 데모스테네스는 이때의 사람이었습니다. 참으로 나라에 많은 일이 있을 때 태어나 혼자 세상을 구제

---

14 Mitford, W., *The History of Greece*, Book 4. Cambridge University Press. 1784, p. 234.

할 뜻을 가지고, 호시탐탐하는 외적의 야심을 혼자 간파하고 잠
만 자는 국민을 깨우지 않으면 안 되었습니다. 가슴에는 말없이
끓는 열정과 마음에는 게으름을 피우며 자는 국민을 생각하는
영웅의 심사가 과연 어떠하겠습니까? 그는 열성과 진심을 다하
여 예언자와 같이 부르짖고 구세주와 같이 모든 것을 지도하였
으며, 동분서주하면서 경계하고 깨우치는 것을 노고라고 조금도
생각하지 않았습니다. 여러 나라 사이로 몹시 바쁘게 뛰어다니
는 동안에, 카이로네이아의 힘든 전쟁도 사양하지 않고 자기의
몸과 목숨을 바쳐 넘어가는 집을 바로잡으려 하였습니다. 기울
어가는 대세를 붙잡아 지난날 번영했던 운을 회복하려고 하였
습니다. 그의 고심은 우리가 오늘날에 와서도 넉넉히 생각할 수
있습니다.

토도키에게 데모스테네스는 잠들어 있는 양떼와 같은 국민을 지
키는 충실한 경비견이었다. 토도키는 카이네로네이아 전투에서 데
모스테네스가 비겁하고 창피하게 무기를 버리고 도망친 사건을 애
써 외면한다. 오히려 "자기의 몸과 목숨을 바쳐 넘어가는 집을 바로
잡으려고 했다"고 변명하기까지 한다. 우리가 플루타르코스의 전언
을 신뢰한다면, 이는 적어도 역사 왜곡에 가까운 것이다. 데모스테
네스에 대한 토도키의 사랑은 과분할 정도로 넘친다. 그 사랑은 데
모스테네스에게 가장 수치스러운 일이라 할 수 있는 하르팔로스 사
건에 대한 평가에서도 잘 드러난다. 토도키의 탄식이다.

[9-7] 그때 데모스테네스에게 악의를 가진 당파가 여럿 있었습
니다. 하나는 마케도니아 당 이며, 하나는 그 반대당 안의 불신

자들이었습니다. 이렇게 양면으로 공격을 받아 가엾게도 그들의 사사로운 악의의 희생이 되고 말았습니다. 아아, 나라를 근심하고 세상을 사랑하는 의사로서 실체가 없는 억울한 죄를 뒤집어써 소인의 오명을 얻게 됨을 생각할 때, 마음 있고 눈물 있고 피 있는 사람으로서 그를 위해 통곡하며, 그의 불운을 슬퍼하지 않을 사람이 누구이겠습니까?

데모스테네스가 살아 돌아온다면, 그의 수많은 찬양자 가운데에서 가장 고마워해야 할 사람은 토도키일 것이다. 토도키의 사랑은 데모스테네스의 죽음에 대한 평가에서 절정에 이른다. 지면 관계상, 그의 자살 장면에 대한 묘사는 인용하지 않겠다. 토도키의 묘사는 플루타르코스를 그대로 따르지만, 동시에 명예를 중시하는 일본 사무라이의 자결 장면을 떠올리게 할 정도로 비장하다. 또한 데모스테네스 죽음의 의미에 대한 토도키의 평가 역시 플루타르코스의 시각과는 크게 다르다.

[10-9] 데모스테네스의 생애는 진실로 이처럼 기울어져 가는 그리스의 운명을 맞이하여 눈에 띄는 광채를 띠었습니다. 그가 죽은 뒤에, 그리스 운명이 어떠한가에 대해서는 더 이상 말하지 않으려 합니다. 그가 고취한 그리스 정신은 그와 함께 가고 말았고, 그가 창도한 사상은 그와 함께 쓰러지고 말았습니다. 데모스테네스가 있었기에 한 줄기의 원기를 오롯이 유지하였거늘, 그가 세상을 떠난 뒤에는 어느 곳에서 옛 원기를 찾을 수 있으랴!

토도키가 데모스테네스를 그토록 사랑하고 존경하는 이유는 무

엇일까? 데모스테네스에 대한 토도키의 사랑에 담긴 비밀은 무엇일까? 그 비밀을 푸는 실마리는 사실《デモスセネス》가 출판된 시기에서 찾을 수 있다. 《デモスセネス》가 출판된 해는 1901년이었다. 이 시기는 러시아가 아시아에서 남진을 적극적으로 추진했고, 러일전쟁이 발발하기 직전이었다. 러시아의 남진은 중국은 물론이고 한국과 일본에게도 심각한 위협이었다. 러시아의 남진에 대한 우려가 매우 심각했음은 안중근의《동양평화론》에서도 분명하게 살펴볼 수 있다.[15]

이 일의 시작과 끝을 따져보면 예로부터 동양 민족은 글공부에 힘쓰고 자기 나라를 신중하게 지켰을 뿐이고, 유럽의 흙 한 줌도 땅 한 자도 침범하여 빼앗은 적이 전혀 없었다. 이러한 사실은 오대주에 사는 사람과 짐승과 풀과 나무도 모두 알고 있다. 최근 수백 년 이래로 유럽의 여러 나라는 도덕을 생각하는 마음을 까맣게 잊어 날마다 무력을 일삼고 경쟁하는 마음을 키우는 데에 조금도 거리낌이 없었다. 이 중에서도 러시아가 가장 심하였으니, 그들의 포악한 행동과 잔혹한 해악이 서양과 동양에 미치지 않는 곳이 없었다.

다음은 러시아의 남진에 대한 우려를 암시하는 토도키의 말이다.

[1-10] 이보다 앞서 그리스의 북부 변경에 있는 캄부니아 산 너

---

15 안중근,《동양평화론》, 안재원 외 편집 및 번역, 독도도서관친구들. 2019, pp.83-
  93.

머에 작은 한 나라가 있었습니다. '마케도니아'라는 종족은 본래 그리스와 혈연관계가 있었지만, 어찌 되었는지 그리스 사람들은 이 종족을 배척하여 '오랑캐'라고 여기고, 여러 나라 안에 함께 끼워 주는 것을 좋아하지 않았습니다. 그 국민은 신체가 강건하고 기상이 아주 용감할 뿐만 아니고, 역대 여러 왕이 한마음 한뜻으로 문화 수입에 크게 노력하여 국운이 점점 진보되고 실력이 크게 향상되었습니다. 필리포스 왕 시대에 이르러 조금도 손색이 없는 강국이 됨에 따라, 이렇게 작은 나라로는 만족하지 못하겠다는 야망을 품고 그리스를 정복하여 맹주가 될 만한 기회가 생기기를 기다리고 있었습니다. 필리포스 왕은 어렸을 때 그리스에 인질로 보내진 적이 있었기에 그 내정과 형세에 대해서는 남보다 지식이 많았을 뿐만 아니라, 자국의 위력을 발휘하기 위해서는 먼저 그리스 여러 나라와 나란히 한패가 되어 묘한 술책으로 중간에서 계략을 쓰지 않으면 안 되겠다고 생각하였습니다. 이러한 야망이 성공하게 되자, 필리포스 왕은 발판의 근거지를 차지하고 득롱망촉得隴望蜀의 뜻을 가지게 되었습니다. 그의 가슴에는 야심이 가득하여 어떻게 해서든지 그리스를 석권하여 그리스 여러 나라의 패권을 자신이 휘어잡으려고 하였습니다.

위의 인용에서 주목해서 보아야 할 단어는 '오랑캐'다. 이 단어는 중국 역사에서는 북쪽의 야만족을 뜻하는 말이다. 토도키는 책에서 이 단어를 총 8번 사용하는데, 모두 그리스의 자유와 독립을 위협하는 마케도니아와 필리포스 2세를 가리킨다.

[10-10] 자유를 이상으로 여기고 독립을 정수로 여기는 그리스

는 형체와 정신 두 세계에 아무런 자취도 남기지 않고 와해되고 말았습니다. 지금은 제멋대로 하는 오랑캐의 억압 아래에 신음할 따름입니다. (…) 저 세상으로 많은 한을 그대로 안고 간 데모스테네스를 생각할 때는 천 년이 지난 지금 아직도 창자가 끊어지려고 합니다. 그러나 그의 장렬한 의기는 천고에 썩지 않을 것이고, 그의 충성은 만대에 광채를 띨 것입니다. 그의 이름이야말로 그리스 정신의 좋은 본보기로 영원히 그리스의 역사와 함께 전하여 아름다운 말년을 아름답게 장식하고 있습니다.

여기에서 토도키가 데모스테네스를 사랑하게 된 이유가 분명하게 드러난다. 바로 북쪽의 '오랑캐'와 그들의 남진을 저지함에 있어서 일본의 데모스테네스가 필요했기 때문이다. 데모스테네스에게 마케도니아가 오랑캐였다면, 토도키에게는 러시아가 오랑캐였다. 데모스테네스에게 필리포스 2세가 오랑캐의 우두머리였다면, 토도키에게는 니콜라이 2세가 그랬다. 이는 제2차 세계대전이 벌어지자, "히틀러를 또 다른 필리포스(Philip alias Hitler)"[16]로 부른 영국 고전학자 아델라 애덤(Adela Marion Adam, 1866-1944)의 말을 환기시킨다.

토도키의 우려대로 전쟁은 1904년 시작되었다. 그러나 전쟁이 일본의 승리로 끝나면서 그의 우려는 기우로 멈췄다. 반전은 여기서부터다. 러시아가 일본에게 마케도니아였다면, 전쟁이 끝난 이후에는 일본이 한국에게 아시아의 마케도니아처럼 행세했기 때문이다. 사실, 러일 전쟁 당시에 한국의 처지는 그리스 올린토스의 처지와 비

---

16 Adam, A. M., "Philip alias Hitler" in *Greece and Rome*, Book 10, Oxford University Press. 1941, p.105.

슷했다. 전쟁이 발발했을 때 한국은 일본을 지지했다. 하지만 전쟁이 끝나자, 일본은 한국을 본격적으로 식민지로 병합하기 시작했다. 이에 대한 안중근의 비판이다.

【8a】 일본은 한국에 대하여 이미 큰 욕심을 가지고 있었다. 그렇다면 어찌 자기 수단껏 자유롭게 행동하지 못하고, 이처럼 유럽 백인종이 약속한 법 가운데에 첨가하여 오랜 세월 동안의 문제를 만드는가? 도무지 대책이 없는 일이다.[17]

일본에서 한국을 식민지로 복속시키는 작업을 주도한 인물이 이토 히로부미(伊藤博文, 1841-1901)였다. 그는 일본인에게는 영웅이었지만 한국인에게 소위 '필리포스 2세'로 여겨진 인물이었다. 위의 인용은 1909년 10월 26일 안중근이 아시아의 필리포스 2세인 이토 히로부미를 하얼빈 역에서 총으로 사살한 뒤에 감옥에서 저술한 《동양평화론》에 남긴 말이다. 그에게는 이토 히로부미가 또 다른 필리포스 2세였다. 물론, 안중근이 데모스테네스의 연설을 자세히 알고 있지는 않았을 것이다. 하지만, 그가 안국선의 《연설법방》을 통해서 데모스테네스를 접한 것은 사실이다. 안중근의 《동양평화론》과 자서전 《안응칠 역사》는 그가 《연설법방》을 읽었음을 보여주는 증거들을 제시하기 때문이다. 단적으로, 《연설법방》에 소개된 《필리포스 반대》 연설에서 마케도니아의 남진과 필리포스 2세의 정치적인 야욕에 대한 데모스테네스의 비판 논리는 안중근이 두 책에서 밝힌 일본 제국주의에 대한 입장과 구조적으로 크게 유사하다. 혹자는 안

---

17 안중근. 《동양평화론》, p. 115.

중근의 동양평화론이 칸트의 영구평화론의 영향을 받은 것이라고 주장하는데, 우리는 평화와 국민에 대한 안중근의 입장이 데모스테네스의 생각과 유사하다는 점을 지적하고자 한다. 평화와 국민을 사랑했다는 점에서 안중근과 데모스테네스는 서로 매우 닮아있다.

안중근의 사례에서 확인할 수 있듯이, 데모스테네스를 바라보는 한국인의 입장은 일본의 입장과는 크게 다를 수밖에 없었다. 북방의 오랑캐인 러시아를 몰아내겠다고 나선 일본이 한국인에게는 남방의 오랑캐였기 때문이다. 이는 단적으로 토도키의 《デモスセネス》를 한국어로 번역한 김억의 시선에서 확인된다. 김억은 일본 원서에서는 발견되지 않는 문장을 여러 차례에 걸쳐서 추가한다. 예를 들면, 다음과 같다.

> [9-1] <u>오강에서 항우의 말로와 성충의 깊은 마음속도 마찬가지로 한갓 후세 사람들에게 끝없는 눈물만 짜게 하지 않았습니까?</u> 애달픕니다. 데모스테네스의 만년은 진실로 비참한 구름이 쌓이고 쌓여 마음을 아프게 하는 것뿐이었습니다.

밑줄로 강조한 문장은 일본어 원문에는 없고 김억이 추가한 것이다. 항우는 중국 초나라의 패왕으로, 한나라를 세운 유방과 중국의 천하를 두고 다투었지만 패하고 오강(烏江)에서 자결한 중국의 영웅이다. 또한 성충은 백제 의자왕 때에 최고위 관직인 좌평으로 있으면서 왕의 방탕을 비판하다가 투옥된 인물이다. 그는 옥중에서 중국의 당나라 수군과 신라의 육군에 대항하여 싸우라는 전략을 제시하였지만, 의자왕은 그 제안을 무시했다. 성충이 결국 감옥에서 죽음을 맞이한 이후, 그가 예상했던 바로 그 지역으로 당나라와 신라의 군대가 쳐들어와 백제를 멸망시켰다. 성충의 제안은 데모스테네스가 자신의 첫 번째 정치 연설인《삼단노선에 관하여》에서 아테네 시민들에게 제안한 바와 유사하다. 김억이 중국의 영웅 항우와 백제의 충신 성충을 데모스테네스와 비교하려 했던 이유는 아마도 이 두 사람이 패배자이자 나라를 잃은 사람이라는 공통점을 가지고 있었기 때문일 것이다. 이것이 김억이 원문에 없는 문장을 추가한 이유였다. 김억도 나라를 잃은 사람이었기 때문이다. 이런 사정 때문에 김억은 정치적으로 실패하고 추방당한 데모스테네스의 모습에 끌렸을 것이고 동정심을 가졌을 것이다. 다음은 김억이 추가한 말이다.

[9-9] 그는 아테네를 떠날 때, 손을 높이 들어 아크로폴리스를 바라보며 서러운 목소리로 말하였습니다. "불쌍하다, 아테네의 수호신 아테나여! 그대는 어찌하여 밉살스러운 부엉이와 뱀과 사람을 좋아하는가?" 머리를 들어 가만히 생각할 때, 가슴에는 감개한 생각으로 가득하였지만, 비분강개한 감정은 뜨거운 창자를 토막토막 끊지 않을 수 없었습니다. 아아, 그의 가슴은 참으로 불쌍하였습니다. <u>유랑하여 떠돌아다니는 데모스테네스의 가없고도 서러운 마음이여! 세상은 뜻있고 훌륭한 일을 하려는 사람을 언제나 이렇게 괴롭게 하지 않았던가?</u>

밑줄로 강조한 문장도 토도키의《デモステネス》에는 없는 것이다. 김억도, 데모스테네스처럼, 나라를 잃고 떠돌아야 하는 신세였다. 그런데, 흥미로운 점은, "세상은 뜻있고 훌륭한 일을 하려는 사람을 언제나 이렇게 괴롭게 하지 않았던가"라는 말이 원래 맹자의 말이라는 것이다. 이 말은 아시아의 정치가나 지식인들이 고난과 재난에 처해

있을 때에 자신을 위로하고 격려하기 위해 통상적으로 인용하고 반복하는 고전 구절(locus classicus)이다. 맹자의 말이다.

> 하늘이 장차 이 사람에게 큰일을 맡기려면 반드시 먼저 그 마음과 뜻을 고통스럽게 하고, 힘줄과 뼈를 수고롭게 하며, 육체를 굶주리게 하고, 몸을 궁핍하게 하여 하는 일마다 이루지 못하게 하나니, 이 때문에 마음을 경동시키고 성질을 굳게 참아서 능하지 못한 바를 증진하게 된다.[18]

김억은 맹자의 말로 데모스테네스를 위로하고 있지만 사실은 그 자신을 위로하고 더 나아가 자신의 마음과 의지를 굳건하게 다지고 있다. 이런 의미에서, 김억이 어쩌면 한국의 또 다른 데모스테네스일 것이다. 주목할 만한 점은, 김억이 성공한 정치인 혹은 탁월한 연설가로서의 데모스테네스보다, 실패하고 패배한 데모스테네스에게 동병상련의 마음을 가졌다는 것이다.

김억은 우울하고 침울해 보이는 데모스테네스의 이런 모습에 매력을 느꼈을지도 모르겠다. 김억은 한국에 프랑스 시인 보들레르의 시를 소개한 사람이었다. 김억이 정치적으로 좌절하고 실패한 데모스테네스에게 매료된 것은 분명한데, 이는 김억이 《데모쓰테네쓰》의 시작과 마지막에 일본어 원서에는 없는 문장을 덧붙인 데에서 확인된다. 《데모쓰테네쓰》의 시작이다.

---

[18] 《맹자》 고자(하), 天將降大任於是人也, 必先苦其心志, 勞其筋骨, 餓其體膚, 空乏其身, 行拂亂其所爲, 所以動心忍性, 增益其所不能.

코펜하겐 글립토텍 미술관에 전시된 데모스테네스 입상.

[1-1] 묻노라. 푸른 산은 누구를 위하여 길이 푸르며, 긴 강은 누구를 위하여 길이 흐르는가? 외로운 무덤과 긴 강과 푸른 산, 아아! 이 얼마나 가엾은 비교인가? 가을바람이 처량한 한밤의 달빛은 예로부터 지금까지 훌륭한 일을 한 대장부의 무덤을 조문하며 혼자 높이 떠서 아래 세계를 영구히 내려다볼 뿐이 아닌가?

위의 인용구는 유학자들이 패배했지만 뜻을 꺾지 않은 아시아의 의로운 군자, 즉 의사(義士)를 묘사할 때에 자주 등장하는 토포스(topos)[19]이다. 이 토포스는 특히 유학자들이 올바름을 버리지 않은 의로운 군자에 대한 존경을 표현할 때 자주 등장한다. 김

---

[19] 토포스란 언어와 생각의 표현과 관련된 이미지, 개념, 이야기, 논증 방식, 표현 양식들을 마치 보물 창고에 귀중품을 분류해서 정리해서 모아놓듯이 모아두는 기억들의 저장소를 가리킨다. 우리말로 옮기자면, 상식과 통념을 문장 안에 자체적으로 함의하고 있는 논리적인 격어나 문장, 여기에서 더 나아가 여러 개의 논증과 논거들을 하나의 추론으로 아우르는 '추론 상자' 혹은 '논거 창고'라고도 부를 수 있다. 안재원, 2024, p.74.

억은 이와 같은 묘사를 통해서 데모스테네스를 유교의 모범인 의로
운 군자로 한국의 독자들에게 제시한다. 데모스테네스는 정치적으
로는 실패했지만 그 용기와 기개를 꺾지 않은 백절불굴의 영웅으로,
그리스의 성충으로 한국에 소개된 것이다. 김억은 이와 같은 방식으
로 데모스테네스에 대한 자신의 감정과 속마음을 드러낸다. 《데모쓰
테네쓰》의 마지막을 장식하는 말이다.

【11-7】"데모스테네스여, 당신이 만일 심력과 같은 체력을 가
졌다면 마케도니아의 포악한 군주가 어찌 그리스를 정복하였으
랴!"라는 비석에 새긴 글도 지금은 오랫동안의 비바람에 갈려
자취조차 없음을 슬퍼할 따름입니다.

김억도 토도키만큼 데모스테네스를 존경하고 사랑했다. 어쩌면
김억의 사랑은 토도키의 사랑을 뛰어넘었을 것이다. 토도키에게 데
모스테네스는 일본의 자유와 독립을 지키기 위해서 북방의 오랑캐
의 야심을 폭로하고 러시아와의 전쟁을 미리 알려준 예언자였다. 하
지만 김억에게 데모스테네스는 예언자가 아니었다. 이미 멸망한 국
가의 자유와 독립에 대한 희망을 포기하지 않도록 끊임없는 자극과
영감을 주는 독립 운동의 지도자였다. 마치 아일랜드의 독립을 위해
서 투쟁한 헨리 그래턴(Henry Grattan, 1746-1820)에게 데모스테네
스가 그랬던 것처럼 말이다.[20] 이것이 데모스테네스를 그리스의 성
충으로 소개한 이유였다. 김억에게 데모스테네스는 절망 속에서도

---

[20] Adams, C. D., 1927, *Demothenes and his influence*. London : Harrap and Co.,
p.157.

자신의 기개와 의지를 굽히지 않은 만세의 영웅이었기 때문이다.

3. 나가는 말

데모스테네스를 논의할 때마다 등장하는 주제들이 있다. 한편에
서는 연설가로서의 데모스테네스, 정치가로서의 데모스테네스, 미
래를 내다본 예언자 혹은 조국의 자유와 독립을 위해 투쟁한 애국자
로서의 데모스테네스에 대한 논의들이 있고, 다른 한편에서는 정반
대로 민중선동가, 부패하고 무능력한 정치인으로서의 데모스테네스
에 대한 논의들이 있다. 데모스테네스와 경쟁했던 아테네의 정치가
들과 마케도니아의 왕들, 시대를 넘어서 말잘함을 다투어야 했던 키
케로 역시도 데모스테네스에 대한 논의에서 빠지지 않는 주제들이
다. 흥미롭게도, 이런 주제들은 토도키의 《デモスセネス》와 김억의
《데모쓰테네쓰》에서는 거의 발견되지 않는다. 물론 토도키도 예언
자이자 애국자로서의 데모스테네스 모습을 강조하기는 했다. 하지
만, 김억은 여기에 유교의 모범인 의로운 군자로서의 모습을 더해,
좌절하고 실패했지만 불굴의 의지로 자신의 기개와 정신을 포기하
지 않은 독립운동가의 모습을 부각시켰다. 그야말로 새로운 모습의
데모스테네스, 바로 한국의 데모스테네스(Demosthenes Coreanus)다.
이런 데모스테네스의 모습은 서양의 수용사에서는 찾아보기 어렵
다. 유럽의 데모스테네스에 대한 울리히 쉰델(Ulrich Schindel, 1935-
2025) 교수의 고찰이다.[21]

21 쉰델 교수의 논문 이후에도, 이탈리아와 그리스에서 데모스테네스 수용사를 다

독자는 세 부분에서 '국가적인' 데모스테네스를 발견하게 될 것
이다. 독일에서는 신인문주의적으로 작위가 더해진 자유투사,
프랑스에서는 때로는 문학적으로 형상화된 모범 연설가(고전주
의적으로), 때로는 실패한 정치가(계몽주의적으로), 영국에서는
위대한 민중 연설가이자 정당 정치가이다. '유럽적인' 데모스테
네스는 이로부터 스스로 더해야 한다.[22]

쉰델 교수의 고찰은 데모스테네스의 유럽 수용 과정과 역사가 근
대 개별 국가들의 정치적인 상황과 조건의 영향을 받았음을 보여준
다. 데모스테네스를 수용하는 방식과 양태도 해당 국가의 정치적 조
건에 따라서 달라지는데, 이는 데모스테네스의 수용사가 다른 여느
고전 작가들의 경우와는 크게 다름을 보여준다. 미국의 데모스테네
스 수용사와 일본의 데모스테네스 수용사를 그 증거로 제시할 수 있
다. 무엇보다도 결정적인 증거로 한국의 데모스테네스 수용사를 제
시할 수 있다. 한국 역사에 데모스테네스를 소환한 것은 고전학자
혹은 수사학자 혹은 정치학자가 아니었다. 그것은 다름 아닌 민중의

룬 후속 연구들이 출판되었다.18세기 이탈리아 작가이자 "이탈리아의 데모스테
네스"로 불렸던 비토리오 알피에리(Vittorio Alfieri)에 관해서는 다음 논문을 참
고하라. Giuseppe Andrea Liberti, 2019, La Democrazia e altre 《grecherie》. Alfieri
contro il mito di Atene, Società Editrice Fiorentina, pp.324-334. 19세기 신생 독
립국가 그리스에서도 데모스테네스를 "조국의 언어와 관습의 회복"을 위한 필
수적인 인물로 여기고 많은 연구서적을 출판했다. Gavrila Sophokleos, 1890,
Demosthenes: On the Crown. With Critical and Explanatory Notes, p. 7'. 독도
글두레의 비판정본 《데모쓰테네쓰》도 데모스테네스 수용사 연구의 일환임을 밝
힌다.

22 Ulrich Schindel, 1963, *Demosthenes im 18. Jarhhundert*, Zetemata 31. C-H-Beck:
München, p.6.

힘이었다.

　사연인즉 이렇다. 1894년 한국에는 동학을 신봉하는 농민들이 이른바 동학 농민 혁명을 일으킨다. 이 혁명은 국가와 관리들에 대한 민중의 불신과 분노에서 시작되었다. 혹자는 민란이라고 부르기도 하지만 단순한 내란은 아니었다. 이 전쟁이 발발하게 된 내막을 들여다보면, 그것은 한국 사회를 중세의 봉건 국가에서 근대 입헌 국가로 바꾼 혁명이었기 때문이다. 동학은 인간의 평등성과 존엄성을 강조하는 사상을 바탕으로 한다. 이 사상은 한편으로 서양 문명에 맞서는 민족주의 문화를 중시하는 기치를 표방했지만, 다른 한편으로 서양의 학문과 기독교의 충격과 영향을 깊게 받았다. 이는 조선 말기의 세도 정치와 부패한 관리들의 수탈로 인해 고통받던 농민들과 일반 민중들의 새로운 사회와 세계에 대한 염원에 뿌리를 두고 있다. 이렇게 민중의 강력한 염원을 담은 전쟁이었기에, 당시 조선 왕실은 이 전쟁에서 패배할 수밖에 없었고, 어쩔 수 없이 청나라 군대의 개입을 요청한다. 그러자 일본 군대도 텐진 조약을 빌미삼아 한반도에 진출한다. 양국 군대의 개입으로 동학 전쟁은 끝났다. 하지만 결과적으로 청일 전쟁이 발발하게 되면서, 이로부터 청나라의 정치적인 몰락과 함께 조선을 지배했던 동양의 전통적인 중화 질서가 붕괴된다. 이 사건을 계기로, 조선 왕실은 일본 모델을 따라서 한국의 서구화와 근대화를 위한 정치, 경제, 군사, 법률, 교육, 사회 전반을 망라하는 개혁을 시도한다.

　이런 배경 속에서, 1894년 갑오개혁의 결과로 출판과 연설의 자유가 전면적으로 허용되었고, 특히, 새로운 표현의 방식인 연설이 전 사회적으로 유행하게 된다. 이렇게 유행하게 된 연설은 넓은 의미에서 공적인 발언과는 명백하게 구별되는 새로운 표현 방식이었다. 집회에서 대중을 대상으로 자신의 주장과 의견을 밝히고 설득하는 표현 방식은 한국 역사에서는 새로운 현상이었다. 이를 주도한 세력은 한국의 서구화와 근대화를 위해서 애국 계몽 운동을 주도했던 독립협회와 협성회와 같은 사회단체들이었다. 이런 단체들이 주도하는 연설회를 통해서 민중들은 정치적인 공론과 여론의 형성에 직접 참여하였다. 중요한 점은, 새로운 표현 방식인 연설을 신분과 계급에 상관없이, 설령 배우지 못한 사람이라 할지라도, 누구나 행할 수 있었다는 것이다. 남녀노소의 구분이 없었다. 누구나 자신이 가진 의견과 주장을 집회에 나와서 청중을 향해 피력할 수 있었다. 예컨대, 1898년 독립협회 해산 이후 사람들이 자발적으로 조직한 만민공동회에서는 누구든지 시국에 대해 자유로이 발언할 수 있었다. 이는 연설자와 청중 사이에 존재했던 기존의 위계가 해체되었다는 상징적인 현상이었다. 사회적 신분에 구애받지 않고 연설이라는 공적인 '말하기'를 직접 경험함으로써, 사람들은 연설 행위와 집회라는 공간에서 만민 평등사상을 직접 체화할 수 있었다. 무엇보다도 근대적인 말하기인 연설이 지식인에 국한되지 않고 신분을 초월하여 모두에게 공유되었다는 점이 중요하다. 말할 수 있는 정치적 권리인 언권(言權)이 민중에게도 허용되었기 때문이다. 민중의 권리이고 민중의 표현 수단인 연설의 중요성에 대한 인식은 1900년대 전반에 걸쳐 확산되었다. 이는《연설법방》의 서언에서 단적으로 드러난다.

【서언 1】맹자가 '어찌 변론을 좋아하리오? 어쩔 수 없어서이다.'라고 하셨으니, 지금 또한 어쩔 수 없이 변론을 좋아하는 때이구나. 늘 새로움[維新]을 추구하는 것은 당연히 꾀해야 하지만 인민이 몽매하고, 문명은 모름지기 일으켜야 하지만 사회가

어두우니, 먼저 깨달은 사람은 마땅히 깨우치고 달래기를 그치지 아니하며 뒤떨어진 사람은 토론하기를 쉼 없이 해야 한다. 그러므로 우리는 언어 자유를 중시하는 것이니, 서양 말에 '언론 자유는 문명을 이끄는 도구다'라고 하였다.

그런데, 이 대목에서 또 다른 반전이 있다. 표현의 권리와 연설의 중요성을 자각한 민중들의 자발적 참여의 장이 급속도로 확대됨에 따라, 이에 불안을 느낀 일본은 1907년 정미 7조약을 맺고 통감부(統監府)의 주도로 제정한 보안법으로 연설을 전면적으로 금지한다. 1907년 7월 24일에 체결된 이 조약은 대한 제국의 군대 해산과 일본의 내정 간섭을 인정하는 내용을 골자로 하며, 본격적으로 한국을 일본의 식민지로 병합하기 위한 불평등조약이었다. 이에 대해서 의병이 전국적으로 일어났고, 사회 각계에서 일어난 지식인들과 민중들은 각자의 방식으로 일본의 야심을 비판하고 항의했다. 안국선의 《연설법방》도 이런 사례 가운데에 하나였다. 집회와 연설이 금지되자, 이 책도 안국선이 연설의 중요성을 알리고, 청년과 민중들에게 연설 교육을 하기 위해서 출판한 것이기 때문이다. 이것이 데모스테네스가 한국에 소환된 이유였다. 안국선의 말이다.

【서언 3】 아, 언론이 활발하지 않으면 민권이 떨쳐 일어나지 못하며, 국권이 또한 따라서 부진하여 훌륭한 헌정을 기대할 수 없다. 잠자는 자여 일어날지어다! 취한 자여 깨어날지어다! 내가 언론사회가 활발하지 못함을 근심하여 이 글을 지어 발간하니 나의 마음은 간절하다. 이 책의 효과 여부는 독자 여러분에게 맡길 뿐이다.

인용은 안국선이 데모스테네스를 한국에 초대한 이유를 분명하게 보여준다. 연설을 살리고 민중의 권리를 보호하며 국가의 권익을 지키기 위해서였다. 한국의 데모스테네스(Demosthenes Coreanus)가 유럽의 데모스테네스(Eurapaeus Demosthenes)와는 다른 모습을 취하게 된 이유가 여기에서 분명하게 드러난다. 한국의 데모스테네스를 한국 역사에 소환한 힘은 지식인의 호기심이나 정치인의 야심이 아니라, 바로 민중의 힘이었기 때문이다. 한국어 "민중의 힘"을 그리스어로 옮기면 Demos(민중)-sthenos(힘)이다. 연설이 금지된 것이 민중의 힘 때문이었지만, 연설을 살리는 것도 결국은 민중의 힘일 수밖에 없기 때문이다. 김억의 《데모쓰테네쓰》도 민중의 힘 덕분에 한국의 역사에 재소환된 것이다. 민중의 힘이 혁명적으로 표출된 3·1 독립운동의 결과로 이 책도 출판될 수 있었기 때문이다. 그렇다

면, 민중의 힘으로 한국 연단에 등장한 데모스테네스를 한국인들은 과연 얼마나 알고 있었고 얼마나 사랑했을까? 솔직하게 말하자면, 이 물음에 대한 확실한 답변을 지금은 할 수 없다. 1921년에 출판된 김억의 《데모쓰테네쓰》가 모든 민중의 사랑을 받았다고 말할 수는 없지만, 그럼에도 대중의 사랑을 받은 것은 분명하다. 1925년에 조선총독부 철도국의 철도국우회(鐵道局友會)에서 발행한 잡지《국우(局友)》에 책의 일부가 그대로 다시 출판되었기 때문이다.

《局友》제1권 12월호에는《데모쓰테네쓰》4장이 실려 있다. 이 잡지는 전국의 역전에서 그리고 철로를 따라서 전국적으로 읽혀졌을 것이다. 이런 사정을 놓고 볼 때, 한국의 데모스테네스도 많은 사람들의 사랑을 받았다 할 것이다. 또한 그에게서 연설을 배우거나 연설의 중요성을 인식하게 된 사람도 많았을 것이다. 이를 잘 보여주는 증거가 1954년 헌법 개정안을 논의하는 회의록에 남아있기 때문이다. 이 회의에서 정재완(鄭在浣, 1900-1967)은 소크라테스와 데모스테네스의 연설을 언급했다. 그는 전남 여수에서 국회의원으로 4번 당선된 정치가로,《연설법방》과《데모쓰테네쓰》가 출판되어 큰 인기를 끌었던 시기에 유년기와 청년기를 보낸 사람이다. 그가 독립운동가였다는 점도 젊은 시절 이 책들을 읽었을 가능성을 뒷받침해준다.

2025년은 데모스테네스에게는, 특히 한국의 데모스테네스(Demosthenes Coreanus)에게는 특별한 해이다. 데모스테네스의 전집이 최초로 한국어로 출판된 해이기 때문이다. 아테네의 정체와 법원, 그리고 아테네의 민주주의의 이해를 돕는 부록을 덧붙인 데모스테네스의 연설 61편이 고전 그리스어에서 한국어로 번역되었다.

이 대작을 번역한 학자는 최자영 교수이다. 데모스테네스의 음성

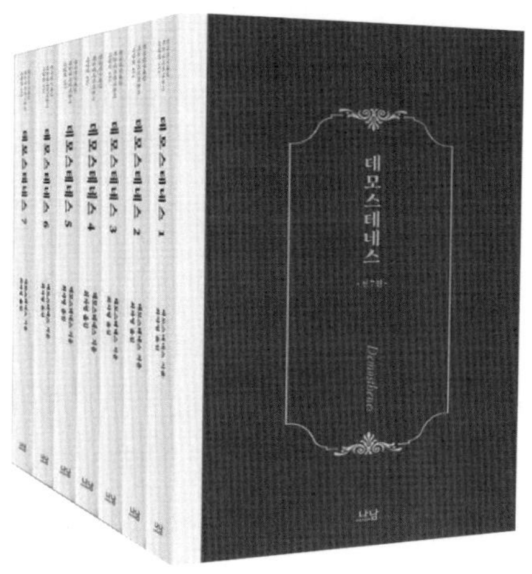

을 직접 듣는 것처럼 번역은 자연스럽고 훌륭하다. 우리도 이제 온전한 데모스테네스를 볼 수 있게 되었다. 무엇보다도 이 번역에서 우리는 한국의 데모스테네스를 다시 한번 확인할 수 있다. 다음은 최자영 교수의 말이다.

> 기득권자들이 가장 무서워하는 게 국민의 정치적 발언권이다. 데모스테네스의 변론은 당시 그리스의 최고 의결기구이던 민회와 민중의 발언권이 얼마나 중요했는지를 보여준다. 우리는 더욱 정치화되어야 한다. (…) 우리는 윤석열을 대통령으로 뽑았던 것처럼, 민회가 잘못 결정할 수도 있다. 그러나 그럴 때는 바로 정치가를 탄핵하고 잘못을 바로잡는다. 시민의 적극적인 정치 참여 덕분이었다.[23]

---

[23] 2025년 4월 25일. 한겨레신문 기사 "민중한테서 부여받는 특권이 더 명예롭고 안정적이다".

결국, 이 번역을 통해서 데모스테네스를 한국의 역사에 다시 소환한 것도 결국은 민중의 힘이었음을 확인시켜 준다. 최자영 교수는 이를 가장 잘 보여준 정치가가 데모스테네스였고, 이것이 데모스테네스 전집을 번역하게 된 이유라고 밝힌다. 안국선이 그랬던 것처럼, 최자영도 민중의 발언권을 강조한다. 하지만, 데모스테네스를 바라보는 최자영의 시선과 안국선의 시선 사이에는 큰 차이가 있다. 안국선의 시선에서는 민주주의에 대한 언급을 찾아보기 어렵지만, 최자영의 시선에는 민주주의가 중심에 놓여있다. 이는 앞에서 언급했듯이, 정치적인 조건에 따라서 데모스테네스를 수용한 방식과 양태도 달라진다는 점을 확인시켜 준다. 어쨌든, 최자영의 번역은 안국선과 김억이 보여준 초상화에는 없는 한국의 데모스테네스의 또다른 면모를 제공한다. 민중의 지도자이자 민주주의 수호자로서의 모습을 말이다.

앞으로 한국의 데모스테네스가 어떤 새로운 모습을 보여줄지에 대해서는 아무도 장담할 수 없을 것이다. 예컨대, 평화를 만드는 사람(peacemaker)으로서의 데모스테네스의 모습을 보는 것도 가능하고, 정치 선동가(demagogus)로서의 모습도 얼마든지 예상할 수 있기 때문이다. 사정이 이러함에도, 민주주의가 민중의 힘에 입각해서 작동하는 정체인 한에서, 한국의 데모스테네스는 우리 한국인과 함께 지낼 것임은 분명하다. 긍정적이든 부정적이든 우리는 민주주의에 대해서 데모스테네스에게서 배울 것이 아직도 많기 때문이다. 민주주의를 지키기 위해서는 데모스테네스의 실패를 공부하는 것도 필요하고, 그의 약점과 단점에 대한 연구 또한 우리에게 타산지석이 될 것이다. 그런데, 기원전 4세기에 데모스테네스가 좌절하고 실패했던 아테네의 민주주의를 민주주의 1.0으로, 현대의 민주주의를 민주주의 2.0으로 부르고자 한다. 고대의 민주주의와 현대 민주주의 사이에는 이미 질적으로 많은 차이가 있기 때문이다. 그럼에도 데모스테네스의 실패와 시행착오마저도 민주주의의 약점을 극복하는 방안에 대해서 고민하고 연구할 수 있는 대상이라는 점에서, 데모스테네스의 연설은 아직도 살아있다.

일러두기

- 이 비판정본은 김억(金億)의 《데모쓰테네쓰》를 저본으로 했으며, 아울러《데모쓰테네쓰》의 저본인 토도키 와타루(十時彌)의 《デモスセネス》도 참조했다.
- 독자의 편의를 위해 원문은 각 장마다 단락을 나누어 【제1장 1】식으로 번호를 붙였으며, 비판정본과 한글주해를 서로 비교해서 살펴볼 수 있도록 함께 배치했다.
- 주석은 원문 주석과 번역 주석으로 구분하여 비판장치(critical apparatus)와 주해 간의 차이가 분명히 드러나도록 노력했다.
- 인명과 지명은 고대 그리스어 발음에 따라 표기했고 주석에는 알파벳 로마자로 병음했으며, 어려운 단어는 한자를 병기했다.
  예 호메로스(Homeros), 정폐情弊

판본

- 김억: 金億,《데모쓰테네쓰》, 漢城圖書株式會社, 1921.
- 토도키: 十時彌,《デモスセネス》, 博文館, 1901.

약호

- 〈 〉 본문 내용에 보충-제안할 때 사용하는 부호이다.
- [ ] 문헌의 전승이 명백하게 오류여서 삭제해야 할 때 사용하는 부호이다.
- : 문헌 간의 대조를 표시하는 부호이다.

비판정본·원문대역

데모쓰테네쓰

第一[*]

【제1장 1】 뭇노라、青山은 누구를 위하야 길이 프르며、長江은 누구를 위하야 길이 흐르는고。孤墳과 長江과 青山、아々이 엇더한 가이업는 比較냐。가을 바람이 凄愴한 夜半의 달빗은 永久히 古往今來의 有爲南兒의 무덤을 吊傷하며、혼자 놉히 下界를 내려다볼 쑨이 아닌가。꼿은 피엿다、써러졋다 하는 동안에、榮華와 盛衰는 限업시 變하엿스며、달이쩟다、넘엇다 하는 동안에는 世上萬事가 春夢갓치 往來하야、한갓 사람으로 하야금 三千世界의 無常을 셜어하는 맘만 생기게 합니다。생각하면 가이업지 아니합닛가。青史를 펴놋코 한가히 治亂興廢의 자최를 차자볼 째에 누가 能히 가슴을 압흐게 하는 無限의 感慨를 禁하며、古今의 英雄을 맘으로 吊傷하지 아니할 사람이 잇겟습닛가。

* 第一, 김억: 第一 緖言, 토도키

【번역】 묻노라. 푸른 산은 누구를 위하여 길이 푸르며, 긴 강은 누구를 위하여 길이 흐르는가? 외로운 무덤과 긴 강과 푸른 산, 아아! 이 얼마나 가엾은 비교인가? 가을바람이 처량한 한밤의 달빛은 예로부터 지금까지 훌륭한 일을 한 대장부의 무덤을 조문하며 혼자 놉

이 떠서 아래 세계를 영구히 내려다볼 뿐이 아닌가? 꽃은 피었다 떨어졌다 하는 동안에 영화와 성쇠는 한없이 바뀌었으며, 달이 떴다 넘었다 하는 동안에 세상만사가 춘몽처럼 오고 가서 한갓 사람으로 하여금 삼천 세계三千世界[1]의 무상함을 안타까워하는 마음만 생기게 합니다. 생각하면 가엾지 않습니까? 역사의 기록을 펴놓고 한가하게 잘 다스려진 세상과 어지러운 세상, 흥한 세상과 망한 세상의 자취를 찾아볼 때, 누가 가슴으로 끝없이 아파하는 마음을 막을 수 있겠으며, 고금의 영웅을 마음으로 슬퍼하지 않을 사람이 있겠습니까?

【제1장 2】試驗으로 보아라、사라미쓰 海岸의 쮜노는 물결에는 아직도 오히려 怒氣가 잇스며、마라손의 曠野에는 아직도 오히려、검은 구름이 愁心을 먹음지 아니하엿는가、이것들은 한갓 지내간 斷腸의 光景을 보여줄 뿐임니다。다시 생각을 돌니여 손을 곱으면 往昔 페리크레쓰가 잇슬 째、雅典은 全盛에 全盛을 거듭하야 國治民安에 勇武와 文化가 兼全하야 쏘요크레쓰가 말함과 갓치 人民은 國家를 舟船에 比하야 배가 만일 水中에 沉沒되면 自己의 집과 몸을 엇더케 安保할 수가 잇스랴 하지 아니 하엿든가、이러한 敎養下에 雅典의 光榮을 위하야는 危難과 싸호엿스며、困苦를 避治 아니 하엿고、武勇을 崇尙하며 身命을 앗끼지 아니하고、한갓 타는 듯한 希臘精神의

---

1) 삼천 세계(三千世界): 소천, 중천, 대천의 세 종류 천세계가 이루어진 세계. 수미산을 중심으로 해, 달, 사대주(四大洲), 육욕천(六欲天), 범천(梵天)을 합하여 '한 세계'라 하고, 이것의 천 배를 '소천(小千)세계', 또 이것의 천 배를 '중천(中千)세계', 다시 이것의 천 배를 '대천(大千)세계'라 한다.

熱誠에 激動되야、國家의 盛昌만을 가슴에 생각하고 그들은 모든 일을 하엿습니다。 이리하야 國運은 日進月新하고 쌀아서 芳香 가득한 希臘文化의 곶이 限껏 花辨을 벌니고 왼 世界에 그 芳香을 쌕리게 되엿습니다 만은

【번역】 시험 삼아 한번 보아라. 살라미스[2] 해안의 뛰어노는 물결에는 아직도 성난 기색이 오히려 있으며, 마라톤의 텅 비고 너른 들판에는 아직도 검은 구름이 오히려 수심을 머금지 아니했는가? 이것들은 한갓 지나간 단장斷腸[3]의 광경을 보여줄 뿐입니다. 다시 생각을 돌이켜 손을 꼽으면, 옛날 페리클레스[4]가 있을 때, 아테네는 전성全盛에 전성을 거듭하여 나라가 다스려지고 인민이 안정되었으며, 용맹과 문화가 모두 갖춰졌습니다. 소포클레스[5]가 말한 것과 같이, "배가 만일 물속에 침몰하면 자기의 집과 몸을 어떻게 안전하게 지킬 수 있으랴?"[6]라고 인민은 국가를 배에 비유하지 않았던가? 이러한 교양을 갖추고 아테네의 영광을 위해서는 위험한 재난과 싸웠고 곤란하고 고통스러움을 피하지 않았으며, 무예와 용맹을 숭상하

2) 살라미스(Salamis): 아테네 남서쪽에서 20km 떨어진 아테네의 섬. 그 유명한 살라미스 해전이 이 섬 앞바다에서 벌어졌다.
3) 단장(斷腸): 몹시 슬퍼 창자가 끊어지는 듯함.
4) 페리클레스(Perikles): 고대 그리스 아테네의 정치가(B.C.495?~B.C.429). 민주 정치를 실시하고 델로스 동맹을 이끌어 그리스를 번영시켰으며, 파르테논의 신전을 건립하는 등 아테네의 황금시대를 이룩하였다.
5) 소포클레스(Sophocles): 고대 그리스의 비극 시인(B.C.496?~B.C.406). 그리스 비극을 기교적·형식적으로 완성하였다. 작품에 〈안티고네〉, 〈오이디푸스왕〉 따위가 있다.
6) 배가…있으랴?: 《순자(荀子)》의 〈왕제(王制)〉에서는 "군주는 배이고 서인은 물이다. 물은 배를 띄우기도 하지만 배를 전복시키기도 한다.[君者舟也 庶人者水也 水則載舟 水則覆舟]"라고 하였다.

고 몸과 목숨을 아끼지 않았으며, 오직 타는 듯한 그리스 정신의 열성에 격동하여 국가의 번성만을 가슴에 생각하고 그들은 모든 일을 하였습니다. 이리하여 국운이 나날이 나아가 다달이 새로웠고, 따라서 꽃다운 향기 가득한 그리스 문화의 꽃이 한껏 꽃잎을 벌리고 온 세계에 그 고운 향기를 뿌리게 되었습니다.

【제1장 3】 一盛一衰는 物換星移에 딸아오는 엇지할 수 업는 運命이라고 할는지는 몰으나 그럿케 아름답든 希臘의 文化의 꼿은 어느덧 元氣가 말으고 凋零의 가을을 만나게 되야 두 번 다시 지내간 偉觀을 볼 수가 업게 되엿습니다 다시 말하면 內部에는 武勇奉公의 氣象이 업서짐에 딸아 外部에는 强悍不撓의 强敵이 잇서、恒常 쉬지 아니하고 國境을 엿보고 잇섯습니다 가이 업습니다、國運은 차々 衰頹하여 가며 變亂의 萌芽는 쉬지 아니하고 胚胎되야 쟝차 雅典은 敗殘이 갓싸으려 하엿습니다、이러한 째를 當하야 하늘은 雅典을 불상히 생각하시엿든지 一大偉傑을 雅典에 보내여、眞實하고 熱誠의 愛國精神을 가지고 國民에게 雄邁壯快한 懸河의 雄辯으로 三寸舌의 激動을 주어、써 一代의 姑息과 惰眠을 覺醒케 하랴고 東奔西走한 사람이 잇섯습니다、이 사람은 果然 엇더한 사람임닛가、다른 사람이 아니엿습니다、우리가 只今 붓을 나외여 말하랴고 하는 데모쓰테네쓰、그 사람이엿습니다、

【번역】 하지만 흥망성쇠는 사물이 바뀌고 세월이 흘러감에 따라오는 어찌할 수 없는 운명이라고 할 수 있을지 모르나, 그렇게 아름답

던 그리스 문화의 꽃은 어느덧 원기元氣가 마르고 시들어 떨어지는 가을을 만나게 되어 두 번 다시 지나간 웅장한 경관을 볼 수 없게 되었습니다. 다시 말하면, 내부에는 용맹스럽고 나라를 위해 힘써 일하는 기상이 없어짐에 따라, 외부에는 사납고 굽히지 않는 강적이 있어 항상 끊이지 않고 엿보고 있었습니다. 끝이 없습니다. 국운은 차차 쇠퇴해 가며 변란의 맹아는 계속 싹터서 장차 아테네의 패망이 가까워지려 하였습니다. 이러한 때를 맞이하여 하늘은 아테네를 불쌍히 생각하시었던지 굉장히 뛰어난 인물을 아테네에 보내었습니다. 진실되고 열성적인 애국정신을 국민에게 폭포수와 같이 웅대하고 장쾌한 웅변으로 세 치 혀의 격동을 주어 한 시대의 안일함과 나태함을 각성하게 하려고 동분서주한 사람이었습니다. 이 사람은 과연 어떤 사람입니까? 다른 사람이 아니었습니다. 우리가 지금 붓을 다시 들어 말하려고 하는 데모스테네스,[7] 바로 그 사람이었습니다.

【제1장 4】 넷적 支那에 張儀가 쯧을 엇지 못하고 週流하다가 鄕里에 들어와서 自己 婦人의 비웃슴을 바들 째에 웃고 다만 입을 버리고 나의 혜가 아직 잇느냐 하며、아모 말도 하지 아니하엿다는 말이 잇슴니다、한데 張儀는 一介微軀로써 猜疑하며 嫉妬하는 戰國間을 徘徊하며 諸侯를 說服하며 諸王을 飜弄하

---

7) 데모스테네스(Demosthenes): 고대 그리스의 연설가·정치가(B.C.384~B.C.322?). 아테네의 자유와 독립을 지키기 위하여 마케도니아에 반대하는 연설을 하였으며, 뒤에 마케도니아의 아테네 진주(進駐) 때 사형을 선고받고 자살하였다. 그의 연설문은 기원전 4세기 아테네의 정치, 사회, 경제생활에 관한 귀중한 자료로 평가받는다.

야 自己의 注意대로 天下의 形勢를 變動케 하야 써 自己의 功
名을 세우랴 함에 當하야 그는 다만 三寸舌 하나박게 所有라
고는 업섯습니다、三寸舌이야말로 壯觀이며 奇觀이라고 할만
하지 아니함닛가。그러나 그는 다만 三寸舌을 依賴하고 단니
는 遊說客에 지내지 아니하야 엇더케 하든지、權謀와 術策으
로 自家 一個를 利益케 하랴고 하는 遊說客박게 되지 아니하
엿습니다、짤아서 天下를 利益케 하랴고 하는 생각은 쑴에죳
차 업고 自己의 더러운 內部는 될 수 잇는 데로 감추고 外部의
技巧만 잘하야 써 諸侯와 諸王의 歡心을 어드랴는 것박게는
아모것도 업섯습니다。이러한 自己의 野心을 滿足케 하랴고
하는 사람도 오히려 三寸舌을 依賴하고 自己의 쯧을 엇드랴고
하엿습니다、그 內面은 實로 무엇이라고 말할 수 업슬 만큼 卑
劣하엿습니다。이러한 사람과 우리 데모쓰테네쓰와는 比較할
수가 업습니다、웨 그러냐 하면 하나는 自己 一個의 利益을 위
하야 遊說하엿스며 다른 하나는 正義를 위하야 同胞를 위하야
自己의 모든 熱情과 精神을 다 바치엿슴으로、이 두 사람의 目
的하는 바와 쯧하든 바가 各々 서로 달나슴에 짤아、또한 價値
의 놉나즘도 잇는 까닭이외다。

【번역】 옛적 중국[8]에 장의[9]가 뜻을 얻지 못하고 여러 곳을 떠돌다

---

8) 중국(支那): '支那'는 근대 일본에서 중국을 멸시하는 데서 붙여진 칭호이다.

9) 장의(張儀): 전국(戰國) 시대의 유세가(遊說家)로서 제후(諸侯)에게 유세하여 소
    진(蘇秦)의 합종설(合從說)에 반대하고 열국(列國)은 진(秦) 나라를 섬겨야 한
    다는 연횡책(連橫策)을 주장했다. 장의가 일찍이 초상(楚相)과 노닐다가 구슬을
    훔쳤다는 누명을 쓰고 그들에게 모진 곤욕을 받고는 집에 돌아와 자기 아내에
    게 "내 혀가 아직 남아 있는지 살펴보시오.〔視吾舌尙在否?〕"라고 하자, 그의 아내

가 고향에 돌아와서 자기 부인의 비웃음을 받을 때, 다만 웃으면서 입을 벌리고 "나의 혀가 아직 있는가?"라고 하자, 아무 말도 하지 못했다는 말이 있습니다. 그런데 장의는 한낱 미천한 몸으로 의심과 질투를 받으며 전국 시대의 여러 나라를 배회하고 제후를 설복하며 여러 임금을 가지고 놀았습니다. 자기가 뜻을 쏟은 대로 천하의 형세를 변동케 하여 자기의 공명을 세우려 할 때, 그가 소유한 것은 세 치 혀 하나밖에 없었습니다. 세 치 혀야말로 장엄한 광경이며 기이한 광경이라 할 만하지 않겠습니까? 그는 세 치 혀에 의지하고 다니는 유세객에 지나지 않았습니다. 어떻게 하든지 권모술책으로 자기 하나만을 이롭게 하려고 하는 유세객밖에 되지 않았습니다. 따라서 천하를 이롭게 하려고 하는 생각은 꿈에서조차 없고 자기의 더러운 내부는 될 수 있는 대로 감추고 외부의 기교만 잘 부려서 제후와 여러 임금의 환심을 얻으려는 것밖에는 아무것도 하지 않았습니다. 이렇게 자기의 야심을 채우려 하는 사람이어서 오로지 세 치 혀에만 의지하여 자기의 뜻을 얻으려고 하였습니다. 그 내면은 참으로 무엇이라고 말할 수 없을 만큼 비열하였습니다. 이러한 사람과 우리 데모스테네스와는 비교할 수가 없습니다. 왜 그러냐 하면, 한 명은 자신만의 이익을 위하여 유세하였으며, 다른 한 명은 정의를 위하고 동포를 위하여 자기의 모든 열정과 정신을 다 바치었습니다. 두 사람의 목적하는 바와 뜻하는 바가 서로 달랐습니다. 따라서 가치의 높낮이도 다른 까닭입니다.

가 웃으면서 "혀가 있습니다.〔舌在〕"라고 하니, 장의는 "그러면 됐다.〔足矣〕"라고 하였다는 일화가 전한다.

【제1장 5】 果然 데모쓰테네쓰로 말하면 가슴에 愛國的 熱情이 쓸어 남을 禁처 못하얏슬 뿐 아니고、危險하여 가는 列國을 救濟하기 위하야 다만 同胞에게 自己의 懸河的 滔々한 雄辯을 가지고 그 覺醒을 催促하엿슬 뿐이고、조곰도 다른 쯧이 업섯습니다。그러기에 데모쓰테네쓰를 가르쳐 雄辯家라 하지 아니할 수는 업스나、그것보다 데모쓰테네쓰는 自己의 愛國的 쓰거운 至誠을 모든 熱誠을 다하야 發表하엿기 째문에 自然히 그의 말이 모든 사람의 肺肝을 찌르는 듯한 感動을 주엇다 함이 을흘 듯합니다。千秋萬古를 通하야 그의 말은 鮮明하고 快活하야 生氣가 凜々하고 英風이 眼前에 방불하야 姑息的 싱각을 가지고 一時의 安逸을 엇으랴고 하는 懦夫에게는 적지 아니한 激動을 준 것은 事實임니다。이리하야 雅典의 人民의 가슴에는 죽어가든 精神이 다시 一段의 生氣를 쯰게 되엿슴니다。이리하거든 世上에서는 데모쓰테네쓰가 雄辯家인 것만은 알아주고 그가 眞正한 愛國者되는 것을 조곰도 알아주지 못하야 다만 皮相的 辯舌의 練磨에 對한 苦心만 알고 內面的 慨世憂國의 熱情에 對하야는 조곰도 알랴고 하지 아니함니다。이것은 그 根本을 바리고 枝葉을 보는 것에 지내지 아니함니다。

【번역】 과연 데모스테네스로 말하면, 가슴에 애국적 열정이 끓어 넘침을 금치 못하였고, 위험에 처한 여러 나라를 구하기 위해 동포에게 자신의 폭포수와 같이 거침이 없는 웅변으로 그 각성을 재촉하였습니다. 조금도 다른 뜻이 없었습니다. 그러기에 데모스테네스를 가리켜 물론 웅변가라 하지 않을 수는 없습니다. 하지만 그것보다 데모스테네스는 자기의 애국적 뜨거운 지성과 모든 열성을 다하

여 발표하였기에 자연히 그의 말이 모든 사람의 폐부와 간장을 찌르는 감동을 주었다고 보는 것이 옳을 것입니다. 만고천추에 그의 말은 선명하고 쾌활하였습니다. 생기가 늠름하고 뛰어난 기개가 눈 앞에 어른거려 고식적 생각을 가지고 일시의 안일을 얻으려고 하는 비겁한 사람에게는 적지 않은 감격과 감동을 준 것도 사실입니다. 이리하여 아테네 인민의 가슴에는 죽어가던 정신이 한 줄기의 생기가 다시 띠게 되었습니다. 이러함에도 세상에서는 데모스테네스가 웅변가인 것만 알아주고 그가 진정한 애국자인 것을 조금도 알아주지 못하고 있습니다. 다만 피상적으로 변설의 연마에 대한 고심만 알고 세상을 개탄하고 나라를 근심하는 내면적인 열정에 대해서는 조금도 알려고 하지 않습니다. 이것은 그 근본을 버리고 지엽을 보는 것에 지나지 않습니다.

【제1장 6】 그의 辯舌은 호메로쓰의 詩篇과도 比較할 만큼 巧妙하고 雄健하야 古今에 그와 갓튼 辯舌이 업다고 합니다、만은 그는 決코 無用의 長舌을 가지고 世上을 弄絡하랴고 한 사람이 안니고、眞力誠心으로 時勢의 모든 形便을 洞察하고 아 못도록 그것을 올흔 길로 指導하랴고 하엿고、後難을 看破하고 警備하랴고 하야 一意全心으로 그의 맘은 國家를 위하야 모든 힘을 다하야 써 조곰도 私利를 圖謀하지 아니한 勇士엿스며、識見이 卓越하고 眞情이 流露한 義人이엿습니다、그리하고 眞正한 一世의 指導者엿습니다。그러기에 그의 一生은 當時의 事情이며、쌀아서 當時의 世運을 말하는 活動史라고 하지 아니할 수가 업습니다。이러한 意味에서 우리는 몬저 그

의 生涯를 알랴고 함에 當하야 무엇보다 當時 天下의 形勢를
말하지 아니할 수가 업슴니다、그의 行動을 말함은 即 當時의
形勢를 말하는 것이외다。그러면 只今은 그 時代에 對하야 멫
마듸 하지 아니하면 아니 될 것임니다。

【번역】 과연 그의 변설은 호메로스[10]의 서사시와도 비교할 만큼 치
밀하고 오묘하며 웅장하고 굳건하여 고금에 그와 같은 변설이 없다
고 합니다. 하지만 쓸모없는 긴 혀를 가지고 결코 세상을 농락하려
고 한 사람이 아닙니다. 진실한 힘과 성실한 마음으로 시세時勢의 모
든 형편을 통찰하고 어떻게든 그것을 옳은 길로 지도하려고 하였고,
뒷날의 재난을 간파하고 경계하여 준비하려고 하였습니다. 한 뜻과
온 마음으로 그는 국가를 위하여 전력을 다하여 조금도 개인의 이
익을 도모하지 않은 용사였습니다. 식견이 탁월하고 진심이 드러난
의인이었습니다. 시대의 진정한 지도자였습니다. 그러기에 그의 일
생은 당시 사정이나 당시 세상의 운수를 말하는 '활동사活動史'라고
말하지 않을 수 없습니다. 이러한 의미에서 우리는 먼저 그의 생애
를 알려고 할 때에 무엇보다 당시 천하의 형세를 말하지 않을 수 없
습니다. 그의 행동을 말함은 곧 당시의 형세를 말하는 것입니다. 지
금은 그 시대에 대하여 몇 마디 말하지 않으면 안 될 것입니다.

【제1장 7】 紀元前 四世紀 頃*이 되야서는 그리도 勇敢하고

---

10) 호메로스(Homeros): 고대 그리스의 시인(?~?). 유럽 문학의 최고(最古) 서사시
　　《일리아스》와《오디세이아》의 작자로 알려져 있다.

虎視天下하든 希臘列國은 차々 困疲하게 되야 모든 形勢가 날을 쌀아 衰退하여 가며、그 內治도 漸々 分裂의 傾向을 씌여 와서 圓滿하든 昔日의 形跡을 차즐 수가 업섯슴니다、이러한 째에는 반듯시 外敵이 好機 오기만 엿보는 것이외다。이 째에 도 毋論 强敵이 잇서 恒常 쉰지 아니하고 틈을 엿보고 잇섯슴 니다、만은 그들은 그러한 것이 잇는 줄은 쑴에도 생각하지 아 니하고 날로 自己 一個의 私事만 일을 삼아、限껏 아름답은 솣 이 픠엿든 壯觀은 모르는 동안에 차々 업서지게 되야、그째 와 서는 지내간 녯일을 챠즐 자최좃차 업서지고 말앗슴니다、比하 여 말하면 아츰 黎明의 흰 빗이 차々 그 勢力을 페게 됨에 쌀 아 그럿케 夜間에는 찬란한 光彩를 노흐며 잇든 星辰은 모르 는 동안에 그 빗이 희미하여 오다가 나중에는 全혀 光彩가 업 서지게 되야 太陽은 발서 하늘 한便으로 올나오며、큰 빗을 노 흠과 갓탓슴니다。

* 項, 김억: 頃, 독도 교정

【번역】 기원전 4세기 즈음에 그리도 용감하고 천하를 탐욕스럽게 노려보던 그리스 여러 나라는 차차 지치게 되어 모든 형세가 날로 쇠퇴하여 갔으며, 국내 정치도 점점 분열의 경향을 띠어 원만하던 옛날의 모습과 자취를 찾을 수가 없었습니다. 이러한 때에 외적은 반드시 호기를 엿보는 것입니다. 이 당시에는 말할 것도 없이 항상 강적이 틈을 끊임없이 엿보고 있었습니다. 하지만 그들은 그러한 것 이 있는 줄은 꿈에도 생각하지 않고 날마다 사적인 이익만을 중시 하였습니다. 아름다운 꽃이 한껏 핀 훌륭한 광경은 깨닫지도 못하는

사이에 차차 없어지게 되었고, 그때에는 마침내 지나간 옛일을 찾을 자취조차 사라지고 말았습니다. 비유하자면, 아침 여명의 흰빛이 차차 그 세력을 펴게 됨에 따라 그렇게 야간에 찬란한 광채를 내놓던 별들도 알지도 못하는 사이에 그 빛이 희미해지다가 나중에는 광채를 완전히 잃게 되고, 태양은 이미 하늘 한편으로 올라와서 큰 빛을 내놓는 것과 같았습니다.

【제1장 8】 한데 希臘이란 엇더한 나라이냐 하면 地中海에 突出한 半島로 여러 島嶼와 合하야 成立된 나라이엿슴니다、그리하고 그 國內에는 여러 列國이 對峙하여 잇섯는데 그 中에도 가쟝 勢力이 잇는 나라는 斯波多와 雅典 두 나라이엿슴니다、이 두 나라는 人種이 다르고 氣風과 習俗이 全혀 달으며、勢力도 조곰도 讓步할 것이 업섯슴니다 이리하야 이 두 나라는 서로 敵視하며、爭鬪하기를 여러 해 동안 繼續하엿슴니다。만은 한번 波斯의 大王이 百萬의 精軍을 引率하고 來侵할 째에 이 두 나라는 舊怨을 다 忘却하고 손목을 잡아 希臘의 同盟을 매자 協力一致하야 外强敵을 마라손에서 擊退하고 다시 나아가 두 번 사라마쓰에서 大破케 한 뒤로부터는 國運이 날날히 놉하가서 朝日東天의 偉觀이 잇스며 차々 그 光輝가 世上을 덥게 되엿슴니다、그 后로부터 雅典은 希臘列國中에 盟主로 잇섯슴니다、만은 斯波多는 오래동안 雅典의 아레에 屈服하기를 죠와하지 아니하야 恒常 兩者의 雄雌를 決할만한 機會를 엿보고 잇섯슴니다 그 機會는 말할 것도 업시 펠로폰네사쓰의 大戰爭이엿슴니다

【번역】 그런데 그리스는 어떠한 나라이냐 하면, 지중해에 돌출한 반도로 여러 섬으로 이루어진 나라였습니다. 국내에는 여러 나라가 대치하여 있었는데, 그중에도 가장 세력이 있는 나라는 스파르타와 아테네 두 나라였습니다. 이 두 나라는 종족, 기풍, 풍속이 전혀 달랐으며, 세력도 조금도 양보할 것이 없었습니다. 이리하여 이 두 나라는 서로 적대시하며 싸우기를 여러 해 동안 계속하였습니다. 한번은[11] 페르시아 대왕[12]이 백 만의 정예군을 이끌고 침입했습니다. 이때 두 나라는 오랜 원한을 다 잊고 손목을 잡았습니다. 동맹을 맺고 힘을 합하여 외부의 강적을 마라톤에서 함께 격퇴하였고, 또 한번은[13] 살라미스에서 대파하였습니다. 그 뒤로 국운이 나날이 커져서 동쪽 하늘의 아침해와 같은 장엄한 광경을 이루었습니다. 그 찬란한 빛으로 차차 세상을 뒤덮었습니다. 그 뒤로 아테네는 그리스의 여러 나라 가운데 맹주가 되었습니다. 그러나 스파르타는 아테네의 아래에 굴복하기를 싫어하여 항상 자웅을 겨룰 기회를 오랫동안 엿보고 있었습니다. 그 기회는 말할 것도 없이 펠로폰네소스의 대전쟁[14]이었습니다.

---

11) 한번은: 제1차 페르시아 침공(B.C.492~B.C.490)을 말한다.

12) 페르시아 대왕: 다리우스(Darius, B.C.550~B.C.486) 1세를 말한다. 기원전 490년 그리스에 원정군을 파견하였으나 마라톤 싸움에서 아테네에 패하였다. 재위 기간은 기원전 522년~486년이다.

13) 또 한번은: 제2차 페르시아 침공(B.C.480~B.C.479)을 말한다. 이때는 다리우스 1세의 아들 크세르크세스(Xerxes, B.C.519?~B.C.465) 1세가 원정하였다. 재위 기간은 기원전 486년~465년이다.

14) 펠로폰네소스(Peloponnesos) 대전쟁: 기원전 431년부터 기원전 404년까지 아테네를 중심으로 하는 델로스 동맹과 스파르타를 중심으로 하는 펠로폰네소스 동맹이 벌인 싸움으로, 스파르타가 승리하였다.

【제1장 9】希臘列國은 하나도 쌔지지 아니하고 이 戰爭에 參加하야 斯波多에 붓지 아니한 것은 雅典에 붓고 雅典에 붓지 아니한 것은 斯波多에 붓터 서로 對立하야 一勝一敗의 干戈를 二十年 동안이나 交換하다가 畢竟에는 最后의 勝利를 斯波多가 占領하게 되야 列國의 覇權을 任意대로 하게 되엿슴니다。그러나 政府는 專橫을 任意로 하야 모든 것을 抑壓하지 아니한 것이 업섯슴니다、이러한 結果 남은 것은 아모것도 업고 天怒*人恨이라는 무서운 것박게 업섯슴니다。이에 多年의 苦苛를 참고 잇든 列國中의 小邦 시프쓰**가 奮然히 兵力을 引率하고 니러나서 크게 싸와 그 暴威를 懲戒하고 스스로 盟主의 地位를 占領하야 그 勢力이 盛大하랴고 할 째에 斯波多와 雅典은 서로 連結하야 큰 戰爭을 니르키엿슴니다、이럿케 서로 干戈를 交換하기를 여러 해 하며、서로 嫉妬하기를 쏘한 여러 해를 거듭하는 동안에 國力은 차々 凋落***하며 形勢가 衰弱하야、當時 波斯의 大軍을 討滅하든 希臘精神과 意氣는 간 곳이 업시 차즈면 지내가고 다시 올 길 업는 夜半의 쑴과 갓 탓슴니다、이리하야 큰 希臘精神은 永久히 가고 남은 것은 敗頹박게 업섯슴니다。

* 天怨, 김억: 天怒, 독도 교정
** 씨프쓰, 김억: 시프쓰, 독도 교정
*** 彫落, 김억: 凋落, 독도 교정

【번역】 그리스 여러 나라는 하나도 빠지지 않고 이 전쟁에 참가했는데, 스파르타에 붙지 않은 나라는 아테네에 붙었으며, 아테네에 붙지 않은 나라는 스파르타에 붙었습니다. 서로 대립하여 일승일패

의 전쟁을 20여 년 동안 주고받다가, 마침내는 최후의 승리를 스파
르타가 차지하게 되어 여러 나라의 권력을 마음대로 좌우하게 되었
습니다. 그러나 정부는 전횡을 휘둘러 모든 것을 억압하지 않는 것
이 없었습니다. 이러한 결과 남은 것은 아무것도 없고, 하늘이 분노
하고 사람이 원망하는 무서움밖에 남은 것이 없었습니다. 이와 같은
까닭으로 많은 세월 동안 가혹한 대우를 참고 있던 여러 나라 중 작
은 나라 테베[15]가 분연히 병력을 이끌고 일어나서 크게 싸워 그 거
칠고 사나운 위세를 꾸짖고 스스로 맹주의 지위를 차지하였습니다.
그 세력이 성대해지려 할 때에 스파르타와 아테네는 서로 연맹을
맺고 큰 전쟁을 일으켰습니다. 이렇게 서로 전쟁을 주고받기를 여러
해 동안 하였으며, 서로 질투하기를 또한 여러 해를 거듭하는 동안
에 국력은 차차 시들어 떨어지고 형세는 쇠약해졌습니다. 당시 페르
시아의 대군을 섬멸시켰던 그리스 정신과 의기는 간 곳이 없이 찾
으면 지나가고 다시 올 길 없는 한밤의 꿈과 같았습니다. 이리하여
위대한 그리스 정신은 영원히 가고 남은 것은 몰락밖에 없었습니다.

【제1장 10】 이보다 前에 希臘의 北境 칸쌔니아 山外에 한 적
은 나라가 잇섯습니다 마게돈이라 하는 人種은 根本 希臘과
親緣이 잇섯스나、 엇지하엿스나 希臘 사람들은 이 人種을 排

---

15) 테베(Thebes): 아테네 북서쪽, 중앙 그리스 주에 속하는 그리스의 도시. 고전 그
　　리스어로는 '테바이', 코이네 그리스어로는 '테베'라 읽는다. Θήβα라고 쓰는데
　　시간이 지나면서 고대 그리스 당시의 발음과 크게 차이 나게 되었다. 현대 그리
　　스어에서는 Θίνα(≒시바)로 읽는다. 일본 판본(齊武 지푸스)은 영어(Thebes, 씨
　　브스)를 참조했다.

斥하야 外夷라고 하야 列國中에 併齒하기를 죠와 하지 아니 하엿슴니다。그러나 그 國民은 身體가 强健하고 氣象이 크게 勇敢할 쑨만 아니고 歷代의 諸王이 一意全心으로 文化輸入에 크게 努力하야 國運이 漸々 進步되고 實力이 크게 充實하게 되엿슴니다。필닙王代에 니르러서는 조곰도 遜色이 업슬 强國이 됨에 쌀아、이러한 小邦으로는 滿足하지 못하겟다는 偉望을 가지고 希臘을 征服하야 盟主가 될 만한 機會가 생기기만 期待하고 잇섯슴니다、필닙王은 어럿슬 쌔에 希臘에 人質되엿든 일이 잇슴으로 그 內情이며 그 形勢에 對하야는 남보다 智識이 만핫슬 쑨만 아니고 自國의 威力을 發輝하랴고 하면 무엇보다 몬저 希臘列國과 併伍하야 妙하게 術策을 가지고 그 中間에서 用計하지 아니하면 아니 되겟다고 생각하엿슴니다。이러한 偉望이 成功되야、필닙王은 立脚의 地를 占領하고 得隴望蜀의 情을 가지게 되엿슴니다。그의 가슴에는 野心이 滿々하야 엇지 하든지 希臘을 席捲하야 써 自己가 希臘列國의 覇權을 잡으랴고 하엿슴니다。

【번역】 이보다 앞서 그리스의 북부 변경에 있는 캄부니아[16] 산 너머에 작은 한 나라가 있었습니다. '마케도니아'라는 종족은 본래 그리스와 혈연관계가 있었지만, 어찌 되었는지 그리스 사람들은 이 종족을 배척하여 '오랑캐'라고 여기고, 여러 나라 안에 함께 끼워 주는 것을 좋아하지 않았습니다. 그 국민은 신체가 강건하고 기상이 아주 용감할 뿐만 아니고, 역대 여러 왕이 한마음 한뜻으로 문화 수입

---

16) 캄부니아(Kamvounia): 그리스 북쪽 테살리아 지역에 있는 산 이름.

에 크게 노력하여 국운이 점점 진보되고 실력이 크게 향상되었습니다. 필리포스[17] 왕 시대에 이르러 조금도 손색이 없는 강국이 됨에 따라, 이렇게 작은 나라로는 만족하지 못하겠다는 야망을 품고 그리스를 정복하여 맹주가 될 만한 기회가 생기기를 기다리고 있었습니다. 필리포스 왕은 어렸을 때 그리스에 인질로 보내진 적이 있었기에 그 내정과 형세에 대해서는 남보다 지식이 많았을 뿐만 아니라, 자국의 위력을 발휘하기 위해서는 먼저 그리스 여러 나라와 나란히 한패가 되어 묘한 술책으로 중간에서 계략을 쓰지 않으면 안 되겠다고 생각하였습니다. 이러한 야망이 성공하게 되자, 필리포스 왕은 발판의 근거지를 차지하고 득롱망촉得隴望蜀[18]의 뜻을 가지게 되었습니다. 그의 가슴에는 야심이 가득하여 어떻게 해서든지 그리스를 석권하여 그리스 여러 나라의 패권을 자신이 휘어잡으려고 하였습니다.

【제1장 11】 이러하엿기 째문에 希臘列國으로 말하면 內面에는 紛亂이 끈이지 아니하엿고、外面으로는 强敵이 恒常 好機 오기를 기달이고 잇든 바이 올시다。 말하자면 希臘의 運命은

---

17) 필리포스(Philippos): 마케도니아의 왕인 필리포스 2세(B.C.382?~B.C.336?)를 말한다. 알렉산드로스 대왕의 아버지로, 기원전 338년 카이로네이아의 싸움에서 아테네·테베 연합군을 무찌르고 전 그리스를 제패하였다. 페르시아 원정 준비 중에 암살되었다.

18) 득롱망촉(得隴望蜀): '농서 땅을 얻으면 촉 땅을 바란다'라는 뜻으로, 탐내는 마음이 한이 없는 것을 표현할 때 쓰는 말이다. 후한(後漢) 광무제(光武帝)가 잠팽(岑彭)에게 농서(隴西) 땅을 공격해서 뺏게 한 뒤에 다시 계속해서 촉 땅으로 진격하도록 하자, "농서를 평정하였는데 또 촉 땅까지 원하는가.(旣平隴 復望蜀)"라고 탄식하였다는 고사가 전한다.

危殆하엿습니다。압혜는 巨大한 猛獸가 입을 버리고 들어오며、家內에는 兄弟의 싸홈이 씬이지 아니하엿습니다。데모쓰테네쓰는 이 째의 사람이엿습니다、實로 國家多事한 째에 나서 혼자 濟世의 쯧을 가지고、虎視眈々*하는 外敵의 野心을 혼자 看破하고 잠만 자는 國民을 쌔우지 아니하면 아니 되게 되엿습니다。가슴에는 말업시 쓸는 熱情과 맘에는 惰眠에 자는 國民을 생각하는 英雄의 心事가 果然 엇더하엿겟슴닛가、그는 熱誠과 眞心을 다하야 預言者와 갓치 부르짓즈며、救世主와 갓치 모든 것을 指導하며、警醒하야 東奔西走의 苦勞를 조곰도 생각하지 아니하엿습니다。列國間으로 奔走하는 동안에는 케로네아의 苦戰도 辭讓하지 아니하고、自己의 身命을 바치여 써 넘어저가는 집을 바로잡으며 긔우려가는 大勢를 붓잡아 往昔의 盛運을 回復하랴고 하엿습니다。그의 苦心은 우리가 只今 와서도 넉넉히 생각할 수가 잇습니다。

* 虎視眈々, 김억: 虎視眈々, 독도 교정

【번역】 이러하였기 때문에 그리스 여러 나라로 말하면, 내부에는 분란이 끊이지 않았고 외부에는 강적이 항상 호기를 노리고 있었습니다. 말하자면, 그리스 운명은 위태로웠습니다. 앞에는 거대한 맹수가 입을 벌리고 들어오며, 집안에서는 형제의 싸움이 끊이지 않았습니다. 데모스테네스는 이때의 사람이었습니다. 참으로 나라에 많은 일이 있을 때 태어나 혼자 세상을 구제할 뜻을 가지고, 호시탐탐하는 외적의 야심을 혼자 간파하고 잠만 자는 국민을 깨우지 않으면 안 되었습니다. 가슴에는 말없이 끓는 열정과 마음에는 게으름을

피우며 자는 국민을 생각하는 영웅의 심사가 과연 어떠하겠습니까? 그는 열성과 진심을 다하여 예언자와 같이 부르짖고 구세주와 같이 모든 것을 지도하였으며, 동분서주하면서 경계하고 깨우치는 것을 힘든 고생이라고 조금도 생각하지 않았습니다. 여러 나라 사이로 몹시 바쁘게 뛰어다니는 동안에, 카이로네이아의 힘든 전쟁[19]도 사양하지 않고 자기의 몸과 목숨을 바쳐 넘어가는 집을 바로잡으려 하였습니다. 기울어가는 대세를 붙잡아 지난날 번영했던 운을 회복하려고 하였습니다. 그의 고심은 우리가 오늘날에 와서도 넉넉히 생각할 수 있습니다.

【제1장 12】 다시 말하면 그의 生涯는 希臘精神의 發現이며 그의 行動은 當時의 形勢 反映이엿습니다. 그리하고 그 千古無比의 雄辯은 自己의 誠心과 熱情을 發表한 機具에 지내지 아니하엿습니다. 그가 한번 니러나서 雷霆갓튼 소리를 내며 모든 것을 叱咤할 째에는 듯는 사람은 하나도 激感되지 아니하는 사람이 업섯고. 그를 崇拜하지 아니한 사람이 업게 되엿습니다. 이러하기 째문에 豪壯하고 勇敢한 필넙까지 데모쓰테네쓰를 무섭게 알며 깁히 恐懼하엿습니다. 그의 辯舌은 實로 偉力을 가진 것이엿습니다. 이것은 그의 天稟이 아니고 全혀 修養으로 그리된 것이올시다. 修養은 實로 偉大한 힘을 가진 것

---

19) 카이로네이아(Caeronea)의 힘든 전쟁: 카이로네이아 전투는 기원전 338년에 마케도니아의 필리포스 2세와 아테네·테베 연합군이 그리스 중부 카이로네이아에서 벌인 전투이다. 이 전투에서 필리포스 2세가 승리했으며 전 그리스 도시 국가에 대한 지도력을 획득했다.

이라 하지 아니할 수 업스며、짤아서 데모스테네쓰의 修養에
니르러서는 무엇보다 우리는 驚歎하지 아니할 수 업습니다。
　그러면 그는 엇더케 하야 이러한 妙技를 엇게 되엿스며 쏘
는 그 閱歷은 엇더한 것인 것을 알지 아니하면 아니 되엿스며、
쏘는 그의 使命은 엇더한 것이엿든 것을 살피지 아니할 수 업
습니다 압흐로 우리는 붓을 나외여 이러한 것을 말하지 아니하
면 안 되겟습니다。

【번역】 다시 말하면, 그의 생애는 그리스 정신의 발현이며, 그의 행
동은 당시 형세의 반영이었습니다. 그리고 천고에 비할 바 없는 웅
변은 자기의 성심과 열정을 발표한 도구에 지나지 않았습니다. 그가
한번 일어나서 우레와 같은 소리를 내며 모든 것을 질타할 때는 듣
는 사람 가운데에 감격하지 않는 사람이 하나도 없었고, 그를 숭배
하지 않는 사람이 없게 되었습니다. 이러한 이유로 호탕하고 씩씩하
며 용감한 필리포스까지 데모스테네스를 무섭게 알며 깊이 두려워
하였습니다. 그의 변설은 참으로 위력적인 것이었습니다. 이것은 그
의 천성이 아니고 오로지 수양으로 그리된 것입니다. 수양은 참으
로 위대한 힘을 가진 것이라 하지 않을 수 없으며, 따라서 무엇보다
도 데모스테네스의 수양에 이르러서 우리는 경탄하지 않을 수 없습
니다. 그러면 그가 어떻게 하여 이러한 오묘한 재주를 얻게 되었으
며, 그의 경력은 어떠한 것인가를 알지 않으면 안 되었으며, 또한 그
의 사명은 어떠한 것인지를 살피지 않을 수 없습니다. 앞으로 우리
는 붓을 나외여 이러한 것을 말하지 않으면 안 되겠습니다.

第二*

【제2장 1】疾風을 만나지 아니하고는 굿센 풀을 알지 못하며、艱難을 지내보지 아니하고는 偉人이 되지 못합니다。그러기에 艱難은 사람을 玉으로 만든다 하는 格言이 잇습니다。果然 古來의 英傑烈士의 一生을 생각하면 世上의 難境을 맛보지 아니한 사람은 하나도 업습니다。하늘이 데모스테네쓰를 그째의 世上에 보낸 것은 그의 價値를 보이게 함이며、그의 光彩를 나타내랴고 함이 아니고 무엇이엿겟습닛가 대개 古來부터 英傑이라 하는 사람은 偉業을 이루고 功勳을 세워 世上 사람의 尊敬을 밧든 것이 만핫습니다。그리하고 이러한 사람을 가르치어 世上에서는 眞英雄이라고 합니다。만은 그 實은 그러하지 아니하고 반드시 成功한 사람만을 가르처 英雄이라고 할 수는 업습니다。그의 쯧이야말로 가장 貴하고 尊敬을 밧을 만한 것이외다。생각하여보시요、누구가 支那의 項羽를 가르처 成功하지 못하엿다 하야 英雄이 아니라고 할 수가 잇스며、英雄 내폴네온을 가르처 英雄이 아니라고 할 수가 잇겟습닛가。대개 成功하며 成功하지 못하는 것은 그째의 時勢와 天意에 잇는 것이오、決코 人物에 잇는 것은 아닌 것이 아닙닛가。모든 事業의 功은 末葉이며 人物은 根本임니다。英雄이 英雄 되는 바는 成功에 잇지 아니하고、事業을 하겟다고 하는 努力과 抱負

에 잇는 것을 우리는 몬저 생각하지 아니하면 아니 되겟슴니다

【번역】 거센 바람을 만나지 않고서는 굳센 풀을 알지 못하며,[20] 모진 시련을 겪지 않으면 위대한 사람이 되지 못합니다. 그러기에 '모진 시련은 사람을 옥으로 만든다.'[21]는 격언이 있습니다. 예로부터 영웅호걸이라 불리는 열사의 일생을 생각하면, 세상의 곤경을 맛보지 않은 사람은 참으로 하나도 없습니다. 하늘이 데모스테네스를 그때의 세상에 내보낸 것은 그의 가치를 돋보이게 하고자 함이며, 그의 광채를 드러내려고 함이 아니고 무엇이겠습니까? 무릇 예로부터 '영웅호걸'이라고 하는 사람은 위대한 업적을 이루고 공훈을 세워 세상 사람의 존경을 많이 받습니다. 이러한 사람을 가리켜 세상은 '참 영웅'이라 부릅니다. 그러나 실제로는 그렇지 않고, 성공한 사람만을 가리켜 '영웅'이라고만 부를 수 없습니다. 영웅이 품은 뜻이야말로 가장 귀하고 존경을 받을 만한 것입니다. 생각해 보십시오. 중

---

20) 거센…못하며: 아무리 어려운 일을 당해도 뜻을 굽히지 않는 사람을 비유하는 말로, 당 태종(唐太宗)이 소우(蕭瑀)를 칭찬하면서 하사한 시에 "거센 바람 속에서 굳센 풀을 알게 되고, 난리 속에서 충성스러운 신하를 알게 된다.〔疾風知勁草 板蕩識誠臣〕"라고 한 데서 나왔다.

21) '험난한 곳이 옥을 만든다〔艱難處玉成〕'라는 말과, '간난옥성(艱難玉成)'이라는 성어는 모두 '험난한 과정을 겪어야 끝내 성공을 얻을 수 있다'라는 말이다. 또 송나라 장재(張載)의 〈서명(西銘)〉에 "빈천과 근심은 너를 옥처럼 다듬어 완성시키려는 것이다.〔貧賤憂戚 庸玉汝於成也〕"라고 했다. 이상과 같은 표현들은 모두 《시경》〈민로(民勞)〉에 "임금께서 당신을 옥같이 만들고자 하시므로 이 때문에 경계하는 것이다.〔王欲玉女 是以大諫〕"를 바탕으로 하여 응용한 것이다. 이와 유사한 표현으로는 "많은 어려움이 나라를 부흥시키고, 큰 근심이 사람을 성인으로 만든다.〔多難興邦 殷憂啓聖〕"라는 말이 있다.

국의 항우를 가리켜 성공하지 못하였다고 하여 누가 영웅이 아니라고 할 수 있으며, 나폴레옹을 가리켜 영웅이 아니라고 할 수가 있겠습니까? 무릇 성공하고 성공하지 못하는 것은 당시 시대의 추세와 하늘의 뜻에 달린 것이고, 결코 인물에 달려 있지 않은 것이 아닙니까? 전적으로 사업의 공은 지엽이며 인물은 근본입니다. 영웅이 영웅 되는 것은 성공에 있지 않고, 사업을 하겠다고 하는 노력과 포부에 있는 것을 우리는 먼저 생각하지 않으면 안 되겠습니다.

【제2장 2】 世上은 어즈럽고 나라는 衰弱한 紀元前 百八十一年에 데모쓰테네쓰는 雅典의 거리에 出生의 첫소리를 내였슴니다 데모쓰테네쓰의 아부지도 그 이름이 또한 데모쓰테네쓰엿는데 兵器를 製造하는 것이 그의 職業이엿스나 餘暇가 잇스면 家具를 製造하기도 하엿슴니다 집에는 數十名의 奴僕이 잇서 家計도 대단히 豐裕하엿다고 함니다。데모쓰테네쓰의 어머니는 크페오프레엿는데 雅典의 亡命者 씨론의 짜님이라고 하엿슴니다。後年 데모쓰테네쓰의 反對者 에쓰키네쓰는 이것을 口實로 삼아 血統의 不純을 꾸짓엇슴니다 만은 이에 對하야 그 實이 그런지 또는 그럿치 아니한지、자세히 알 수 업스며、엇지하면 中傷的 言辭에 지나지 못하리라는 것도 泛視할 말이 아닌줄로 암니다。데모쓰테네쓰는 이러한 豐足한 家庭에 생기여 나서 조곰도 世上의 괴로움이라는 것을 몰으고 和樂한 가운데 父母의 사랑을 밧으며 生長하엿슴니다。한데 데모쓰테네쓰가 七歲 되엿슬 째에 그의 아부지는 病이 들어 그대로 돌아가고 말앗슴니다。뒤에 남은 것은 家族과 遺産이엿는데 그의

아부지가 돌아갈 째에 親戚 三人에게 맛기엿습니다.

【번역】 세상이 어지러워지고 나라가 쇠약해진 기원전 381년,[22] 데모스테네스는 아테네의 거리[23]에서 출생의 첫소리를 내었습니다. 데모스테네스의 아버지도 그 이름이 또한 데모스테네스[24]였습니다. 그의 직업은 병기를 제조하는 것이었으나, 여가가 있으면 가구를 제조하기도 하였습니다. 집에는 수십 명의 노복이 있어 살림살이도 대단히 부유했다고 합니다. 데모스테네스의 어머니는 클레오불레였는데, 아테네의 망명자 귈론[25]의 따님이라고 하였습니다. 훗날에 데모스테네스의 정적政敵 아이스키네스[26]는 이것을 구실로 삼아 혈통의 불순함을 비난하였습니다.[27] 하지만 이에 대하여 그 사실이 그러한

---

22) 기원전 381년: 대부분의 기록에는 데모스테네스의 출생 연도를 '기원전 384년'이라고 보고 있는데, 일본 판본에는 '紀元前381年(或は82年)'라고 표기하였다.

23) 거리: 아테네 시민들의 정치·사회·문화 활동의 중심지였던 아고라(agora)를 의미한다. 일본 판본에는 '市'라고 표기되었다. 본래 출생지는 아테네 외곽인 파이아니아(Paeania)의 데메(deme)에서 살았다고 한다.

24) 데모스테네스: '데모스테네스' 이름에는 '민중의 힘($\delta\tilde{\eta}\mu$o+$\sigma\theta\acute{\epsilon}\nu$o$\varsigma$)'이라는 의미가 있다.

25) 귈론: 데모스테네스의 외할아버지로, 기원전 405년 크림반도 부근의 늼파이움 공방전에서 늼파이움시를 버렸다는 혐의로 아테네의 시민권을 잃고 추방되었다.

26) 아이스키네스(Aischinēs, B.C.389~B.C.314): 고대 그리스의 연설가·정치가로, 데모스테네스의 정적이다. 데모스테네스에게 반역죄 혐의가 씌워진 뒤에 그와 정적이 되어 원한을 품었다. 데모스테네스의 정책을 사사건건 반대하였다.

27) 혈통의…비난하였습니다: 귈론은 아테네에서 추방된 이후에 인도유럽어족 계통의 유목민족인 스키타이 여성과 결혼하였다. 그가 낳은 자식 중 하나가 데모스테네스의 어머니인 클레오불레이다. 하지만 이러한 기록들은 데모스테네스의 정적이었던 아이스키네스와 위작으로 의심받는 데모스테네스의 《장례연설》에서 기인한 것이라고 한다.

지 또는 그렇지 않은지 자세히 알 수 없으며, 어찌 보면 중상적 언사에 지나지 못한다는 그 말이 가볍게 여길 것이 아닌 줄로 압니다. 데모스테네스는 풍족한 가정에 태어나 조금도 세상의 괴로움이라는 것을 모르고 화목한 가운데에 부모의 사랑을 받으며 성장하였습니다. 하지만 데모스테네스가 일곱 살이 되었을 때, 그의 아버지는 병이 들어 그대로 돌아가시고 말았습니다. 뒤에 남은 것은 가족과 유산이었는데, 그의 아버지가 돌아가실 때 친척 세 사람[28]에게 맡겼습니다.

【제2장 3】 아아 가이업섯슬 것이외다 생각하면 北邙山에는 찬 煙氣가 써돌며 가을바람이 말은 나무를 불어 지내갈 째에 寡婦와 孤兒는 依賴하든 바 家長을 일코 엇지할 줄을 몰나 서로 붓잡고 쓰거운 눈물을 禁치 못하엿슬 것입이다 그러나 무덤 아래에 깁히 누어 자는 그의 아부지야 이러한 것이나마 알앗겟슴닛가。

그는 自己 어머니와、이러한 눈물의 日月을 맞고 보내는 동안에 그의 아부지의 遺托을 바든 親戚 三人은 自己의 私利의 배를 채우기 始作하야 財産이 날마다 업서저 가며 그들은 不義의 즛을 하엿습니다、하다가 데모쓰테네쓰가 生長하야 國法대로 遺産을 相續하게 되엿슬 째에는 그리도 만튼 財産은 다 업서지고 極히 少數엿습니다、以前에 데모쓰테네쓰는 自己의

---

28) 친척 세 사람: 아포부스(Apobus), 데모폰(Demophon), 테리피데스(Therippides)이다.

父親과 갓치 市民 中에 最高의 階級에 屬하야 巨額의 租稅를 納上하여 왓습니다。만은 그째 相續한 財産으로는 到底히 巨大한 納稅를 支出할 수가 업섯습니다 이리하야 여러 번 訴訟을 하엿스나 조곰도 如意히 되지 아니하엿습니다。그러하다가 아폽프쓰라는 사람에게 對하야 訴訟을 提起하야 得勝을 하기는 하엿스나 奸猾한 아폽프쓰는 모든 財産을 義弟에게 讓與하엿다 하며 應치 아니함으로 그는 그 義弟 오네틀에게 對하야 起訴를 하기는 하엿습니다、만은 그 訴訟에 得勝하엿는지 못하엿는지는 分明히 알 수가 업습니다。그리하고 쏘한 다른 親戚 二人에게 對하야 訴訟을 하엿는지 아니하엿는지도 쏘한 分明히 알 수가 업습니다。

【번역】 아아, 가엾습니다. 생각하면 북망산에는 찬 연기가 떠돌며 가을바람이 불어 마른나무를 지나갈 때, 과부와 고아는 의지했던 가장을 잃고 어찌할 줄을 몰라 서로 붙잡고 뜨거운 눈물을 금치 못하였을 것입니다. 그러나 무덤 아래에 깊이 누워 자는 그의 아버지는 이런 사실을 알았겠습니까? 그는 자기 어머니와 이러한 눈물의 세월을 견디는 동안에 자기 아버지의 유산을 위탁받은 친척 세 사람은 사리사욕의 배를 채우기 시작하여 재산은 날마다 없어져 가며 그들은 의롭지 못한 짓을 하였습니다. 데모스테네스가 성장하여 국법대로 유산을 상속하게 되었을 때, 그 많았던 재산은 다 없어지고 지극히 조금만 남았습니다. 이전에 데모스테네스는 자기의 부친과 같이 시민 중에 최고의 계급에 속하여 거액의 세금을 납부해 왔습니다. 하지만 그때 상속한 재산으로는 도저히 거대한 납세를 지출할 수가 없었습니다. 여러 번 소송을 하였지만 조금도 뜻대로 되지 않

았습니다. 그러다가 '아포부스'라는 사람에게 소송을 제기하여 승리를 거두기는 하였지만, 간사하고 교활한 아포부스는 모든 재산을 의동생에게 양도하였다며 응하지 않았습니다. 그래서 그는 의동생 오네토르에게 소송을 제기하였지만, 그 소송에서 승리하였는지는 분명히 알 수가 없습니다. 또한 다른 친척 두 사람에게 소송을 제기하였는지는 분명히 알 수 없습니다.

【제2장 4】 생각하면 그의 境遇는 대단히 싹하엿슬 것이외다. 豐裕한 집에 목슴을 바다 조곰도 世苦라는 쓰린 맛을 보지 못하고 生長한 사람에게는 財産 업게 되는 것처럼 원망스러운 것은 업슴니다. 더욱 自己의 財産을 親戚의 못슬 凶計로 因하야 쌔앗기고 訴訟請求좃차 맘대로 되지 아니한 데모쓰테네쓰의 心中은 果然 엇더하엿겟슴닛가. 그러나 香氣를 노흐며、爛熳히 핀 꼿에는 반드시 毒虫이 만히 침노하며 富貴榮譽의 집에는 반드시 貪慾的 惡人이 쏫박게 만흔 損害를 내게 하는 것은 古今에 잇는 일이외다. 人生의 行路는 생각하는 바와 갓치 平坦한 것이 아니고 그 行路에는 變轉無常의 설은 運命이 잇는 法임니다、이 설은 運命을 突破하고 前進하지 아니하면 아모 것도 成功할 수 업스며 쏘한 勝利者의 이름을 얻을 수가 업슴니다、생각하건대 當時 그의 胸中에는 不平과 厭世的 생각이 반듯시 잇서 어린 가슴을 괴롭게 하엿슬 것이외다。이것이 그로 하야곰 後年 世上을 風靡하는 雄辯家도 되게 하며 愛國者도 되게 한 것이엿슴니다。그리하고 그가 雄辯의 修養을 힘쓰던 것도 엇지 보면 그가 逆境에 激動됨이 잇섯슴인 듯함니다。

【번역】 생각하면 그의 사정은 대단히 딱하였을 것입니다. 부유한 집에서 목숨을 받아 세상의 고통이라는 쓰린 맛을 조금도 보지 못하고 성장한 사람에게는 재산이 없게 되는 것처럼 원망스러운 것이 없습니다. 더욱이 자기의 재산을 친척의 몹쓸 흉계로 말미암아 빼앗기고 소송 청구조차 마음대로 되지 않는 데모스테네스의 속내는 과연 어떠하였겠습니까? 그러나 향기를 뿜으며 흐드러지게 핀 꽃에는 반드시 독충이 많이 침노하며, 부유하고 영예가 있는 집에는 반드시 탐욕스러운 악인이 뜻밖에 손해를 크게 끼치는 것은 고금에 있는 일입니다. 인생의 행로는 생각하는 것처럼 평탄한 것이 아니고, 그 행로에는 변화무상의 슬픈 운명이 있는 법입니다. 이 슬픈 운명을 돌파하고 전진하지 않으면 아무것도 성공할 수 없으며, 또한 승리자의 이름을 얻을 수가 없습니다. 생각해 보면, 당시 그의 흉중에는 불평과 염세적 생각이 있어 어린 가슴을 반드시 괴롭게 하였을 것입니다. 이것이 그가 훗날 세상을 풍미하는 웅변가도 되게 하였으며 애국자도 되게 한 것이었습니다. 그리고 그가 웅변의 수양에 힘쓰던 것도 어찌 보면 그가 역경에 격동됨이 있어서인 듯합니다.[29]

【제2장 5】 그는 雅典 當時 富豪子弟의 例에 依하야 어렷슬 째부터 文法과 修辭學의 敎育을 밧아 일즉붓허 修辭學에 만흔 興味를 가젓슬 뿐 아니고、 그것을 다시업는 즐거움으로 삼앗습니다、 이째에 카리스트랏쓰라는 사람이 잇섯는데 辯舌이

---

29) 그가…듯합니다: 플루타르코스에 따르면, 데모스테네스가 본격적으로 연설을 배우고 실행하기 시작한 계기는 자신의 재산을 되찾기 위해서이다.

一代에 冠絶하엿습니다。데모쓰테네쓰가 하로는 그가 演說한
다는 말을 듯고 群衆과 함씌 가서 들엇습니다。한데 카리스트
랏쓰는 自己의 得意的 快辯을 가지고、舌端에 구름을 니르키
며、口角에 안개를 吐하야 聽衆의 精神을 怳惚케 하야 聽衆은
한갓 醉한 사람 갓핫습니다、얼마 잇다가 演說이 긋나고 效果
가 만히 群衆에 傳及되엿슬 째에 그의 朋友들은 그에게 祝賀
하는 말을 앗기지 아니하엿습니다。데모쓰테네쓰는 이것을 目
前에 보고 혼자 부럽게 생각하며 배호아보랴고 생각이 물 쓸듯
시 니러낫습니다。그러나 이 可憐한 아희 데모쓰테네쓰가 雄辯
을 배호겟다는 맘이 생긴 것은 成功의 光榮을 생각하고 그러
한 것이 아니고、그것보다도 雄辯이 엇더케 사람의 맘을 激動
식힘을 생각한 싸닭이엿습니다。

【번역】 그는 아테네 당시 부호 자제의 관례에 따라 어렸을 때부터
문법과 수사학의 교육을 받아 일찍부터 수사학에 많은 흥미를 느꼈
을 뿐만이 아니라, 그것을 다시없는 즐거움으로 삼았습니다. 이때
칼리스트라토스[30]라는 사람이 있었는데, 변설이 한 시대에 가장 뛰
어났습니다. 데모스테네스가 하루는 그가 연설한다는 말을 듣고 군

---

30) 칼리스트라토스(Callistratus, B.C.415~B.C.355): 고대 아테네의 웅변가이자 장
    군. 데모스테네스가 웅변가의 길을 걷는 데 지대한 영향을 끼친 인물이다. 당시
    아테네의 해안 마을인 오로포스의 지배권은 여러 세대에 걸쳐 아테네와 테베
    사이를 오갔고, 기원전 366년에 아테네의 영토가 되었다가 테베가 다시 점령하
    는 사태가 벌어졌다. 이에 칼리스트라토스는 외교적으로 해결하고자 했지만, 실
    패하여 기소되고 말았다. 하지만 재판에서 칼리스트라토스의 웅변은 배심원들
    이 무죄 평결을 내리도록 설득했고, 그 과정에서 젊은 데모스테네스는 그의 뛰
    어난 웅변에 감화되어 웅변가의 길을 걷기 시작했다.

중과 함께 가서 들었습니다. 그런데 칼리스트라토스는 자기의 자신 있는 호쾌한 언변을 가지고 혀끝에서 구름을 일으키고 입아귀에서 안개를 토하여 청중의 정신을 황홀하게 하니, 청중은 한낱 취한 사람과 같았습니다. 얼마 있다가 연설이 끝나고 효과가 크게 군중에게 전해졌을 때, 그의 친구들은 그에게 축하하는 말을 아끼지 않았습니다. 데모스테네스는 이것을 눈앞에서 보며 혼자 부럽게 생각하였습니다. 배워보려는 생각이 물 끓듯이 일어났습니다. 그러나 이 가련한 아이 데모스테네스가 웅변을 배워야겠다는 마음을 먹은 것은 성공의 영광을 생각하고 그러한 것이 아니었고, 그것보다도 웅변이 어떻게 사람의 마음을 격동시키는가를 생각한 까닭이었습니다.

【제2장 6】 그는 그 뒤로는 一意로 修辭學에 熱心하엿습니다. 그리하다가 成長하야 不道德한 親戚에게 對하야 訴訟을 提起함에 밋쳐 當時 雅典의 習慣으로 自己가 法廷에서 辯論하지 아니할 수 업게 되엿습니다. 이리하야 그는 功名을 求하랴는 것보다도 自家를 防衛하기 위하야 몬져 辯舌을 必要하게 생각하지 아니할 수가 업게 되엿습니다. 그는 무엇보다도 辯舌을 힘쓰랴고 하엿습니다. 그러나 그의 身體는 本來 健康하지 못하야 病이 만핫습니다. 그의 입은 衣服은 優柔하며 擧止行動은 陰鬱하야、그쌔 사람들이 그를 가르처 쌔탈쓰라고 하엿습니다. 그는 이에 對하야 一意全心으로 맘을 修養하며、말을 닥가 써、그것으로 自己의 몸을 세우며、功을 이루려 하엿습니다. 이쌔에 絶代의 哲學者 프라토、쏘크라테쓰는 世上이 仰慕하든 바이엿스며、쏘크라테쓰의 門弟 이세우쓰는 修辭로

그의 名聲이 놉핫슴니다。데모쓰테네쓰는 곳 이세우쓰의 門弟가 되야 그의 敎育을 바드며、또는 프라토、쏘크라테쓰의 感化를 바듬이 적지 아니하엿슴니다。그리하고 또 前代*의 史家 스씨테이아쓰를 仰慕하야 그의 著作을 手寫하기를 八回나하며、하나도 남기지 아니하고 그 文辭를 그대로 暗誦하게 되엿슴니다。그는 이럿케 하면서 조곰도 쉬지 아니하고 詞藻를 修養하며 辭章을 暗誦하엿슴니다。이것으로 보건덴 그가 後年 天下에 煥發한 偉觀은 발서 이째에 胚胎되엿는 듯함니다。

* 後代, 김억: 前代, 독도 교정

【번역】 그는 그 뒤로 한결같은 마음으로 수사학에 정신을 쏟았습니다. 그러다가 성장하여 부도덕한 친척에게 소송을 제기함에 이르렀습니다. 당시 아테네의 관습은 법정에서 자신이 변론하지 않을 수 없게 되었습니다. 이리하여 그는 공명을 구하려는 것보다도 자기를 방어하기 위하여 먼저 변설이 필요하게 생각하지 않을 수가 없게 되었습니다.[31] 그는 무엇보다도 변설에 힘쓰려고 하였습니다. 그러나 그의 신체는 본래 건강하지 못하여 병이 많았습니다. 그가 입은 의복은 남루하였으며 행동거지는 음울하여 그때 사람들이 그를 가리켜 '바탈로스'[32]라고 하였습니다. 그는 이에 대하여 전심전력하여

---

31) 자기를 …되었습니다: 수사학을 배우는 첫 번째 목적은 자기의 권리와 재산과 생명을 지키기 위한 수단으로 간주하였다.

32) 바탈로스(Batalus): 아이스키네스는 데모스테네스를 '바탈루스'라는 별명으로 조롱했는데, 이는 그가 말을 더듬었기에 이렇게 부른 것이다. 즉 '말더듬이(Battaros)'라는 단어에서 유래했을 거라 한다. 한편 플루타르코스 영웅전에는, 데모스테네스가 어린 시절 허약한 체격이라 학교 친구들이 '바탈루스'라는 별명

마음을 수양하고 말을 닦아 그것으로 자기의 몸을 세우고 공을 이루려고 하였습니다. 이 당시 절세의 철학자 플라톤과 소크라테스는 세상이 추앙하였고, 소크라테스의 제자 이사이오스[33]는 수사로 그의 명성이 높았습니다. 데모스테네스는 곧 이사이오스의 제자가 되어 그의 교육을 받았으며, 또한 플라톤과 소크라테스의 감화를 받음이 적지 않았습니다. 그리고 또 전대의 역사가 투키디데스[34]를 추앙하여 그의 저작을 손으로 베끼기를 여덟 차례나 하며 하나도 남기지 않고 그 문장의 글귀를 그대로 암송하게 되었습니다. 그는 이렇게 하면서 조금도 쉬지 않고 사조詞藻[35]를 수양하며 사장辭章[36]을 암송하였습니다. 이것으로 보건대, 그가 훗날 천하에 환하게 떨쳐 일으킨 훌륭한 장관은 벌써 이때 배태가 되었던 듯합니다.

【제2장 7】 그러나 그가 辯舌家가 되랴고 함에는 아직도 적지 아니한 딱한 事情이 잇서、아모리 하야도 그가 希望하는 目的

으로 불렀는데, 이는 데모스테네스가 여위고 행색이 병자와 같아 그의 외모를 보고 '힘없는 피리 연주자'의 이름인 '바탈루스'라고 불렀다고 한다.

33) 이사이오스(Isaeus, B.C.420?-B.C.350?): 플루타르코스에 의하면, "데모스테네스는 '아테네 10대 연설가'로 손꼽히는 당대 최고의 소송전문 연설가 이사이오스를 자신의 수사학 스승으로 채용하여 2년간 공부하며 상속 재산반환 소송을 준비하며 수사학에 대한 공부를 했다."라고 한다. 기원전 4세기 재산권 분쟁에 있어 당시 일등 변호사.

34) 투키디데스(Thucydides, B.C.460?~B.C.400?): 고대 그리스의 장군·역사가이다. 공무 중 실책으로 아테네에서 추방된 뒤, 역사학의 고전《펠로폰네소스 전쟁사》를 저술하였다.

35) 사조(詞藻): 문장의 스타일. 문체(文體).

36) 사장(辭章): 훌륭하게 꾸며진 문장. 문채(文彩).

에 達할 수가 업섯슴니다。그것은 다른 것이 아니고、그의 敵手 에쓰키네쓰와 갓치 明徹한 音聲도 업섯고、데마데쓰와 갓치 卽席에 應機하는 妙方도 업섯슴니다、그의 音聲은 좃치 못하고、그의 音調는 訥朴하며、그 呼吸은 쨟고、그 姿態는 野卑한 곳이 잇섯슴니다。그것은 오히려 참을 수 잇다 하더라도、그는 本來 性質이 여러 사람 압헤 서면 가슴이 慟하여 오며、스스로 自己가 무엇을 하랴는지좃차 몰앗슴니다。이러한 缺点을 가지고 雄辯家가 되랴고 함은 아모리 보아도 어려운 일이엿슴니다、그러면 그의 苦心은 정말 尋常一樣의 苦心이 아니엿슬 것임니다。그러나 그는 조곰도 屈치 아니하고 하면 된다는 決心을 가지고、엇던 째에는 입에 모래를 물고 語音을 正確하게도 하며、엇던 째에는 峻坂을 疾走하며 呼吸을 굿세게도 하고 엇던 째에는 地下室에 蟄居하야 손님을 謝絕하고 쏘는 自己가 頭髮을 싹가 써 外出하지 못하게 斷念도 하야、죽을지 살지를 몰으고 한갓 쯧을 修辭에 留意하엿슴니다。그리하고 疾風怒號하는 날이면 파레룸 海岸으로 가서、쒸놀며 노래하는 波濤로써 群衆의 喧騷에 比하고、自己는 손을 들며、팔을 흔들며、큰 소리로 疾呼하야、滿腔의 意氣를 發表하기도 하엿슴니다。맘을 모아 한갓 演說術을 배호앗슴니다。이럿케 다른 일은 除外하고 一意專心으로 硏究하는 동안에、그는 맛치 狂者 갓핫슴니다。여러 해 동안 이럿케 一意不變으로 얼마 硏究한 뒤에 이만하엿스면 公衆의 압헤 서々、내 意見을 發表할 수가 잇다는 自信이 잇게 되엿슴니다。

【번역】 그러나 그가 변설가가 되려고 함에는 아직도 적지 않은 딱

한 사정이 있어, 아무리 하여도 그가 희망하는 목적에 도달할 수가 없었습니다. 그것은 다른 것이 아니라 그의 적수 아이스키네스와 같이 명철한 음성도 없었고, 데마데스[37]와 같이 즉석에 임기응변하는 교묘한 방법[38]도 없었습니다. 그의 음성은 좋지 못하고 그의 음조는 눌박하며, 그의 호흡은 짧고 그 몸짓은 촌스러웠습니다. 그것은 오히려 참을 수 있다 하더라도 그는 본래 성격이 여러 사람 앞에 서면 가슴이 두근거려 스스로 자기가 무엇을 하는지조차 몰랐습니다. 이러한 결점을 가지고 웅변가가 되려고 함은 아무리 보아도 어려운 일이었습니다. 그러면 그의 고심은 참으로 예사 고심이 아니었을 것입니다. 그러나 그는 조금도 굽히지 않고 '하면 된다'라는 결심으로 어떤 때는 입에 모래를 물고 말소리를 정확하게 하며, 어떤 때는 가파른 산비탈을 질주하면서 호흡을 굳세게 하며, 어떤 때는 지하실에 칩거하여 손님을 사절하고 또는 자기가 머리카락을 깎아 외출하지 못하게 단념하여 죽을지 살지를 모르고 오로지 수사에 뜻을 기울였습니다. 그리고 거센 바람이 울부짖는 날이면 팔레룸[39] 해안으로

---

37) 데마데스(Demades, B.C.380~B.C.318): 고대 그리스 아테네의 연설가이자 외교
   관이다. 데마데스는 데모스테네스와 맞먹었던 당대의 탁월한 연설가이다. 아테
   네가 카이로네이아 전투에서 패한 뒤, 포로로 잡힌 데마데스가 의기양양한 필리
   포스에게 촌철살인 같은 발언을 날렸고 필리포스는 이 말에 크게 감복했다. 그
   덕이었는지 카이로네이아 전투 후 평화 협상과정에서 아테네는 테베보다 우호
   적인 조건으로 마케도니아와 평화조약을 맺는다. 이에 반해 데모스테네스는 시
   민들에게 전쟁 참여를 독려하고 마케도니아를 비판하는 연설을 하였다. 테오프
   라스토스는 "데마데스는 아테네를 가치 있게 하고, 데모스테네스는 아테네를 넘
   어선다."라고 했다. 플루타르코스는 "데모스테네스는 폴리스에 알맞은 연설가
   … 데마데스는 폴리스 위에 있는 연설가"라고 하였다.
38) 즉석에…방법: 즉흥 연설(ex tempore)은 청중이 제안하는 주제에 대해 즉석에
   서 연설을 행하는 것으로 고대 그리스 수사학에서 중요하게 여기는 연설 방법
   중의 하나였다.

가서 뛰놀며 노래하는 파도를 군중의 왁자지껄한 소리로 삼고, 손을 들고 팔을 흔들며 큰 소리로 격렬하게 외쳐 가슴속에 가득 찬 의기를 발산하기도 하였습니다. 마음을 모아 오로지 연설술을 배웠습니다. 이렇게 다른 일은 배제하고 전심전력으로 연구하는 동안에 그는 미친 사람 같았습니다. 여러 해 동안 이렇게 변치 않는 일념으로 어느 정도 연구한 뒤에, 이만하였으면 대중 앞에 서서 내 의견을 발표할 수가 있다는 자신이 있게 되었습니다.

【제2장 8】 그러나 不幸히 그 自信은 그를 속이고 말앗습니다、하로는 엇던 곳 集會에 나아가 演說을 始作하엿는데、문득 우슴소리와、짓거리는 소리가 나며、한 사람도 自己의 말을 들어주는 사람이 업섯습니다。데모쓰테네쓰는 얼골이 붉어지며 혜(舌)바닥이 말나와서、다시 말을 繼續할 勇氣가 업섯습니다。그는 곳 나와서 暗巷에 彷徨하엿습니다、부쓰려운 쌈에 동이 함북 젓고、얼골에는 분한 빗이 가득하엿습니다。아々 그의 心事가 果然 엇더하엿겟슴니가、그럿케 오래동안 硏究에 精力을 다한 것이、一朝에 이러한 不成功을 이루리라고는 그는、쑴에도 생각하지 아니하든 것이、只今 와서 이 모양이 되고야 애닯지 아니하엿겟슴닛가。유노마쓰라고 하는 사람이 와서 가르되 그대는 아직도 群衆을 壓倒할 만한 勇氣 업다 오늘 그대가 失敗한 것은 무엇보다도 怯懦하엿기 쌔문이라 하엿습니다。이 말을 듯고 데모쓰테네쓰는 깁히 反省하고 그 뒤에도 亦是 鍊磨

---

39) 팔레룸(Phalerum): 피라이우스 항에 이은 아테네 제2의 항구.

를 게을게 하지 아니하다가、얼마 지낸 뒤에 다시 演壇에 나왓습니다、만은 모든 사람들은 嘲罵할 뿐이며、冷笑할 뿐이엿습니다。

【번역】 그러나 불행하게도 그 자신감은 그를 속이고 말았습니다. 하루는 어느 집회[40]에 나아가 연설을 시작하였는데, 문득 웃음소리와 지껄이는 소리가 나며 한 사람도 자기의 말을 들어주는 사람이 없었습니다. 데모스테네스는 얼굴이 붉어지며 혓바닥이 메말라 다시 말을 이어갈 용기[41]가 없었습니다. 그는 곧 밖으로 나와 어두운 거리에서 서성거렸습니다. 등은 부끄러워 흘린 땀에 흠뻑 젖고, 얼굴은 안타까운 빛이 가득하였습니다. 아아, 그의 심사는 과연 어떠하였겠습니까? 그는 그토록 오랫동안 연구에 정력을 다한 것이 하루아침에 이러한 실패를 하리라고는 꿈에도 생각하지 않았으니, 지금에 와서 이 모양이 되고서 애달프지 않겠습니까? 에우노모스[42]라는 사람이 와서 말했습니다. "그대는 아직도 군중을 압도할 만한 용기가 없다. 오늘 그대가 실패한 것은 무엇보다도 겁이 많고 나약하였기 때문이다." 이 말을 듣고 데모스테네스는 깊이 반성하고 그 뒤에도 연습을 게을리하지 않았습니다. 얼마 지난 뒤에 다시 연단에

---

40) 집회: 데모스테네스가 첫 연설을 한 장소인 아테네 민회인 에클레시아(ecclesia)를 말한다. 플루타르코스는 데모스테네스의 첫 연설에 관하여 "긴 문장에 대한 커다란 애로와 형식적 논쟁으로 인한 괴로움 때문에 가장 거칠고 못마땅한 표현들로 일관했다."라고 비평하였다.
41) 용기: 수사학에서는 가장 필요한 덕목은 용기이다. 키케로와 같은 수사학자는 용기를 최고의 덕목으로 삼았다.
42) 에우노모스(Eunomus): 데모스테네스의 연설을 들은 노인이라고 알려졌는데, 트리아 사람으로, 이소크라테스의 제자이다. 그는 낙심한 데모스테네스에게 "발음이 페리클레스(Pericles)처럼 훌륭하다."라고 하며 용기를 북돋아 주었다고 한다.

나왔습니다. 그러나 모든 사람은 조롱하고 매도하며 비웃을 뿐이었습니다.

【제2장 9】 이째에 그는 勇氣가 沮喪하야 失望落膽하야、外套로 얼골을 가리우고 엇지할 줄좃차 몰으고 집으로 돌아왔슴니다。지내가는 사람이 다 갓치 自己를 비웃는 것갓타、胸中에 가득한 煩悶한 情을 아모리 참으랴 하여도 참을 수가 업섯슴니다。이째에 그는 문득 생각하엿슴니다、내가 以前에 내 집을 써날 째에는 반듯시 成功을 期約하엿스며、希望하든 바는 光榮이엿다。한데 只今 이 모양은 웬일인가、그러면 나는 아모리 하여도 내 目的을 達치 못ᄒ겟나 하며、혼자 머리를 숙이며、손을 드리우고、좃치 못한 빗으로 지내가다가 偶然히 途上에서 사테일쓰라는 사람을 만나、그는 눈물을 흘니며 가르되、나는 精力을 다하고 熱誠을 다하야 硏究하여서도、조곰도 群衆의 耳目을 놀내게 하지 못하엿으니 나야말로 醉한 兵士만도 못하다、엇지하면 이리 되엿슬가 하며、無限히 歎息하며 손을 썰며 울엇슴니다。이 말을 사테일쓰가 듯고 위로하야* 가로되、그대의 말은 果然 그럿슴니다、만은 그대가 만일 쏘포크레쓰의 戲曲 中에 잇는 文句 數節을 暗誦하게 되면、오늘과 갓튼 부스러움은 업스리라 하엿슴니다。

* 듯 위고로하야, 김억: 듯고 위로하야, 독도 교정

【번역】 이때 그는 용기가 꺾여 희망을 잃고 맥이 풀려 외투로 얼굴

을 가리고 어찌할 줄 모르고 집으로 돌아왔습니다. 지나가는 사람이
다 같이 자기를 비웃는 듯하여 흉중에 가득한 번민의 정을 아무리
참으려 하여도 참을 수가 없었습니다. 이때 그는 문득 생각하였습니
다. '내가 이전에 내 집을 떠날 때는 반드시 성공하고 영광을 받으리
라 희망하였다. 그런데 지금 이런 모양은 웬일인가? 나는 아무리 하
여도 내 목적을 이루지 못하는가?' 혼자 머리를 숙이며 손을 드리우
고 좋지 못한 안색으로 지나가다가, 우연히 사티로스[43]라는 사람을
도중에 만나 눈물을 흘리며 말했습니다. "나는 정력을 다하고 열성
을 다하여 연구하였지만 조금도 군중의 이목을 놀라게 하지 못하였
으니, 나야말로 술 취한 병사만도 못합니다. 어찌하여 이렇게 되었
을까요?" 끝없이 탄식하며 손을 떨고 울었습니다. 이 말을 들은 사
티로스가 위로하며 말했습니다. "그대의 말은 정말로 그렇습니다.
하지만 그대가 만일 소포클레스[44]의 희곡 중에 있는 문구 여러 구
절을 암송하게 되면, 오늘과 같은 부끄러움은 없을 것입니다."

【제2장 10】 失敗에 失敗를 거듭하며、恥辱에 恥辱을 더하야、
只今 거의 絶望에 싸지여 斷念하고 말랴고까지 햇슴니다. 만
은 그는 奮激 되야 엇지하든지 成功하랴고 하엿슴니다. 그 后
부터는 그는 싸테일쓰와 함씌 쏘포크레스의 戲曲을 暗誦*하
며、다시 여러 大家의 議論을 模本 삼아、瞬時라도 닛지 아니

---

43) 사티로스(Satyrus): 데모스테네스의 친구이자 연극 배우로 알려졌다.
44) 소포클레스(Sophocles, B.C.496?~B.C.406): 고대 그리스의 비극 시인이다. 그리
　　스 비극을 기교적·형식적으로 완성하였다. 작품에 〈안티고네〉, 〈오이디푸스왕〉
　　등이 있다.

하고 期必코 成功하랴고 하야、自己 잇는 房 안에는 巨大한 體鏡을 걸어놋코 姿勢를 方正히 하며、擧止를 明確히 하엿슴니다。이러한 日課를 하로라도 廢한 적이 업시、여러 해의 精力을 다하엿슴니다。이럿케 修養을 하는 동안에、漸々 佳境에 들어가게 되야、그는 발서 舊日의 吳下阿蒙이 아니엿슴니다。데모쓰테네쓰는 古今獨步의 雄辯家가 되여 稀世의 演說家 씨세로로 하야금 完全한 辯士라는 稱訟을 하게 하엿고、著名한 修辭學者 데이오니시쓰로 하야금 眞正한 演說家라 하는 칭찬을 앗끼지 아니하게 하엿슴니다。前에는 訥辯朴舌로 失敗와 恥辱을 밧든 사람이、只今 一躍하야 雄辯快舌이 千古에 그 類를 보지 못하게 됨에 니름이 엇지 偶然한 일이겟슴닛가。무엇보다도 놀낼 것은 熱心의 힘이며、感心하지 아니치 못할 것은 奮鬪의 힘임니다。精神이 한번 니르는 곳에 무엇이 되지 아니함이 잇스랴 하는 古語가 分明히 우리를 속이지 아니함니다。이러한 것을 보고 薄志弱行의 무리는 반듯시 늣김이 잇슬 것이며、스스로 反省하야 크게 부끄러움이 잇서야 하겟슴니다。

그러나 이러한 것은 데모쓰테네쓰의 堅志熱心의 한 部分을 말함에 지내지 아니하야、다시 말하면 雄辯은 그에게 對하야는 技術에 지내지 못하야、그의 眞正한 生涯는 이로부터 偉大한 本領을 말하게 됨니다。이 技術을 武器로 삼아、압흐로 씬이지 아니하고 나아간 그의 큰 쯧을 볼 째에、우리는 비로소 데모쓰테네쓰라는 一個의 人物을 알게 됨니다。

* 誦暗, 김억: 暗誦, 독도 교정

【번역】 실패에 실패를 거듭하며 치욕에 치욕을 더하여, 지금 거의 절망에 빠져 단념하고야 말겠다고 생각했습니다. 하지만 그는 격앙되어 어떡하든 성공하려고 하였습니다. 그 뒤로부터 그는 사티로스와 함께 소포클레스의 희곡을 암송하고, 다시 여러 대가의 의론을 모범으로 삼아 한순간이라도 잊지 않고 기필코 성공하려고 하였습니다. 그리하여 자기가 있는 방 안에 거대한 몸거울을 걸어놓고 자세를 바르게 하였고 행동거지를 명확히 했습니다. 이러한 일과를 하루라도 그만둔 적이 없이 여러 해 동안 정력을 다하였습니다. 이렇게 수양하는 사이에 점점 훌륭한 경지에 들어가게 되어 그는 벌써 옛날 오나라 아래 지방에 있던 아몽[45]이 아니었습니다. 데모스테네스는 고금을 통틀어 독보적인 웅변가가 되어 세상에 보기 드문 연설가 키케로[46]에게 '완벽한 연설가'라는 칭송을 들었고, 저명한 수사학자 디오니시오스[47]로부터 '진정한 연설가'라는 칭찬을 듣게 되

---

45) 오나라…아몽: '오하아몽(鳴下阿蒙)'을 풀이한 말로, 학식이 없고 진보가 없는 사람이라는 뜻이다. 여기서 '오하鳴下'는 오나라 아래(남쪽) 지방인 '소주(蘇州)'를 가리키고, '아몽(阿蒙)'은 오나라 장수 '여몽(呂蒙)'을 가리킨 말이다. 손권(孫權)이 여몽과 장흠(張欽)에게 학문을 권장했는데, 그에 따라 열심히 공부하였다. 뒤에 노숙(魯肅)이 여몽과의 대화에서 여몽의 진보에 놀라 "나는 그대가 무사(武事)만 아는 줄로 생각했는데, 지금 와서 보건대 학식이 깊고 넓으니 과거에 보던 오하(鳴下)의 아몽(阿蒙)이 아니다.〔吳謂大弟但有武略耳 至于今者 學識英博 非復鳴下阿蒙〕"라고 한 데서 연유한 말이다.《삼국지(三國志)·오지(鳴志)·여몽전(呂蒙傳)》

46) 키케로(Marcus Tullius Cicero, B.C.106~B.C.43): 로마의 정치가·학자·작가이다. 집정관이 되어 카틸리나의 음모를 폭로하고 '국부(國父)'라는 칭호를 얻었다. 그의 문체는 라틴어의 모범으로 일컬어진다. 저서에《국가론》,《법률론》,《의무론》,《우정론》 등이 있다.

47) 디오니시오스(Dionysios): 할리카르낫소스(현재의 터키) 출신의 디오니시오스를 말한다.

었습니다. 이전에는 더듬거리는 말씨와 투박한 말로 실패와 치욕을 받은 사람이, 지금 단번에 뛰어올라 거침없는 말씨와 예리한 말로 천고에 이런 유형의 연설가를 보지 못함에 이른 것이 어찌 우연한 일이겠습니까? 무엇보다도 놀란 것은 열심의 힘이며, 마음을 움직인 것은 분투의 힘입니다. "정신이 한번 이르는 곳에 무엇이 되지 않음이 있으랴?"[48]라고 하는 옛말이 분명히 우리를 속이지 않습니다. 이러한 것을 보고 뜻과 행동이 박약한 무리는 반드시 느낌이 있을 것이며, 스스로 반성하여 크게 부끄러움이 있어야 하겠습니다. 그러나 이러한 것은 데모스테네스의 굳건한 뜻과 열성적인 마음의 한 부분을 말하는 것에 지나지 않습니다. 다시 말하면, 웅변은 그에게는 기술에 지나지 않으며 그의 진정한 생애는 그 뒤로부터 위대한 본령을 말해줍니다.[49] 이 기술을 무기로 삼아 앞으로 끊임없이 나아간 그의 뜻을 볼 때, 우리는 비로소 '데모스테네스'라는 한 인물을 알게 됩니다.

---

48) 정신이…있으랴?: 주자(朱子)의 '精神一到何事不成'을 인용한 말이다. 주자는 "양기가 발하는 곳이면 쇠와 돌도 뚫어지나니, 정신이 한곳에 모이면 무슨 일인들 이룰 수 없겠는가?〔朱子曰 陽氣發處金石亦透 精神一到何事不成〕"라고 하였다.

49) 그의…말해줍니다: '그 뒤로부터'는 데모스테네스가 연설을 배운 이후의 삶의 행로를 가리킨다. 일본판본에는 "그 생애의 본령(진가)은 이로부터 오히려 한층 위대해진다."라고 하였다.

第三*

【제3장 1】얼마나 그는 苦心하엿스며、얼마나 그는 만흔 障碍와 싸호면서、希望의 彼岸에 到達하엿나닛가。勿論 그의 希望을 雄辯이라는 技術에만 잇다고 하지는 못할 것임니다。그의 希望은 그것이 아니고、그것보다 더 큰 무엇이 잇섯슴니다。雄辯이라는 技術을 手段으로 삼아、크게 希臘天地를 舞臺삼아 活躍하랴고 하엿슴니다。多幸히 그의 집은 富民에 參列하야、實際上 그가、그러케 財産階級의 사람은 아니엿스나、엇지하엿스나 그가 富民의 하나이라는 이름은、그로 하야금 國事에 盡力할 만한 적지 아니한 便宜가 되엿든 것은、조곰도 當時 社會에 疑心할 것이 업섯슴니다。이러한 好地位와、이러한 雄辯의 技術은 그로 하야금 壯快한 活動의 第一幕을 演出하게 하엿슴니다。即 그는 무엇보다도 이 技術을 가지고 法庭의 辯論을 하여가며 써 立身出世**의 根本을 삼앗슴니다。

* 第三, 김억: 第三 準備, 토도키
** 出身立世, 김억: 立身出世, 독도 교정

【번역】얼마나 그는 고심하였으며, 얼마나 그는 많은 장애와 싸우면서 희망의 피안[50]에 도달하였습니까? 물론 그의 희망을 웅변이라는 기술에만 있다고 하지는 못할 것입니다. 그의 희망은 그것이 아

니고, 그것보다 더 큰 무엇이 있었습니다. 웅변이라는 기술을 수단으로 삼아 크게 그리스 천지를 무대 삼아 활약하려고 하였습니다. 다행히 그의 집은 부민富民의 반열에 끼었지만 실제로는 그가 그렇게 재산계급51)의 사람은 아니었습니다. 어찌 되었든 부민이라는 그 이름 하나로 불렸다는 점이, 그가 나랏일에 진력할 만한 적지 않은 편의가 되었던 것은 조금도 당시 사회에서 의심할 것이 없습니다. 이러한 좋은 지위와 이러한 웅변의 기술은 그에게 장쾌한 활동의 제1막을 연출하게 하였습니다. 즉 그는 무엇보다도 이 기술을 가지고 법정의 변론을 해가며 입신출세의 근본으로 삼았습니다.52)

【제3장 2】 생각하건덴 그때 所謂 希臘精神이라는 것은、全然히 鎭沈하야 저 有名한 페로폰네사쓰 戰役 以后에는、世上 一般이 다만 平和만 求하기로 無上의 깁븜을 삼아、한갓 皮相的 繁榮에 醉하야 써 外面的 一時의 娛樂만을 죠와하엿든 듯하엿습니다。이것으로 보면 前에 波斯의 大軍을 擊退하든 意氣는 조곰도 업고、義勇奉公的 偉大한 熱情도 逐日 冷却하야、只今은 다만 各々 自己를 생각하는 私利만 圖謀하고、한 사람도 軍務에 自己의 몸을 맛기랴고 하는 奉公心이 업슴에 쌀아、

---

50) 피안(彼岸): 불교에서는 생사(生死)의 고해(苦海) 속에서 허덕이는 사바세계(娑婆世界)를 '차안(此岸)'이라 하고, 생사를 초월한 적정열반(寂靜涅槃)의 세계를 피안이라고 한다.《대지도론(大智度論)》권12에 "생사를 차안으로 삼고, 열반을 피안으로 삼는다.(以生死爲此岸 涅槃爲彼岸)"라는 말이 나온다.

51) 재산계급: 당시 사회주의 영향을 받은 것의 흔적으로 추정된다.

52) 그는…삼았습니다: 데모스테네스는 웅변을 입신출세하는 실용적 측면에서 보았다.

防備 征討에 關하야는 傭兵이 責任을 가지게 되엿습니다。이
리 되야서는 말할 것 업시 市民에게는 愛國的 精神이 업섯슬
것이며、傭兵에게는 自然히 義務의 觀念이 업서、왼 天下가
한갓 惰眠을 일삼아、一時 姑息的 安逸을 일삼앗슬 것은 分明
한 일이엿습니다。眞實하고、熱誠 만흔 데모쓰테네쓰는 이러
한 風氣가 잇슴을 일즉부터 看破하고、이것이 큰 禍根인 것을
왼 國民에게 痛論하엿습니다。혼자 모든 世上이 다 깁흔 잠에
고요하엿슬 째에、그는 가슴에 쓸는 情을 禁치 못하며、혼자 憤
慨하엿습니다。夜半 고요한 째에 혼자 잠을 쌔여 國家의 前途
를 생각할 째에는、一片愛國的 丹心이 그를 平安하게 하지 아
니하엿슬 것이외다。엇더케 有意한 그의 心事가 平安할 수가
잇섯겟슴닛가。

【번역】 생각해 보면, 그때 이른바 '그리스 정신'이라는 것은 완전히
봉쇄되고 침체하여 저 유명한 펠로폰네소스 전쟁 이후에는 세상이
한결같이 평화만 추구하는 것을 최상의 기쁨으로 삼아, 한갓 피상적
번영에 취하여 외면적 일시의 오락만을 좋아하는 듯하였습니다. 이
것으로 보면 이전에 페르시아 대군을 격퇴하였던 의기는 조금도 없
었습니다. 정의를 위해 일어나는 용기와 공익을 위해 힘쓰는 위대한
열정도 날마다 식어갔습니다. 지금은 각각 자기를 생각하는 사사로
운 이익만 도모하고 한 사람도 군사 임무에 자기의 몸을 맡기려고
하는 봉공의 마음이 없었습니다. 방비와 정벌에 관해서는 용병이 책
임을 지게 되었습니다. 이렇게 되어서는 말할 것도 없이 시민에게는
애국의 정신이 없었을 것이고 용병에게는 자연히 의무의 관념이 없
었습니다. 온 천하가 한갓 나태함을 일삼고 한때 임시변통의 안일을

일삼았음은 분명한 일이었습니다. 진실되고 열성이 많은 데모스테네스는 이러한 풍조가 있음을 일찍부터 간파하고, 이것이 큰 화근인 것을 뼈에 사무치도록 온 국민에게 논하였습니다. 모든 세상이 다 깊은 잠에 고요하였을 때, 그는 홀로 가슴에 끓는 정을 억누르지 못하며 분개하였습니다. 고요한 한밤중에 홀로 잠에서 깨어 국가의 앞길을 생각할 때, 나라를 사랑하는 일편단심은 그를 평안하게 하지 못하였습니다. 어떻게 뜻을 지닌 그의 마음이 평안할 수 있었겠습니까?

【제3장 3】 그의 生涯는 이 憂國의 至情에 激動된 活動이엿슴니다。그의 理想하든 바도 다른 것이 아니고 雅典으로써 聯邦盟主를 삼아、希臘 特有의 精神을 發揮하야 써 그 獨立을 鞏固케 하랴는 것이엿슴니다。이 理想은 그의生涯를 一貫 流露하야 엇더한 사람이든지 이 理想에 맛지 아니하는 것이어든 極力 排斥하다가、그 째문에 自己의 몸이 업서지더라도 조곰도 돌아보지 아니하엿슴니다。그의 意氣는 凜然히 天日을 貫透할 만하엿슴니다。그가 法庭에 서서 辨論을 한 것도 그 實은 이 精神을 吐出함에 不過하야 그째의 行動에 니르러서는、무엇이라고 特筆大書할 것은 업스나、쏘한 그의 一生을 말함에 對하야、除却하든가 閑却할 수 업는 것이엿슴니다。

【번역】 그의 생애는 이 우국의 지극한 마음에 격동된 활동이었습니다. 그가 이상으로 여기는 것은 다른 것이 아니고 아테네를 연방 맹주로 삼아 그리스 특유의 정신을 발휘하여 그 독립을 공고하게 하

려는 것이었습니다. 그가 이상으로 삼는 것은 그의 생애에 일관되게 드러나 어떠한 사람이든지 이 이상에 맞지 않은 것은 극력 배척하다가 그 때문에 자신의 몸이 없어지더라도 조금도 돌아보지 않았습니다. 그의 의기는 늠름하게 하늘의 태양을 꿰뚫어 통할 만하였습니다. 그가 법정에 서서 변론한 것도 사실은 이 정신을 쏟아내는 것에 다름이 없습니다. 그때의 행동에 이르러서는 무엇이라고 대서특필할 것은 없었습니다. 하지만 또한 그의 일생을 다룸에 있어 빼거나 방치할 수는 없는 것이었습니다.

【제3장 4】雅典의 法庭은 政治上의 論壇이엿습니다。違法에 對한 攻擊、敵手의 政治上 閱歷에 對한 難責과 가튼 것은、法庭으로 하야금 政治上의 議論을 自由로 하게 하엿습니다。그런데 데모쓰테네쓰가 法庭에서 辨論한 것은、單純히 政治的만 되지 아니하고、後年 그가 政界에 나아가 活動하든 것과는 셔로 쩌나지 못할 關係가 잇섯습니다。後年 그가 政界에 雄飛하든 事跡을 알랴고 하거든、몬져 그의 法庭에서 辯論하든 것을 合하야 보지 아니하면 아니 되겟습니다。웨 그러냐 하면、이 兩者間에는 連絡이 잇서、필닙에게 對한 反抗도 그째에 발셔 胚胎되엿고、케로네아*의 義戰도 그 안에 潛伏하여 잇든 째문임니다。다시 말하면 그가 法庭에서 辯論을 일삼고 잇든 째는、後年의 모든 準備를 하고 잇든 것에 不外하엿습니다。그러면 우리는 그의 法庭의 辯論은、그가 國事에 盡力하랴는 第一步이엿든 것을 알 수가 잇슴니다。그리하고 그것이 前途의 運命을 決定한 道標이엿습니다。紀元前 三百五十五年에 안드로틔온

의 反對 辯論은 即 그가 活動의 序幕을 열훈 것이라 할 만함
니다。한데 그 要点은 議院의 腐敗를 痛論하고、國庫의 不整
을 攻擊한 것이엿습니다。그리하고 그 翌年에 쏘다시 레프테
이네쓰를 反對한 辯論이 잇섯습니다。議論은 堂々하야、眞正
한 政治家의 風格이 잇섯는데、그가 말한 바는 다른 것이 안니
고、不當한 課稅를 排斥하자는 것이엿습니다。그는 이 問題를
導火線으로 삼아、政界의 內部에까지 말을 나외여、크게 自己
特殊한 雄辯을 가지고 論難하며、自己의 立脚地를 分明히 하
엿습니다。

* 케모네아쓰, 김역: 케로네아, 독도 교정

【번역】 아테네의 법정은 정치적 논쟁을 벌이는 무대였습니다. 법정
에서는 위법에 대한 공격과 적수의 정치상 경력에서 책임지기 곤란
한 것에 대하여 정치상의 의론을 자유롭게 하였습니다. 그런데 데모
스테네스가 법정에서 변론한 것은 단순히 정치적인 것만이 아니고,
후일에 그가 정계에 나아가 활동하던 것과는 서로 떨어지지 못할
관계가 있었습니다. 후일 그가 정계에 웅비하던 일의 자취를 알려
고 하면, 먼저 그의 법정에서 변론하던 것을 아울러 보지 않으면 안
됩니다. 왜 그러냐 하면, 이 양자 간에는 관련이 있어 필리포스에 대
한 저항도 그때 벌써 배태되었고, 카이로네이아의 의로운 전쟁도 그
안에 잠복해 있었기 때문입니다. 다시 말하면 그가 법정에서 변론을
일삼고 있던 활동은 후일의 모든 준비를 하던 것을 벗어나지 않았
습니다. 그러면 우리는 그의 법정의 변론은 그가 나랏일에 진력하려
는 첫걸음이었던 것을 알 수가 있습니다. 그리고 그것이 앞길의 운

명을 결정한 이정표였습니다. 기원전 355년에 안드로티온에 대한 반대 변론[53]은 곧 그가 활동의 서막을 연 것이라 할 만합니다. 그런데 그 요점은 의원의 부패를 맹렬하게 논하고, 국고의 부실함을 공격한 것이었습니다. 그리고 그 이듬해에 또다시 레프티네스에 대한 반대 변론[54]이 있었습니다. 의론은 당당하여 진정한 정치가의 풍격이 있었는데, 그가 말한 것은 다른 것이 아니고 부당한 과세를 배척하자는 것이었습니다. 그는 이 문제를 도화선으로 삼아 정계의 내부에까지 말을 거듭하여, 자기의 특수한 웅변으로 크게 논쟁하며 자기의 발판을 분명히 하였습니다.

【제3장 5】 그때 마츰 波斯大王이 盛大히 艨艟을 만들어 쟝차 크게 들어 希臘을 侵犯하겟다는 말이 잇섯습니다. 이 말을 듯고 雅典의 都市는 한 사람도 놀내지 아니한 사람이 업섯습니다. 以前에 雅典은 波斯의 叛將을 돕아준 일이 잇섯슴으로、이

---

53) 안드로티온에 대한 반대 변론(Against Androtion):《안드로티온에 대한 반대 변론》(*Against Androtion*): 아테네의 정치가 안드로티온은 아테네 해군의 함선 건조 업무를 맡았다. 그러나 그의 재임기간 동안 함선은 한 척도 건조되지 않았을 정도로 많은 문제가 발생했다. 이러한 무능에도 불구하고 기원전 355년 안드로티온의 동료들은 그에게 명예관을 제안했다. 이에 반발하여 '안드로티온의 명예관 수여' 안건은 위법으로 고소되었고, 이때 고발 연사로 나선 이가 데모스테네스이다. .

54) 레프티네스에 대한 반대 변론(Against Leptines): 아테네 연설가인 레프티네스가 제안한 시민권자이건 거주 외국인이건 하르모디우스(Harmodius)와 아리스토게이톤(Aristogeiton)의 후손을 제외한 모든 아테네인들은 테오리카〔시민을 위한 공연 기금〕 조성에 대한 공공부담에서 면제될 수 없다는 법안을 비난하는 내용이다.

번 波斯가 兵士를 修成함은、반듯시 생각하는 바가 잇스리라
하여、조곰도 風說로 생각하지 아니하고 眞正으로 생각하게
되야、全國民은 무서워하며、쟝차 엇지하면 죠흘 것을 몰앗슴
니다。風聲鶴唳*에도 肝膽이 셔늘하여지는 希臘國民은 實로
앗갑다 하지 아니할 수가 업슴니다。그들은 傳해오든 希臘精神
을 다 니져바리고、只今 한갓 卑劣한 생각만 하게 되엿슴니다。
波斯에서 兵士**를 養成한다는 말을 듯고 그들은 今時에 波斯
大軍이 希臘으로 드러오는 것 갓치 생각하야、다만 엇더케 하
야 防禦하랴고 하지는 아니하고、무서워하기만 하엿슴니다。이
쌔에 데모쓰테네쓰는 多年 修養을 싸하오든 快辯으로、眞正한
政治的 演說을 試驗하엿슴니다。

* 淚, 김억: 唳, 독도 교정
** 土, 김억: 士, 독도 교정

【번역】 그때 마침 페르시아 대왕[55]이 군함을 성대하게 만들고 장
차 크게 군사를 일으켜 그리스를 침범하겠다는 소문이 있었습니다.
이 말을 듣고 아테네의 도시는 한 사람도 놀라지 않는 사람이 없었
습니다. 이전에 아테네는 페르시아의 반란을 일으킨 장군[56]을 도와
준 일이 있었습니다. 그러므로 이번에 페르시아가 병사를 양성하는
것은 반드시 꿍꿍이가 있을 것이라고 여겨 조금도 풍문으로 여기지

---

55) 페르시아 대왕: 아르타크세르크세스 3세를 말한다.
56) 반란을 일으킨 장군: 페르시아의 지배하에 있던 밀레토스(Miletus)를 통치하던
　　참주(僭主)인 아리스타고라스(Aristagoras, B.C.?~B.C.496)인 듯하다. 아테네의
　　원조를 받아 페르시아를 상대로 이오니아 반란(Ionian revolt, B.C.499~B.C.494)
　　을 꾸몄으나 실패하였다.

않았고, 사실이라고 생각하게 되어 온 국민은 무서워하며 장차 어찌하면 좋을지 몰랐습니다. 바람 소리와 두루미 울음〔風聲鶴唳〕[57]에도 간담이 서늘해지는 그리스 국민이 참으로 안타깝다 하지 않을 수 없습니다. 그들은 전해오던 그리스 정신을 다 잊어버리고, 지금 한 갓 비열한 생각만 하게 되었습니다. 페르시아에서 병사를 양성한다는 말을 듣고 그들은 지금 페르시아 대군이 막 그리스로 들어오는 것처럼 생각하여, 어떻게 해서든 방어하려고 하지는 않고 무서워하기만 하였습니다. 이때 데모스테네스는 여러 해 동안 갈고닦은 호쾌한 언변으로 진정한 정치 연설[58]을 시험하였습니다.

---

57) 바람 소리와 두루미 울음(風聲鶴唳): 겁먹은 사람이 작은 소문에도 몹시 놀람을 비유하는 말이다. 동진(東晉)의 효무제(孝武帝)는 전진(前秦) 부견(苻堅)의 100만 대군이 쳐들어오자, 사현(謝玄)과 사석(謝石)에게 8만의 군사를 주고 나가 싸우게 했다. 비수(淝水)에 진 치고 있던 부견이 명하기를, "전군을 조금 후퇴시켰다가 적이 강 한복판에 이르렀을 때 돌아서서 반격하라."라고 하였으나, 후퇴 길에 오른 전진군(前秦軍)은 반격은커녕 멈춰 서지도 않아 동진군에 크게 패하였다. 나머지 군사들은 갑옷을 버리고 북쪽으로 달아나며 '바람 소리와 두루미 울음'만 들어도 동진의 군사가 온 줄 알았다고 한다.《진서(晉書)·사현열전(謝玄列傳)》

58) 정치 연설: 기원전 354년에 데모스테네스의 첫 번째 정치 연설인《해군 위원회에 관하여》(On the Navy Boards)를 말한다. 당시 아테네 민회는 페르시아의 대왕 아르타크세르크세스 3세(Artaxerxes Ochus)가 아테네를 위협하고 있다는 소문을 논의하기 위해 소집되었다. 이 연설에서, 그는 아테네의 절제를 촉구하며, 어떠한 도발도 피해야 한다고 주장했다. 그럼에도 불구하고, 그는 전쟁에 대비하기 위해 체계적인 준비가 필요하다는 점을 강조하며, 아테네 함대를 지원하는 세금제도인 "심모리아이(symmoriai, 위원회)"의 개혁을 요청했다. 그러나 이 첫 번째 정치적 개입에서 젊은 정치가였던 데모스테네스는 목표를 달성하지 못했다.

【제3장 6】 그의 政見은 여러 번 사람으로 하야금 傾聽하게 하엿스며、그의 辯舌은 絶倫의 佳境에 達하엿슴으로、勿論 여러 聽衆*을 놀내게 할 것입니다。 더욱 熱誠을 얼골에 씌우고、靜閑한 態度로 獅子吼을 지르는 째에야、누구가 그를 仰慕하지 아니하며、누구가 그에게 外敵을 防禦할 方針이 업슬이라 할 수가 잇겟슴닛가。 滿堂은 고요하야 사람이 업는 듯하엿스며、듯는 사람은 한갓 그의 말에 醉하야、아뭇 말도 업섯습니다。 데모쓰테네쓰의 身上으로 모든 사람의 視線이 모히며、여려 사람의 注意가 모혓슬 째에、從容히 니러나서 壇上으로 올나가는 것은、疾風이 쟝차 잇스랴고 할 째에、문득 天地가 고요하여지는 것과 다름이 업슬 것입니다。 그는 徐々히 입을 열어、雅典國民의 억개 우에 잇는 任務를 말하고 過去의 歷史의 文句와 事實로써 엇더케 그들의 祖先은 義勇心이 만핫든 것을 말한 뒤에、當時의 現狀을 議論하야、엇더케 그째 國民이 祖先과 比하야 墮落하엿는 것을 말하엿습니다。 그리하고 旣往 그들의 祖先의 抱負를 말하고는、그째 國民은 抱負도 아모것도 업시、날날로 腐敗하여가는 것을 痛切히 꾸짓즈며、急하지도 아니하고 쳔々히 한 말 두 말을 나외여 深刻한 곳까지 痛論하다가、나종 씃에 니르러서는 風霜 갓튼 快辯이 最高点에 達하야 爆發하엿습니다。

* 聽象, 김억: 聽衆, 독도 교정

【번역】 그의 정치적 식견은 여러 번이나 사람들을 경청하도록 만들었으며, 그의 말솜씨는 가장 훌륭한 경지에 도달하였기에 당연히

많은 청중을 놀라게 할 수 있었습니다. 더욱이 얼굴에 열렬한 정성을 띠고 조용한 태도로 사자후獅子吼를 토하는 때에야 누가 그를 추앙하지 않으며, 누가 그에게 외적을 방어할 방침이 없으리라 할 수가 있겠습니까? 만당[59]은 고요하여 사람이 없는 듯하였습니다. 듣는 사람은 오로지 그의 말에만 집중하여 아무 말도 하지 않았습니다. 데모스테네스의 몸으로 모든 사람의 시선이 모이고 여러 사람의 주의가 모였을 때, 조용히 일어나서 단상으로 올라가는 모습은 거센 바람이 장차 불려고 할 때 천지가 문득 고요해지는 것과 다름이 없었을 것입니다. 그는 서서히 입을 열어 아테네 국민의 어깨 위에 있는 임무를 말하고, 과거 역사의 문구와 사실을 가지고 그들의 조상은 어떻게 의용심이 많았는가를 말한 뒤에, 당시의 현상을 의론하여 그때 국민이 조상에 비하여 어떻게 타락했었는가를 말하였습니다. 그리고 이전 그들 조상의 포부를 말하였습니다. 그때 그는 국민이 아무 포부도 없이 나날이 부패해 가는 것을 비통해하고 간절하게 꾸짖었습니다. 급하지 않게 천천히 한두 마디 말을 거듭하여 심각한 곳까지 맹렬하게 논하다가, 끝에 이르러서는 바람과 서리와 같은 장쾌한 연설이 최고점에 도달하여 폭발하였습니다.

【제3장 7】 波斯大王이 무엇임닛가、무서워할 것이 무엇임닛가、百萬의 艨艟이 무슨 무셔움이 되겟습닛가。우리에게 兵力이 잇스며、準備가 되엿다 하면、무셔울 것이 무엇임닛가。남의 援助를 바랄 것도 업시 곳 나아가서 몬져 波斯를 征服할 것

---

59) 만당(滿堂): 사람들로 꽉 찬 방이나 강당.

이외다。조금도 波斯兵 갓튼 것은 무서워할 것이 업슴니다。그
러나 우리에게는 큰 걱정이 잇슴니다、그것은 다른 것이 아니
고、우리의 兵力은 不足하며、우리의 準備는 完全하지 못함니
다。그러기 째문에 우리는 물너와서 그를 激發하지 아니하고、
徐々히 兵備를 닥까 自强의 策을 講究하지 아니하면 아니 되
겟슴니다、아니올시다。自强의 策을 講究하랴고 하면、하는 말
을 한 뒤에는 조금 잇다가 소리를 크게 하며、自强의 策을 講
究하랴고 하면 엇더케 하여야 하겟슴닛가。그것은 各人이 다
그 義務를 完全히 하겟다는 決心이 잇셔야 함니다、무슨 일이
든지 相議相謀하야 그것으로써 各々 自己의 義務를 삼지 아니
하여서는 아니 됨니다。그리하고 實行함에 對하야는 서로 讓步
하며、셔로 責任을 避하랴고 하여서는 아니 됨니다。그러한 方
法으로는 아모리 하여도 成功할 수 업슴니다。이러한 演說을
單刀直入으로 雅典의 市民의 弊風을 말하며 熱心으로 쓰거운
말을 물을 내려붓 듯할 째의 그의 意氣는 果然 엇더하엿겟슴
닛가、壯烈하엿슬 것이외다。

【번역】 페르시아 대왕이 무엇입니까? 무서워할 것이 무엇입니까?
백만의 군함이 무슨 무서움이 되겠습니까? 우리에게 병력이 있으며
준비가 되었다면 무서울 것이 무엇입니까? 남의 원조를 바랄 것도
없이 곧장 나아가서 먼저 페르시아를 정복할 것입니다. 조금도 페르
시아 군사 같은 것은 무서워할 것이 없습니다. 그러나 우리에게는
큰 걱정이 있습니다. 다름이 아니라, 우리의 병력은 부족하고 우리
의 준비는 완전하지 못하다는 것입니다. 그렇기에 우리는 물러나서
그들이 격렬히 일어나지 않도록 하고, 서서히 군사에 관한 것을 준

비하여 스스로 강해지는 방책을 강구하지 않으면 안 되겠습니다. 아닙니다. '스스로 강해지는 방책을 강구하려고 하면'이라는 말을 한 뒤에, 조금 있다가 소리를 크게 하며 "스스로 강해지는 방책을 강구하려고 하면 어떻게 해야겠습니까? 그것은 각각의 사람들이 자신의 의무를 완전히 하겠다는 결심이 있어야 합니다. 무슨 일이든지 서로 의논하고 도모하여 그것으로써 각각 자기의 의무를 삼아야 합니다. 그리고 실행함에는 서로 양보하고 서로 책임을 피하려고 해서는 안 됩니다. 그러한 방법으로는 아무리 하여도 성공할 수 없습니다."[60] 이러한 연설에서, 단도직입적으로 아테네 시민의 좋지 못한 세태를 말하며 물을 내리붓듯 열심히 뜨거운 말을 할 때, 그의 의기는 과연 어떠하였겠습니까? 장렬했을 것입니다.

【제3장 8】 이러케 그는 快辯을 가지고 群衆의 귀를 즐겁게 하며、쓰거운 熱誠으로는 滿堂의 맘을 激動하야、엇던 째에는 꾸짓즈며 激昂 케도 하며、엇던 째에는 激勵하여 奮起케도 하야、聽衆은 그의 三寸舌의 自由自在의 活動에 對하야、놀내기도 하며、엇던 사람은 넘우도 感激되야、운 사람도 잇섯다 합니다.

---

60) 스스로…없습니다: "그리고 여러분 개개인이 도시에 유익이 되기 위해 여기에서 할 수 있는 한 할 수 있는 바를 행하고 기꺼이 행동하고자 하신다면, 그래서 재물을 가진 자는 기부를 하고 한창때의 사람들은 전쟁에 나가 싸우신다면, 간단히 그리고 명확히 말해 여러분이 여러분 자신의 주인이 되어 모두가 스스로는 아무것도 하지 않으면서 곁에 있는 이가 그 자신을 위해 모든 것을 해 주기를 바라는 것을 멈춘다면, 그러면 여러분은 신의 뜻에 따라 여러분 자신의 것을 회복하게 될 것이며, 방심하다가 빼앗긴 것도 다시 되찾게 되고, 그자 또한 응징하게 될 것입니다."《필리피카》I. 7.

　　데모쓰테네쓰는 充分한 成功을 한 뒤에는 다시 말을 나외여 海軍의 擴張을 말하며、財政의 計畫을 論明하야、自己가 平素에 품고 잇든 滿腔의 懷抱를말하야、크게 國民의 責任이 重大한 것을 明言하엿슴니다。그의 말하는 바 議論이 올치 아니한 것이 업스며、그의 明言한 計畫이 周到하지 아니한 것이 업섯슴니다。이것은 한마듸로 말하면、그의 憂國的 至情에셔 發源된 것이며、쏘는 이러한 問題에 對하야는 그는 恒常 熟考하고 잇든 것임니다。只今 好機會를 어더 그 光焰을 發하야 한 줄기의 行路를 비최엿슬 쌘이외다。

【번역】 이렇게 그는 장쾌한 언변을 가지고 군중의 귀를 즐겁게 하며, 뜨거운 열성으로는 모든 사람의 마음을 격동하게 하였습니다. 어떤 때에는 꾸짖어 격앙하게도 하고, 어떤 때에는 격려하여 힘차게 일어서게도 하여, 청중은 그의 자유자재한 세 치 혀의 움직임에 놀라기도 하고 어떤 사람은 너무도 감격하여 눈물을 흘리기도 했다고 합니다.

　　데모스테네스는 크게 성공한 뒤, 다시 말을 거듭하여 해군의 확장을 말하였고 재정의 계획을 논하고 설명하였습니다. 그는 자기가 평소에 가슴 속에 가득 품고 있던 것을 큰소리로 말하여 국민의 책임이 중대한 것임을 분명히 밝혔습니다. 그가 말한 의론은 옳지 않은 것이 없었으며, 그가 말한 계획은 분명하고 주도면밀하지 않은 것이 없었습니다. 한마디로 이것은 그가 나라를 걱정하는 지극한 마음에서 발원된 것이며, 이것은 또한 그가 이러한 문제에 대하여 항상 숙고하고 있었던 것입니다. 이제 좋은 기회를 얻어 그 불빛으로 한 줄기의 행로를 밝게 비추었을 따름입니다.

【제3장 9】 그의 이 演說은 實로 그의 政治的 生涯로 들어가라는 第一砲聲이엿습니다。그 뒤 二年 동안 그는 外交問題에 對하야 心力을 다하엿습니다。그째 斯波多는 시프쓰*의 포키쓰 戰爭에 不利하엿슴으로、메짜로포리쓰를 侵犯하엿습니다。當時 雅典의 民心은 一般이 시프쓰**를 미워하며、도로혀 斯波多와 好意를 가지게 되엿습니다。데모쓰테네쓰도 쏘한 이러한 感情이 업지는 아니하엿스나、當時 時局을 洞觀하는 烱眼과、後難을 걱정하는 衷情은、그로 하야금 그러한 感情의 支配를 밧지 아니하고、超然히 俗流와 써나、다른 생각을 하게 되엿습니다。即 다른 것이 아니고 메짜로포리쓰의 滅亡은 斯波多로 하야금 페로폰네사쓰에서 다시 跋扈케 하는 것이니、決斷코 雅典은 이 暴擧를 도아주어서는 아니 되겟다 하는 것이엿습니다。대개 한 나라가 다른 弱國을 壓服하랴고 하는 것은、希臘 全土에 對하야 가장 무서운 것이매、雅典은 엇지하든지 나아가서 이것을 妨害하지 아니하여서는 아니 되게 되엿습니다。그리하고 雅典의 任務라고 할 것은、希臘 全土의 權威를 重히 하고、相互의 和信에 依하야 一致를 圖謀하지 아니할 수 업다고 主張하엿습니다。이 后부터 그는 데모크라테쓰와 아리스토크라테쓰를 反對하는 辯論을 만히 하엿습니다。만은 여긔에는 그것을 자세히 말하랴고 하지 아니함니다。

* 씨프쓰, 김역: 시프쓰, 독도 교정
** 씨프쓰, 김역: 시프쓰, 독도 교정

【번역】 그의 이 연설은 참으로 그가 정치가의 인생으로 들어가는 첫 번째 포성이었습니다。그 뒤 2년 동안, 그는 외교 문제에 대하여

마음과 힘을 다하였습니다. 그때 스파르타는 테베의 포키스[61] 전쟁에 불리하였기에 메갈로폴리스[62]를 침범하였습니다. 당시 아테네의 민심은 한결같이 테베를 미워하여 도리어 스파르타에 호의를 가지게 되었습니다. 데모스테네스도 이러한 감정이 없지는 않았습니다. 하지만 당시 시국을 꿰뚫어 보는 날카로운 눈매와 뒷날의 재난을 걱정하는 충정은 그에게 그러한 감정의 지배를 받지 않고 초연히 속세를 떠나 다른 생각을 하게 되었습니다. 즉, 다른 것이 아니고 메갈로폴리스의 멸망은 스파르타에 펠로폰네소스에서 다시 제멋대로 날뛰게 하는 것이니, 결단코 아테네는 이 폭거를 도와주어서는 안 되겠다고 하는 것이었습니다.[63] 대개 한 나라가 다른 약한 나라

---

61) 포키스(Phocis): 고대 그리스의 중부 지역. 코린트 만으로부터 북쪽을 향해 파르나소스 산을 넘어 북쪽 경계가 되는 로크리스 산맥까지 펼쳐져 있다. 코린트 전쟁(B.C.395~B.C.387) 때 스파르타를 도와 보이오티아를 침략했으나 나중에는 세력이 날로 커지는 보이오티아의 주요 도시인 테베에 굴복했다. 포키스는 테베의 정치가 에파미논다스가 이끄는 펠로폰네소스 반도에서의 전투(B.C.370~B.C.366)에 참여했다.

62) 메갈로폴리스(Megalopolis): 그리스 펠로폰네소스 반도 아르카디아 주에 있는 고대·현대 정착지. 이름이 '대도시'를 의미하는 고대 정착지는 아르카디아 동맹의 소재지와 남부 아르카디아가 스파르타를 견제할 수 있는 요새로서 테베의 에파미논다스가 웅장한 규모로 건설했다(B.C.371~B.C.368).

63) 메갈로폴리스의…것이었습니다:《메갈로폴리스 인민을 위하여》(*For the People of Megalopolis*)는 기원전 352년의 정치연설로, 당시 스파르타는 펠로폰네소스(Peloponnese)에서의 패권을 테베로부터 다시 얻으려 했다. 테베가 포키스와의 전쟁으로 바쁜 틈을 타, 스파르타는 이웃 아르카디아(Arcadia)의 독립을 쉽게 무너뜨릴 수 있을 것이라고 믿었다. 따라서 스파르타는 메갈로폴리스(Megalopolis)에 군대를 파견하면서 아테네에 지원과 군사적 도움을 요청했다. 또한 아테네가 오로포스(Oropos)를 점령할 수 있도록 돕겠다고 약속하며, 아테네와의 동맹을 얻으려 했다. 이에 데모스테네스는 아테네가 스파르타에 맞서 메갈로폴리스 사람들을 돕기 위해 군대를 파견해야 한다고 주장했다. 이러한 정책을 제안하며, 그는 어떤 군사 행동에도 반대했던 에우불로스(Eubulus)의 파벌

를 힘으로 굴복시키려 하는 것은, 그리스 모든 나라에 대해 가장 무서운 것이라 아테네는 어쨌든 나아가서 이것을 방해하지 않으면 안 되었습니다. 그리고 아테네의 임무는 그리스 모든 나라의 권위를 존중하고 상호 화합과 신의에 의하여 일치를 도모하지 않을 수 없다고 주장하였습니다. 이 뒤로부터 그는 티모크라테스와 아리스토크라테스를 반대하는 변론[64]을 많이 하였습니다. 하지만 여기에서는 그것을 자세히 말하고 싶지 않습니다.

【제3장 10】 三百五十五年부터 三百五十二年까지、그는 漸次 그 政見을 開展 發表하엿습니다。한데 그가 가지고 잇든 政見을 約言하면 內政을 刷新하지 아니할 수 업다는 것과、政治家는 責任을 重히 녀기지 아니하면 아니 될 것과、私利를 생각하며、空名을 求하는 사람들을 반듯시 排斥*하지 아니할 수 업다는 것이엿습니다。그리하고 外交에 니르서는、무엇보다 雅典의 榮光과 利益을 主張할 것이며、一般國民間에 輿論이 勃興하야 戰爭을 하지 아니할 수 업게 되엿다 하더라도、엇던 程度까지는 참으며 希臘 全土의 一致를 損傷하지 아니하는 限에서

에 정면으로 반대했다. 반면에 데모스테네스는 아테네의 영광을 회복해야 한다고 주장하며, 그의 도시가 그리스 전역에서 벌어지는 군사 갈등에 참여하고 강력한 동맹을 재건하며, 패권을 회복해야 한다고 믿었다. 펠로폰네소스 반도에 대한 적극적인 그의 아테네 정책 제안은 채택되지 않았다. 대신 테베가 군대를 펠로폰네소스로 파견하며 에파미논다스가 구축한 현 상태(status quo)를 유지하는 데 성공했다.

64) 티모크라테스와 … 변론: 데모스테네스는 "티모크라테스에 대한 반론(Against Timocrates)"과 "아리스토크라테스(Against Aristocrates)에 대한 반론"에서 부패 청산을 주장하였다.

는、戰爭을 하여도 關係치 아니하나、그러나 決코 輕擧妄動하
여서는 아니 되겟다 하엿습니다。만일 希臘聯邦中에 한 나라
가、다른 弱國을 侵犯하야 雅典의 歡心을 求하랴고 百方으로
誘引하는 일이 잇다 하더라도、雅典은 決코 그 天職을 니러서
는 아니 되며、또는 그 誘引에 激動되여서는 아니 되겟다는 생
각이、그의 主張이엇습니다。이럿케 그는 쉰지 아니하고、雅典
의 國是를 確立케 하고、그 實力을 積蓄하랴고 하엿습니다。이
것은 말할 것도 업시 압흐로 잇스랴는 外寇를 막으랴고 함임니
다。다시 말하자면 비가 오기 前에 모든 것을 다 整頓하여 두자
는 것이 그의 烱眼이엿습니다。다른 사람들은 다 이러한 先見
이 업섯습니다、만은 이러한 先見의 明이 잇섯슴으로 後來의
永遠까지 생각하지 아니할 수가 업것습니다。그의 信念은 로
데쓰 問題로 因하야 더욱 맑아지며、그 表現이 確實하엿습니
다。로데쓰는 根本 雅典의 聯邦이엿습니다。만은 엇던 事情으
로 分離되야 三百五十五年 以來로、波斯의 附庸國이 되고 말
앗습니다。

* 排斥, 김억: 排斥, 독도 교정

【번역】 기원전 355년부터 352년까지 그는 점차 그 정치적 견해를
발전시켜 발표하였습니다。그의 정치적 견해를 요약하자면, 내정은
쇄신하지 않으면 안 되는 것, 정치가는 책임을 중요하게 여기지 않
으면 안 되는 것, 사적인 이익을 생각하며 헛된 명성을 구하는 사람
들은 반드시 배척하지 않으면 안 되는 것 등을 들 수 있습니다。외
교에 이르러서는 무엇보다 아테네의 영광과 이익을 주장할 것입니

다. 일반 국민 사이에서 여론이 왕성하게 일어나 전쟁을 하지 않을
수도 없을 것입니다. 설령 그렇게 된다고 할지라도 일정 정도는 참
아야 하며 그리스 모든 나라의 일치된 단결을 손상하지 않는 한에
서 전쟁해도 상관없으나 결코 가볍게 움직여서는 안 된다고 하였습
니다. 만일 그리스 연방 중에 한 나라가 다른 약한 나라를 침범하고
아테네의 환심을 구하려고 온갖 방법으로 유인한다고 할지라도 아
테네는 결코 마땅히 해야 할 소임과 의무를 잃어서는 안 되며, 또는
그 유인에 격동되어서도 안 될 것이라는 게 데모스테네스의 주장이
었습니다. 이렇게 그는 끊임없이 아테네의 기본적인 국가 방침을 확
립하고, 그 실력을 쌓으려고 시도하였습니다. 이것은 말할 것도 없
이 앞으로 닥칠 외적을 막으려고 하는 것입니다. 다시 말하자면, 비
가 오기 전에 모든 것을 다 정돈하여 두자는 것이 그의 분명한 제안
이었습니다. 다른 사람들은 다 이러한 앞을 내다보는 안목이 없었습
니다. 하지만 이러한 선견지명이 있었기에 앞날의 영원까지 생각하
지 않을 수가 없었습니다. 그의 신념은 로도스[65] 문제로 인하여 더
욱 맑아졌고 그 표현도 확실하였습니다. 로도스는 근본적으로 아테
네의 연방이었습니다. 하지만 어떤 사정으로 분리되어 기원전 355
년 이후로 페르시아의 속국이 되고 말았습니다.

---

65) 로도스(Rhodes): 그리스 도데카니사 제도에서 가장 큰 섬으로, 그리스 본토와
  키프로스 섬의 중간 지점에 있다. 그리스 본토보다는 터키의 소아시아 반도에
  훨씬 가까운데, 그리스 본토로부터는 363km, 터키 해안으로부터는 18km 떨어
  져 있다. 페르시아 전쟁 이후 기원전 478년에 로도스섬의 도시는 아테네 중심
  의 델로스 동맹에 가입했다. 이후 기원전 431년에 펠로폰네소스 전쟁이 발발했
  을 때 로도스섬은 델로스 동맹의 일원이었지만 중립적 입장을 취했다. 기원전
  357년에 카리아의 마우솔로스 왕에 의해 로도스는 정복되었고, 기원전 340년
  에는 페르시아 아케메네스 왕조의 지배하에 들어갔다.

【제3장 11】 三百五十一年에 그 管轄者 모소쓰가 죽고 寡婦 알테미시아가 그 位를 繼하게 됨에 밋쳐、國內의 民政黨이 奮然히 니러나서 波斯의 拘束을 버서나랴고 雅典에게 救援을 請하엿습니다。 이째에 데모쓰테네쓰는 들어주자고 主張하며、그 나라 사람의 獨立을 도아줄 必要가 잇슴을 昌道하엿습니다。 만은 不幸히 그의 말이 採用되지는 아니하엿습니다、그러나 우리는 이로 因하야 政治家의 態度와 確信을 알 수가 잇습니다、쌀아서 그 主張이 그의 政治的 意見을 明瞭하게 하엿습니다。 대개 그는 政治上의 自由는 그의 理想이엿스며、雅典은 어데까지든지 이 理想을 위하야 健鬪하지 아니할 수 업는 義務가 잇다 하엿습니다。 이러하지 아니하고는 雅典을 위하야、希臘을 위하야、또는 그 光榮을 維持하기 위하야、아모 힘 될 것도 업스며、쎠든 것이 아모 意味가 업다 하엿습니다。

이리하는 동안에 마게쏘니아 王 필닙은 漸次 勢力을 어더、四方을 蠶食하며、그윽히 놉흔 方策을 가지고 中原을 닛지 못하고 잇섯습니다。 强敵이 身邊에 잇스매、事變은 엇더한 瞬間에 니러날는지 누가 알 수 잇겟슴닛가。 이에 니르러 데모쓰테네쓰의 아름답은 活動은 쏫을 피게 되여 그의 手腕은 모든 할 수 잇는 것을 다 하게 되엿습니다

【번역】 기원전 351년에 그곳의 지배자 마우솔루스가 죽고 과부 아르테미시아[66]가 그 지위를 잇게 됨에 이르러, 국내의 민정당이 분연

---

66) 아르테미시아(Artemisia, B.C.?~B.C.350): 페르시아 제국의 아케메네스 왕조의 카리아(Caria) 지역 총독이었던 마우솔루스(Mausolus)의 후임 여성 군주이다.

히 일어나서 페르시아의 구속을 벗어나려고 아테네에 구원을 청하였습니다. 이때 데모스테네스는 들어주자고 주장하며, 그 나라 사람의 독립을 도와줄 필요가 있음을 주창하였습니다.[67] 하지만 불행히 그의 말이 채택되지는 않았습니다. 그러나 우리는 이로 인하여 정치가의 태도와 확신을 알 수가 있습니다. 따라서 그 주장이 그의 정치적 의견을 명료하게 하였습니다. 대개 그는 정치상의 자유는 그의 이상이었으며, 아테네는 어디까지든지 이 이상을 위하여 건투하지 않으면 안 되는 의무가 있다고 하였습니다. 이러하지 않고서는 아테네를 위하여, 그리스를 위하여, 또는 그 광영을 유지하기 위하여, 아무 힘이 될 것도 없으며, 떠든 것이 아무 의미가 없다고 하였습니다.

이러는 동안에 마케도니아 왕 필리포스는 점차 세력을 얻어 사방을 잠식하며, 심원하고 높은 방책을 가지고 중원을 잊지 않고 있었습니다. 강적이 곁에 있어 변란이 어떠한 순간에 일어날지 누가 알 수 있겠습니까? 이에 이르러 데모스테네스의 활동은 아름답게 꽃피

---

67) 이때…주창하였습니다: 《로도스인의 자유에 대하여(On the Freedom of the Rhodians)》는 기원전 351년의 연설로, 1차 《필리피카(First Philippic)》 연설 이후 행해진 데모스테네스의 초기 연설로 추정된다. 로도스(Rhodes)는 아테네 동맹 도시 중 하나였으나, 아테네에 대항한 반란 진영에 가담했었다. 기원전 355년 평화 조약 이후 카리아(Caria)의 총독인 마우솔로스(Mausolus)는 반란 세력들을 지원하면서 섬에 과두정을 세우고 카리아 주둔군을 남겨두었다. 기원전 353년 마우솔로스가 사망한 후 얼마 지나지 않아, 망명 중인 로도스 민주주의자들이 아테네에 민주정 회복을 위해 도움을 요청했다. 하지만 아테네 시민들은 로도스 섬에 대해 반감을 가지고 있었다. 데모스테네스는 로도스 민중들에게 각성하여 민중혁명을 일으킬 것을 제안했지만, 그의 제안은 성공을 거두지 못했다. 데모스테네스는 페르시아와의 전쟁 위험을 분명히 과소평가했다. 첫째, 마우솔로스가 모은 권력은 이제 그의 아내인 아르테미시아(Artemisia)가 행사하고 있었다는 점, 둘째, 페르시아의 대왕이 여전히 이집트와 그 밖의 지역에서 자신의 반란 세력들과 싸우고 있었다는 점이었다.

었고, 그는 할 수 있는 수완을 다 동원하였습니다.

第四*

【제4장 1】 필닙은 血氣壯盛하야 意氣가 범을 잡을 만하엿슴니다、體力이며 精力이 대단히 죠왓슴니다、그의 國民은 비록 訓鍊이 업섯스나 强悍勇猛하야 足히 精銳로운 兵士가 될 만하엿슴니다。이러한 필닙과 이러한 國民이 잇슴이 엇지 偶然한 일이겟슴닛가。이것은 하늘이 필닙으로 하야금 새 時代와 새 版圖를 짓게 하랴는 쯧이엿든 듯함니다。필닙은 가는 곳마다 모든 것을 風靡하야 草木까지 누으며、山川까지 그의 所有가 되랴고 하엿슴니다。이째에 필닙은 自己가 품고 잇든 생각을 實現하랴고 希臘을 엿보고 잇섯슴도 無理가 아니엿슴니다。셋사리의 地方을 略定하고 나아가 살모피리를 侵犯하엿슴니다、한데 살모피리는 往昔 波斯의 來寇가 잇섯슬 째 斯波多王 레오니싸쓰가 決死의 寡兵으로 雲霞갓치 들어오는 大軍을 마자 싸와서、死體가 戰場을 뒤덥헛든 芳名이 千古에 빗나는 곳이며、雅典의 境門에 잇는 要害의 곳이엇슴니다。이러한 곳을 필닙이 한번 넘어들게 되면 希臘의 山野에는 한갓 北夷의 馬蹄가 蹂躪을 任意대로 하게 될 것이외다、직히며、직히지 아니함은 말할 것 업시 希臘 全土에 對한 安危問題엿슴니다

【번역】 필리포스는 혈기가 왕성하여 의지와 기개가 호랑이를 잡을 만하였고,[68] 체력과 정력이 대단히 좋았습니다. 그의 국민은 비록 훈련을 받지 못했지만 굳세고 용맹하여 정예로운 병사가 되기에 충분하였습니다. 필리포스와 이러한 국민이 있는 것은 어찌 우연한 일이겠습니까? 이것은 하늘이 필리포스에게 새 시대와 새 판도를 만들게 하려는 뜻이었던 듯합니다. 필리포스는 가는 곳마다 모든 것을 휩쓸어 초목까지 누웠으며, 산천까지 그의 소유가 되려고 하였습니다. 이때 필리포스가 자기가 품고 있던 생각을 실현하려고 그리스를 엿보고 있었던 것은 무리가 아니었습니다. 테살리아[69]의 지방을 침략하여 평정하고 나아가 테르모필레[70]를 침범하였습니다. 그런데 테르모필레는 옛날 페르시아의 침입이 있었을 때, 스파르타의 왕 레오니다스[71]가 죽기를 각오한 적은 병사로 자욱한 구름과 안개같이 쳐들어오는 대군을 맞아 싸워 시체가 전장을 뒤덮은 곳으로, 그곳의 이름은 천고에 아름답게 빛났다. 아테네의 국경 입구에 있는 요충지

---

68) 혈기가…잡을 만하였고: 일본 판본에서는 '나이가 아직 한창이고 기세가 날카로워 사나운 호랑이를 업신여겼다.'라고 했다.
69) 테살리아(Thessalia): 그리스 북부에 있는 지방이다. 마케도니아 남쪽으로, 이피로스 고원과 에게해 사이에 있다.
70) 테르모필레(Thermopyles): 그리스 중동부에 있는 지명이다. 고대에 카리모도로스 산의 험준한 절벽과 마리아코스 만에 끼인 이 땅의 도로는 아주 좁아 방어에 유리한 지형이었다. 헤로도토스의 《히스토리아》(Historie)에 따르면 210만 명의 병력을 상대로 3일간 버틸 수 있었던 것은 이 지형과 중간에 세워진 문에 의한 바가 크다고 했다.
71) 레오니다스(Leonidas, B.C.?~B.C.480): 스파르타의 왕으로, 기원전 480년 소규모 그리스 군대를 거느린 그는 테르모필레를 지나 전진하려는 페르시아 왕 크세르크세스의 대군과 맞섰다. 2일 동안 페르시아의 공격을 견뎌낸 다음 대부분의 군사를 철수시키고 친위병 300명과 함께 남아 마지막 한 사람까지 싸우다 죽었다.

였습니다. 이곳을 필리포스가 한번 넘어 들어오면 그리스의 산야가 한갓 북쪽 오랑캐의 말발굽에 제멋대로 유린당하게 될 것입니다. 지키고 안 지키고는 말할 것도 없이 그리스 전역의 안위 문제였습니다.

【제4장 2】 雅典은 이에 對하야 擧措를 잘못 아니하고 곳 兵士를 派遣하야 機宜에 쌀아 南進하랴는 필닙軍을 防禦하엿슴니다、만은 필닙의 兵勢는 優勝하야 海陸을 勿論하고 席捲하지 아니함이 업서、雅典도 적지 아니한 侵害를 바닷슴니다。이러하야 怨歎하는 소리가 쓴지 아니하고 四方에서 생기엿슴니다。紀元前 三百五十二年 十一月에는 鐵馬가 朔漠에 쮜놀고、胡笳가 風雪을 날니며、필닙이 大軍을 引率하고 스레쓰로 들어왓다는 警報가 잇섯슴니다。이 警報를 듯고 雅典人의 心胸에 不安한 빗이 쎠돌며 엇지할 줄을 몰으고 가마 속에 물과 갓치 쓸키 만하엿슴니다。곳 議論이 決定되야 艦隊를 派遣하랴고 하엿는데 그째에 필닙이 病死하엿다는 風說이 잇섯슴으로 雅典 사람들은 깃버 쮜놀며、焦眉의 危難이 업서젓다 하고、出師하랴든 것을 中止하고 말앗슴니다。俗語에 好機一失하면 不再來라는 말과 갓치、雅典 사람은 그러한 好機를* 일허바리고、오레 동안의 悔恨을 남기게 되엿슴니다。

* 好機률, 김억: 好機를, 독도 교정

【번역】 아테네는 이에 대하여 잘못 조치하지 않고 곧 병사를 파견하여 남진하려는 필리포스 군대를 시의적절하게 방어하였습니다.

하지만 필리포스의 군사력은 우월하여 바다와 육지를 막론하고 석
권하지 않은 곳이 없어, 아테네도 적지 않은 침해를 받았습니다. 원
망하고 탄식하는 소리가 끊이지 않고 사방에서 들끓었습니다. 기원
전 352년 11월에는 철마가 북쪽 사막에 뛰놀고 오랑캐 피리가 눈
보라를 날리며,[72] 필리포스가 대군을 이끌고 트라키아[73]로 들어왔
다는 경보가 있었습니다. 이 경보를 듣고 아테네 사람의 마음속에
불안한 빛이 떠돌며 어찌할 줄을 몰랐습니다. 가마솥 안에 물과 같
이 끓기만 했습니다. 곧 의론이 정해져서 함대를 파견하려고 하였습
니다. 그런데 그때 필리포스가 병사했다는 풍문이 돌았습니다. 아테
네 사람들은 기뻐 뛰놀며 '눈앞에 닥친 위험이 없어졌다'라고 하고
출사를 중지하고 말았습니다.[74] 속담에 "좋은 기회를 한번 잃으면
다시 오지 않는다."라는 말과 같이, 아테네 사람은 그러한 좋은 기회

---

72) 철마가⋯날리며: 이 내용은 중국에서 북방 오랑캐의 침략을 상투적으로 표현한
   문장과 비슷하다.
73) 트라키아(Thracia): 더 정확히 말하자면, 트라키아의 케르소네소스 반도에 있는
   아테네 동맹 및 식민도시들에 필리포스는 진출했다. 이곳은 오늘날 우크라이나
   에서 출발해 아테네로 향하는 곡물 노선 한가운데에 위치해 있었다. 이 노선이
   틀어막히면, 아테네의 기본 식량 수급에 현저한 문제가 초래되었다. 이로 인해
   아테네는 필리포스의 케르소네소스 진출에 특히 민감하고 분개했다.
74) 기원전 352년⋯말았습니다: 데모스테네스, 〈올린토스 연설〉 3. 4-5. "먼저 이미
   발생한 사태에 대해 조금 언급할 필요가 있겠습니다. 아테나이인 여러분, 여러
   분은 기억하시겠지요, 3, 4년 전에 필리포스가 트라키아에서 헤라이온 요새를
   포위했다는 소식이 들려왔어요. 그때가 마이막테리온달이었어요. (요새 포위는
   기원전 352년 11월에 있었고, 이 변론은 그로부터 3년 후인 기원전 349년 9월에 발표
   되었다.) 진통을 거친 다음, 여러분은 40척의 배를 파견하고, 45세 이하 시민들
   을 차출하며 40탈란톤을 기부하기로 결정했습니다. ⋯ 그런데 필리포스가 병들
   었다고도 하고 죽었다고도 하는 두가지 다른 소식이 모두 들어왔을 때, 아테나
   이인 여러분, 여러분은 원조가 더 이상 필요 없다고 판단하고 원정을 포기했어
   요." 최자영, 56-57.

를 잃어버리고 두고두고 회한을 남기게 되었습니다.

【제4장 3】 필닙이 病死하엿다는 訃音은 勿論 거즛말이엿슴니다、만은 그가 病들엇든 것은 事實이엿슴니다、필닙이 病들엇든 것이야말로 雅典 사람에게는 千載一遇의 好機이엿슴니다、만일 그때에 長驅大進하야 그 陣營을 衝突하엿든들、後年에 그러한 屈從의 恥辱은 밧지 아니하엿슬 것이어늘 앗갑다、雅典 사람은 出師하자는 決議까지 하여놋코 實行하지 아니하엿슴니다、目前에 보이는 적은 平安을 엇기 위하야 避할 수 업는 未來의 禍根을、그대로 두고 말앗슴니다。雅典 사람 된 者로 누가 이것을 생각할 째에 後悔의 눈물을 흘니지 아니할 사람이 잇겟슴니가、이것은 누구의 罪라고 할 것 업시、憂國的 精神이 薄弱한 까닭이엿스며、献身的 義憤이 업섯든 까닭이엿슴니다。유프라쓰와 포키온과 갓튼 무리는 空論橫說을 일삼아 입으로 傭兵의 無能을 꾸짓젓슴니다、만은 한 사람도 이째에 當하야 義勇奉公의 眞正한 말을 唱道한 사람이 업섯슴니다。왼 世上은 한길갓치 깁히 잠을 들어、한째의 平安한 꿈을 사랑하고 잇섯슴니다。이러한 째에 忠誠한 데모쓰테네쓰가 엇지 이것을 그대로 보고 잇슬 수가 잇섯겟슴니가。아々 그의 靑天벽력* 갓튼 快하고도 雄壯한 雄辯은 깁히 잠을 들어、째지 못하는 國民의 가슴을 싸리며、그들의 귀를 째우치기 爲하야 새벽의 鍾소리 갓치 큰소리를 노핫슴니다.

* 靑天병력, 김억: 靑天벽력, 독도 교정

【번역】 필리포스가 병사했다는 부고는 물론 거짓말이었습니다. 하지만 그가 병이 들었던 것은 사실이었습니다. 필리포스가 병들었던 것이야말로 아테네 사람에게는 천재일우의 좋은 기회였습니다. 만일 그때 군대를 멀리 몰아 단번에 거침없이 나아가 그의 진영을 공격했던들, 몇 해 뒤에 저 굴종의 치욕을 받지 않았을 것입니다. 안타깝습니다. 아테네 사람들은 출병의 결의까지 해놓고 실행하지 않았습니다. 눈앞에 보이는 조그만 평안을 얻기 위해 피할 수 없는 미래의 화근을 그대로 두고 말았습니다. 이것을 생각할 때 아테네 사람 된 자로 후회의 눈물을 흘리지 않을 사람이 누구이겠습니까? 누구의 죄라고 할 것 없이 나라를 걱정하는 정신이 박약한 까닭이었습니다. 몸을 바치려는 의분義憤[75]이 없었던 까닭이었습니다. 에우불로스[76]와 포키온[77]과 같은 무리는 쓸데없는 의론과 허무맹랑한 말을 일삼아 입으로만 용병의 무능을 꾸짖었습니다. 하지만 한 사람도

---

75) 의분(義憤): 불의에 대하여 일으키는 분노.

76) 에우불로스(Euboulos): 기원전 4세기 아테네의 정치가이자 재정 전문가로, 아테네의 공공 재정 운영에 중요한 역할을 했던 인물이다. 그는 특히 기원전 355년경부터 346년까지 아테네의 재정을 책임지면서 도시의 경제를 안정시키는 데 크게 기여했다. 그런데, 그의 정책 기조는 전반적으로 평화와 경제 안정에 초점을 맞추고 있었다. 필리포스 2세가 마케도니아에서 세력을 확장하는 동안, 그는 아테네가 무리한 군사적 충돌을 피하고 내적으로 힘을 기르는 것이 최선이라고 보았다. 이러한 입장은 후에 데모스테네스와 같은 강경 친전파 정치인들과 갈등을 빚게 했다. 데모스테네스는 에우불로스의 소극적인 외교정책이 필리포스의 팽창을 저지하는 데 실패했다고 비판하곤 했다.

77) 포키온(Phocion, B.C.402~B.C.318): 아테네의 정치가·장군이다. 기원전 322~318년까지 아테네의 실질적인 통치자이자 마케도니아 대리인으로서 뛰어난 중용과 청렴으로 아테네를 다스렸다. 그러나 기원전 319년 권력투쟁이 일어나자 축출당했으며, 민주주의를 회복하려는 아테네인들은 그를 반역죄로 처형했다.

이때를 맞이하여 의용봉공의 진정한 말을 주창한 사람이 없었습니다. 온 세상은 한결같이 깊이 잠들어 잠깐의 평안한 꿈을 사랑하고 있었습니다. 이러한 때에 충성스러운 데모스테네스가 어찌 이를 그대로 보고 있을 수 있었겠습니까? 아아, 청천벽력[78]같이 시원스럽고도 웅장한 그의 웅변은 깊이 잠들어 깨지 못하는 국민의 가슴을 때리고 그들의 귀를 깨우치기 위해 새벽의 종소리같이 큰소리를 내었습니다.

【제4장 4】 생각하건댄 二年 以前에 그는 波斯大王을 가르치어 希臘*의 共敵이라 하며、 스스로 나아가 國家를 위하야 義勇心을 다하지 아니하면 雅典의 光榮은 얼마 아니하야 업서지리라고 苦言하엿습니다、 果然 그가 무서워하는 것은 波斯大王이라는 그 사람이 아니엿고 다만 國民의 元氣가 날마다 업서짐에 딸아、 外敵의 壓迫이 갓까워옴을 무엇보다도 무서워하엿습니다。 그가 쏘다노흔 말은 마듸마듸가 只今까지도 귀에 잇건만은、 그 말을 들은 사람들은 조곰도 그 쯧을 몰낫습니다。 한데 只今은 그가 말한 先見이 時々刻々으로 不幸하게도 事實이 되야 나타낫습니다。 國光은 더러워가며、 民利는 적어지어、 焦眉의 危急은 갓까히 와서 急하게 되야서도 아직 決定하지 못하고 集會만 여러 번 하고 쓸데업는 議論쑌이엿습니다。 計策 하나도 確實히 決定치 못하고 모든 사람들은 갓튼 말만 反

---

78) 청천벽력(靑天霹靂): 본문에는 '靑天병력'으로 표기하였는데, 역행동화 현상에 의해 소리가 나는 대로 표기한 듯하다.

覆하며 苦心煩惱하엿슬 쑌이엿슴니다。데모쓰테네쓰**가 壯烈한 演說로 깁히 잠들고 잇는 天地에 生氣 잇는 覺醒을 준 集會좃차、한갓 쓸데업는 말을 하며、마게쏘니아 軍이 侵犯하여 들어온다는 報告만을 하기 위하야 集會된 것이엿슴니다。이러한 것으로 무엇을 하겟슴닛가。

* 臘希, 김억: 希臘, 독도 교정
** 데모쓰테네쓰, 김억: 데모쓰테네쓰, 독도 교정

【번역】 생각해 보니, 데모스테네스는 2년 전에 페르시아 대왕을 가리켜 그리스 공동의 적이라고 하며, 스스로 나아가 국가를 위하여 의용심을 다하지 않으면 아테네의 영광은 얼마 뒤에 없어지리라 고 언하였습니다. 그가 진정으로 무서워하는 것은 페르시아 대왕이라는 사람이 아니었습니다. 다만 국민의 원기가 날마다 없어짐에 따라 외적의 압박이 가까워지는 것을 다른 무엇보다도 무서워하였을 뿐입니다. 그가 쏟아놓은 말은 마디마디가 지금까지도 귀에 생생합니다. 하지만 그 말을 들은 사람들은 조금도 그 뜻을 몰랐습니다. 그런데 지금은 그가 말한 예견이 시시각각으로 불행하게도 사실로 드러났습니다. 나라의 영광은 더럽혀지고 국민의 이익은 적어졌습니다. 매우 위급한 상황이 닥쳐왔는데도 아직도 결정하지 못하고 집회만 여러 번 열고 쓸데없는 의론만 늘어놓았습니다. 계책 하나도 확실히 결정하지 못하고 모든 사람은 같은 말만 반복하였습니다. 고심과 번뇌만 반복하였을 뿐이었습니다. 데모스테네스가 장렬한 연설로 깊이 잠들어 있는 천지를 각성시켜 생기를 불어넣은 집회에서조차도 사람들은 한갓 쓸데없는 말만 늘어놓았습니다. 마케도니아 군이 침범하여 들어온다는 보고만을 위한 집회였습니다. 이러한 것으로 무

엇을 하겠습니까?

【제4장 5】 本來 雅典의 慣例에 當局者가 演說을 다 한 뒤에는 몬져 年長者로 하여금 意見을 陳述하게 하는 法이 잇섯습니다、만은 필닙 問題는 그째에 역하도록 反覆 討議하엿슴으로 이러한 年長者들은 대개 다 그 意見을 陳述하엿스며、쏘는 方策도 다 말하엿엿습니다。『그들의 陳述한 方策 中에 죠흔 方策이 잇섯슬 것 갓트면 무슨 必要가 잇서서 다시 同一한 問題를 討議하랴고 모혓겟슴닛가』한 말은 데모쓰테네쓰가 自己의 意見을 陳述 함에 當하야 劈頭에 喝破한 警句엿습니다。

實로 그의 着眼은 神奇 異常하야、흐릿하고 희미한 아츰의 안게 속에、쩌올으는 朝日 갓탓습니다。慷慨悲憤한 생각으로 過去를 追憶하며、明快直截의 생각으로 未來를 夢想하야、그의 心胸에는 조곰도 感情的 偏見이 업섯습니다。그리하고 그는 決코 그러한 感情을 가지랴고 하지 아니하엿습니다。베리크레쓰의 當時를 領會하고 씨스데디쓰의 感念을 理解하야 活氣 잇는 理想을 捕捉하고、生命 잇는 精神을 傳承한 사람이 아니고는 이러한 생각을 할 수가 업슬 것임니다。只今 洪鍾 갓튼 그 소리는 滿堂 人士의 맘을 음직이며、火焰 갓튼 그 熱情은 群衆의 가슴을 激發케 하엿습니다、所謂 第一 필닙 問題라고 하며 오늘까지 傳해오는 演說은 이러한 것이엿습니다。

【번역】 본래 아테네에서는 해당 관련된 일을 책임지는 사람이 연설을 마치고 난 뒤에는, 먼저 연장자에게 의견을 진술하게 하는 관례

가 있었습니다. 하지만 필리포스 문제는 그때 물리도록 반복적으로 토론하였기에 연장자들은 대개 그 의견을 다 진술하였으며, 또한 방책도 모두 제시하였습니다. "그들의 진술한 방책 중에 좋은 방책이 있었을 것 같으면 무슨 필요가 있어서 다시 동일한 문제를 토의하려고 모였겠습니까?"라고 데모스테네스는 말하였습니다. 이는 자기의 의견을 진술하면서 첫머리에 갈파한 경고의 말이었습니다.

실로 그의 발상은 신기하고 특이하여 희미하고 흐릿한 아침의 안개 속에 떠오르는 아침해와 같았습니다. 비분강개한 생각으로 과거를 추억하고 명쾌하고 단호한 생각으로 미래를 갈망하여, 그의 심중에는 조금도 감정적 편견이 없었습니다. 그는 결코 그러한 감정을 가지려고 하지 않았습니다. 페리클레스의 시대를 파악하고 투키디데스의 생각을 이해해서 그들의 활기 있는 이상을 포착하고 생명 있는 정신을 이어받은 사람이 아니라면, 이러한 생각을 할 수는 없을 것입니다. 이제 큰 종같이 울리는 그의 소리는 집회장을 가득 메운 사람의 마음을 움직이고, 불꽃 같은 그의 열정은 군중의 가슴을 끓어오르게 하였습니다. 이것이 이른바 '첫 번째 필리포스 문제'로, 오늘날까지 전해오는 연설입니다.[79]

---

79) 이것이…연설입니다: 데모스테네스의 《필리피카》I 연설을 말한다. 기원전 356년 중부 그리스의 지역분쟁을 명분 삼아, 필리포스는 중부 그리스로 군대를 진출시킨다. 아테네는 가뜩이나 북부의 아테네 동맹시를 점령하던 마케도니아를 벼르고 있었고, 기원전 356년 결국 제3차 신성전쟁(B.C.356~B.C.346)이 발발한다. 엎치락뒤치락하는 전세 속에서 전쟁 4년차 기원전 353년(혹은 기원전 352년), 그리스 중부 크로코스 평야 전투에서 마케도니아는 아테네 동맹군을 분쇄하여 중부 그리스 전선을 거의 종결짓는 승리를 거둔다. 이 승리로 마케도니아는 아테네로 들어오는 관문이나 다름없는 테르모필레에 대한 접근 가능성이 높아졌으며, 더욱 적극적으로 북부 아테네 동맹시를 공략할 수 있었다. 이러한 상황에서 데모스테네스는 비로소 눈을 뜨고 마케도니아의 위험성을 절감했다. 그

【제4장 6】 그가 演壇 우에 나아간 것은 熱情 째문이엿슴니다、그가 雄辯을 吐한 것은 慷慨悲憤한 생각을 禁할 수가 업섯든 까닭임니다。그러나 한갓 쓸데업시、過去만을 追顧하고 悲歌扼腕하는 사람이 아니엿슴니다、그는 어데까지든지、前途를 생각하고 熟慮沈思하는 사람이엿슴니다。지내간 過去는 아모리 하야도 追及할 수 업는 決定된 事實이외다*、피와 눈물을 흘니면서 짤아잡으랴고 하여도 짤아잡지 못하는 것이외다、그러기에 過去는 過去에 葬하고、오랴는 未來를 위하야 엇더한 救濟를 未然에 하지 아니하여서는 아니 될 것이올시다。그의 이러한 心中을 前에는 波斯 來侵의 風說이 잇섯슬 째에、只今은 필닙 問題가 생김에 짤아 그 鋒芒을 나타내게 되엿슴니다。武力과 勇氣 잇는 敵國王 필닙과 雄辯과 熱誠 잇는 愛國者 데모쓰테네쓰ㅣ 이 두 사람은 風雲이 가득한 希臘의 天地에서 그 活動을 始作하게 되엿슴니다。그의 이 大演說은 痛快하게 罵倒하는 말로 始作되엿슴니다。雅典의 汚辱은 그 責任이 다만 過去의 政治家와 軍人에게 잇지 아니하고、實은 國民들이 汚辱을 생기게 하엿슴니다 하는 말을 한 뒤에는、的確한 事實을 列擧하야 反省을 催促하고、그것을 根本 삼아 未來의 救濟

는 기원전 351년《필리피카》I에서 그의 반 마케도니아 의식을 처음으로 드러냈다. 그는 이 연설에서 마케도니아를 야만인이라 무시하고 과거의 영광에 취한 아테네인을 질책했다. "필리포스가 병이났대… 와 같은 이런 이야기들"이 무슨 소용이 있으며 아테네인이 "방심했기에 마케도니아가 성장했다"고 역설했다 《필리피카》I 12). 또한 그는 "서류상으로만 존재하는 용병부대가 아니라 진정한 도시의 병력과 지휘관을 뽑아 지원(19)" 하는 방안을 제시함으로써 전쟁에서의 무능을 "용병탓으로 돌리지 않도록" 촉구했다(25). 비록 그의 정책은 당시 정책에 반영되지 못했다 하더라도《필리피카》I에선 당시 아테네의 무능과 날것의 데모스테네스 정책을 엿볼 수 있다.

에 對하야 言及하엿습니다.

* 事實이의다, 김억: 事實이외다, 독도 교정

【번역】 그가 연단 위로 나아간 것은 열정 때문이었습니다. 그가 웅변을 토한 것은 비분강개한 생각을 금할 수가 없었던 까닭입니다. 한갓 쓸데없이 과거만을 추억하고, 비장하게 노래하며 손목을 불끈 쥐는 사람이 아니었습니다. 그는 언제나 앞길을 생각하고 심사숙고 하는 사람이었습니다. 지난 과거는 아무리 노력하여도 뒤쫓아 따라 잡을 수 없는 정해진 사실입니다. 피와 눈물을 흘리면서 따라잡으려 고 하여도 따라잡지 못하는 것입니다. 과거는 과거에 묻고, 다가오 는 미래를 위하여 어떠한 구제를 미리 준비해야만 하는 것입니다. 이전에는 페르시아의 침략에 대한 풍문이 돌았을 때, 지금은 필리포 스 문제가 생김에 따라, 그의 이러한 심중에는 예리한 기질이 나타 나게 되었습니다. 무력과 용기를 지닌 적국의 왕 필리포스와 웅변과 열성을 지닌 애국자 데모스테네스. 두 사람은 풍운[80]이 가득한 그리 스 천지에서 그 활동을 시작하였습니다. 그의 훌륭한 연설은 통쾌하 게 꾸짖는 말로 이렇게 시작되었습니다. "아테네의 오욕은 그 책임 이 과거의 정치가와 군인에게만 있지 않습니다. 실제로는 국민이 이 오욕을 생기게 하였습니다."라고 말한 뒤에는 사실을 정확하게 열거 하여 반성을 촉구하였습니다. 이를 바탕으로 미래의 구제에 대하여 언급하였습니다.

---

80) 풍운(風雲): 바람과 구름. 사회적·정치적으로 세상이 크게 변하려는 기운을 비
유적으로 이르는 말.

【제4장 7】『雅典은 일즉히 斯波多*와 光榮 잇는 戰爭을 하엿습니다、 그리하고 只今은 필닙의게 汚辱을 밧고 잇습니다。 만일 從來의 懶惰와 冷淡을 一掃하고 스스로 나아가서 國家를 위하야 盡力할 것 갓트면 只今 밧는 汚辱은 優勝이 될 것임니다、 이것은 조곰도 어려운 일이 아니올시다。 아々 雅典은 오래동안 汚辱을 참아왓습니다、 조곰도 臥薪嘗膽하랴는 意氣가 업섯슴니다。 여러분은 보지 못하엿습닛가、 우리의 强敵 필닙도 小弱한 데서 니러나서 元氣와、 堅志와 勇氣를 土臺 삼아 크지 아니하엿습닛가、 그리하고 只今은 雅典에게 侵害와 汚辱을 더하지 아니하엿습닛가。 한데 雅典 사람은 엇더함닛가、 한 個人으로는 柔懦하며、 한 나라로는 防備가 업슴니다。 아々 이러하야서야 時事는 말할 것 업시、 다 決定 되엿습니다、 只今 비록 필닙의 訃音이 거즛이 아니라고 하여도 第一의 필닙이 업서지면 第二의 필닙이 반듯시 잇슬 것은 조곰도 疑心 업는 일이올시다。』

* 波斯, 김억: 斯波多, 독도 교정

【번역】 "아테네는 일찍이 스파르타[81]와 전쟁을 명예롭게 치렀습니

---

81) 스파르타: 김억은 본문에 '波斯(페르시아)'라고 표기하고, 일본 판본에는 '斯波多(스파르타)'로 표기하였다. 다음 연설을 보면 내용상 '스파르타'가 맞다.《필리피카》I. 3. 아테네인 여러분, 여러분이 정신만 차리면 무서울 것이 없으나, 만일 의기소침하면 여러분이 원하는 것은 이룰 수가 없다는 사실을 깨달으셨으면 하는 것입니다. 그 본보기가 지난날 라케다이몬(스파르타)인들이 힘을 지녔으나 여러분이 혼신의 주의를 기울여 상황에 대처함으로써 그들을 이겨냈고, 지금은 우리가 제 할 일을 다 하지 못했기 때문에 그 이(필리포스)의 오만이 우리를 질곡에 몰아넣는다는 사실이지요.

다. 그리고 지금은 필리포스에게 오욕을 당하고 있습니다. 만일 여태까지의 나태와 무관심을 모조리 쓸어버리고 스스로 나아가서 국가를 위하여 진력한다면, 지금 받는 오욕은 승리로 변할 것입니다. 이것은 조금도 어려운 일이 아닙니다. 아아, 아테네는 오랫동안 오욕을 견뎌왔습니다. 조금도 와신상담하려는 의지와 용기가 없었습니다. 여러분은 보지 못하였습니까? 우리의 강적인 필리포스도 작고 약한 데서 일어나서 원기와 굳은 의지와 용기[82]를 토대로 크지 않았습니까? 그리고 지금은 아테네에 침해와 오욕을 가하지 않았습니까? 그런데 아테네 사람은 어떠합니까? 한 개인으로도 연약하며, 한 나라로도 방비가 없습니다. 아아, 이러하다면 작금에 일어난 일은 말할 것 없이 모두 결정되었습니다. 지금 비록 필리포스의 부고가 거짓이 아니라고 해도 제1의 필리포스가 없어지면 제2의 필리포스가 반드시 있을 것은 조금도 의심할 나위 없습니다."[83]

【제4장 8】 旣往의 冷淡을 批難함에 니르러서는 마듸마듸가 剴切을 다하엿고、前途의 革新에 對하야는 마듸마듸가 懇切

---

82) 용기(勇氣): 일본 판본에서는 '材幹(재간: 才幹)'이라고 표기하였다. '재간(일을 처리할 수 있는 능력)'을 '용기'로 번역한 것은 다음과 같은 이유일 것이다. 첫째, 앞단락에 필리포스를 '무력'과 '용기'가 있는 사람이라고 지칭했기에 필리포스를 상징하는 또 다른 용어인 '재간'을 쓰지 않고 '용기'로 바꿔 번역한 듯하다. 둘째, 일반 대중에게 연설할 때, 개인적인 차이가 심한 '재간'이란 용어를 쓰기보다는 누구나 가질 수 있는 '용기'란 용어가 더욱 설득력이 있을 것이다.

83) 지금…없습니다: 데모스테네스 《필리피카》 I. 11의 연설이다. '필리포스가 죽었어?', '아니, 그건 아니고. 병이 났대.' 그러나 이런 이야기들이 여러분에게 무슨 차이가 있습니까? 그가 무언가를 겪었다 한들, 여러분은 곧 또 다른 필리포스를 만들 테니까요.

을 다하엿습니다、 그리하고는 간절히 請求하여 가르되、『내가
提議하는 것이 넘우도 新奇하다고 놀내지 말으시요、 아모됴록
참고서 내가 論辯하는 것이 긋날 쌔짜지 들어주시오。』이는 그
가 革新하지 아니하면 아니 될 것을 말한 뒤에 自己의 破天荒
的 企策을 말함에 當하야 或 群衆이 고요히 안저 들어 주지 아
니하면 困難할 것을 생각한 쌔문이엿습니다。 이것으로 보아도
當時 雅典 民心이 엇더케 氣力이 업섯스미、 쏘는 設使 氣力이
잇다 하여도 그 氣力이 얼마나 되는 것임을 推知할 수가 잇슴
니다。

【번역】 과거의 무관심을 비난함에 이르러서는 마디마디가 매우 적
절하였고, 앞길의 혁신에 대해서는 마디마디가 지극히 간절하였습
니다. 그리고 간절히 요청하여 말하였습니다. "내가 제의하는 것이
너무도 새롭고 기이하다고 놀라지 마십시오. 아무쪼록 내가 주장하
는 것을 끝날 때까지 참고 들어주십시오." 이는 그가 혁신하지 않으
면 안 될 것을 말한 뒤에 자기의 파천황[84)]의 기획을 말함에 이르러,
혹시라도 군중이 고요히 앉아 들어 주지 않으면 곤란할 것을 생각
했기 때문이었습니다. 이것으로 보아도 당시 아테네 민심이 얼마나
무기력했으며, 또는 설사 기력이 있다고 하여도 그 기력이 얼마 되
지 않음을 미루어 알 수 있습니다.

---

84) 파천황(破天荒): 이전에 아무도 하지 못한 일을 처음으로 해냄을 이르는 말. 중
국 당(唐)나라의 형주(荊州) 지방에서 과거(科擧)의 합격자가 없어 '황무지'라는
뜻으로 '천황(天荒)'이라고 불리었는데, 유태(劉蛻)라는 사람이 처음으로 합격하
여 '천황을 깼다'라는 데서 유래한다.

【제4장 9】 그가 엇더한 新奇한 提議를 하엿는지、우리는 여기에 詳細히 말하랴고 하지 아니함니다。한마듸로써 이것을 말하면 다른 것이 아니고、市民은 누구나 軍服을 입고、兵備를 整頓하야、第一에는 不時의 來襲을 막으며、第二에는 侵擊도 할 수 잇게 하자는 것인데、이에 對한 充分한 費用을 供給하라고 한 것이엿슴니다。듯기에는 尋常一樣의 平凡한 말과 갓슴니다、만은 그째 雅典 사람들은 自己가 軍服을 입고 戰爭하기를 실허하야、傭兵에게 모든 것을 一任하고、甚하면 그 費用까지 支給하지 아니하엿슴니다。그러하고 所謂 自己가 論客이라고 하는 무리까지도 한갓 民心을 사기 위하야 民心만 마초아 주고、이러한 좃치 못한 弊害를 指摘하지 아니하고 잇섯슴니다。이러한 째에 自己가 엇은 바를 조곰도 숨기지 아니하고 堂々히 陳述하야 조곰도 忌憚업시 함은 그의 卓見과 確信이 凡俗의 類가 아님을 말하는 것이며、그 同時에 엇더케 그가 當時의 社會에서 卓出하엿든 것을 우리는 짐작할 수가 잇슴니다。

【번역】 그가 새롭고 기발한 제의를 어떻게 하였는지, 우리는 여기에서 상세하게 말하지 않겠습니다. 한마디로 이것을 말하면 다름이 아니고, 시민은 누구나 군복을 입고 무장하여, 우선은 불시의 습격을 막고, 다음으로는 쳐들어갈 수 있게 하자는 것입니다. 이에 대한 비용을 충분히 공급하자고 말하는 것입니다. 늘 똑같이 들리는 평범한 말입니다. 하지만 당시 아테네 사람들은 자기가 군복을 입고 전쟁하기를 싫어하여 용병에게 모든 것을 일임하였습니다. 심하면 그 비용까지도 지급하지 않았습니다. 이른바 '논객'[85]이라고 자처하는 무리도 한갓 민심을 사기 위하여 민심만 맞춰 주고, 이러한 못된 폐

해를 지적하지 않았습니다. 이러한 때에 데모스테네스는 자기가 깨달은 바를 전혀 숨기지 않고 당당히 진술하여 조금도 거리낌이 없었습니다. 이는 그의 탁견과 확신이 평범하고 속된 부류가 아님을 보여줍니다. 동시에 그가 당시의 사회에서 특출하였음을 우리는 짐작할 수 있습니다.

【제4장 10】 그러나 엇지하엿슴닛가、雅典 사람은 한 모양으로 偸安과 姑息을 일삼앗슴니다、實로 설은 일이라 하지 아니할 수 업슴니다.『어리석은 拳鬪者와 갓치、필닙의 鐵拳이 自己의 몸을 짜린 뒤에야 비르소 自己의 주먹을 들어 치랴고 함니다.』한 것은 決코 거즛말이 아니엿슴니다. 根本 필닙의 鐵拳에 對하야 對抗함도 엽고 또는 그것을 防禦할 무엇도 업시、거저、나아가 打擊하랴고 하는 莫知東西의 計策이엿슴니다. 필닙이 侵掠한다는 報告가 잇서도 이에 對하야 엇더케 하겟다는 準備가 업다가、急하게 된 뒤에야 비르소 方策을 提出하야 討議하고 決定이라고 定한 뒤에 實行하랴고 하엿슴니다. 이럿케、일을 緩慢히 하여서는 아모 일도 아니 될 것이올시다、機會는 일어지고 째는 지나가서 아모 일도 될 希望이 업슴을 雅典 사람도 몰음은 아니엿슬 것이외다、만은 그들은 姑息에 이러한 것을 니저 바리고 잇섯슴니다.

【번역】 그러나 어떻게 하였습니까? 아테네 사람은 똑같이 안일을

---

85) 논객: '데마고고스'를 가리킨다. 민중의 선동자

도모하고 임시방편을 꾀하였습니다. 실로 안타까운 일이라 하지 않을 수 없습니다. "어리석은 권투 선수처럼 필리포스의 철권이 자기의 몸을 때린 뒤에야 비로소 자기의 주먹을 들어 치려고 합니다."[86]라고 한 것은 결코 거짓말이 아니었습니다. 근본적으로 필리포스의 철권에 맞서 대항하지도 못하고, 또한 방어할 어떤 것도 없이 그냥 나아가 타격하려는 것은 어리석은 계책이었습니다. 필리포스가 침략한다는 보고가 있어도 이에 대하여 어떻게 하겠다는 준비가 없었습니다. 급하게 되자 비로소 방책을 제출하여 토의하고 결정한 뒤에 실행하려고 하였습니다. 이렇게 일을 더디고 느슨하게 해서는 어떤 일도 안 될 것입니다. 기회를 잃고 때를 지나치면 어떤 일도 이루어질 희망이 없음을 아테네 사람도 모르지 않았을 것입니다. 하지만 아테네 사람들은 임시방편만을 추구하여 이러한 것을 잊어버리고 있었습니다.

【제4장 11】 그러나 이와는 反對로 宗敎上의 祭典과 갓튼 것을 보면 實로 盡善盡美하야 注意를 周密히 하며、그 準備에 니르러서는 實로 놀날 만하엿습니다。이러한 것을 죠와하는 雅典 人民은 軍備에 對하야는 앗씨엿습니다、그들은 外國 兵士를 사다가 그 兵士에게 軍事에 對한 모든 것을 一任하고 조

---

86) 어리석은…합니다: 지금도 여전히 마치 이방인이 권투를 하듯이 그렇게 필리포스와 전쟁을 치르고 있습니다. 그들 중에 맞은 자는 매번 얻어맞은 쪽을 붙잡고 있다가 다른 쪽에서 가격이 날아오면 그제야 손을 맞은 방향을 향해 뻗습니다. 그는 어떻게 경계 태세를 갖춰야 할지, 혹은 어떻게 마주 보아야 할지 알지도 못하고 그러기를 원치도 않습니다.《필리피카》I. 40.

곰도 돌아보지 아니하엿슴으로 그 組織이라든가、準備라든가
는 말할 것 업시、不完全、無規律이엿습니다。만일 雅典의 光
榮을 保全하랴고 하면 그 길은 다른 것이 아니고、市民이 各々
兵士가 되며、將校가 되랴는 決心이 업서서는 아니 될 것이외
다、만은 이러한 못답고 죠흔 義勇奉公的 精神은 永々히 希臘
의 天地를 떠나서、市民은 兵役을 실여하고 娛樂을 죠와하며、
祭典에는 아모것도 앗끼지 아니하면서도 軍資金에 對하야는
한 分을 앗끼엿습니다。데모쓰테네쓰로 하야금 가쟝 憤慨한 마
음을 가지게 한 것은 實로 이러한 일이엿습니다。

【번역】 이와는 반대로 종교적인 제전[87]과 같은 것을 보면 실로 더
할 나위 없이 훌륭하고 아름다웠습니다. 자기들이 마음을 두는 곳은
주도면밀했고, 그 준비에 이르러서는 실로 놀랄 만하였습니다. 이
러한 것을 좋아하는 아테네 인민은 군사 시설이나 장비에 대해서는
인색했습니다. 그들은 외국 병사를 사다가 그 병사에게 군사에 대한
모든 것을 일임하고 조금도 돌아보지 않았습니다. 그 조직과 준비는
말할 것도 없이 완전하지 못하고 규율도 없었습니다. 만일 아테네의
영광을 보전하려고 하면, 그 길은 다른 것이 아니라 시민 각각이 병
사가 되고 장교가 되려는 결심이 없어서는 안 될 것입니다. 하지만
이렇게 꽃답고 좋은 의용봉공의 정신은 영원히 그리스 천지를 떠났

---

87) 종교적 제전: '아테네 시민 대축전(판아테나이아)'과 '대(大) 디오니소스 제전'을
    의미한다. '아테네 시민 대축전'은 8월에 열린 아테네 최대의 축제이자 국경일이
    었다. '대 디오니소스 제전'은 2월에서 3월로 넘어가는 봄맞이 철에 다 함께 극
    장에 모여 극작을 감상하고 풍년을 기원하던 축제였다.《필리피카》I. 35. 참조.

습니다. 시민은 병역을 싫어하고 오락을 좋아하며, 제전에는 아무것도 아끼지 않으면서도 군자금에 대해서는 한 푼에도 인색했습니다. 데모스테네스에게 가장 분개한 마음을 가지게 한 것은 실로 이런 일이었습니다.

【제4장 12】이 大演說은 타는 듯한 希臘精神이 가득한 것이엿스며、끓어나는 듯한 愛國의 至精이 가득한 것이엿습니다.

한마듸로 말하면 偸安、姑息、懶惰한 國民으로 하야곰、暴虐한 强敵의 壓迫을 버서나서 自由獨立의 國家의 品位를 維持하자고 하는 것에 不過하엿습니다。그째、데모쓰테네쓰의 年齡이 아직 三十이 되지 못하야、政界의 生活에는 오히려 幼稚한 것이 만핫다 할 수는 잇스나、그러나 雅典과 필납의 關係를 자세히 看破하고、過去를 熟察하야 반듯시 不利한 点이 잇슴을 말하며、써 適切한 善後策을 講究하지 아니하면 장차 큰 危難이 잇슬 것을 豫言하엿습니다、그리하고 正大眞率한 議論을 말하며、朝野의 人士로 하야금 旣往의 失敗를 생각하게 한 뒤에、나아가서 善後의 方策을 提議하엿는데、그것은 다른 것이 아니라 獻身的 決心과 軍費의 課稅를 根本思想으로 하지 아니하면 안 되겟다는 것이엿습니다。그가 警告한 바가 어느 것이든지 時務에 急切하지 아니한 것이 업섯고、또는 그의 말대로 實行하랴고 하여도 決코 어려운 일이 아니엿습니다、만은 그째 사람들은 頑迷 姑息으로 지내랴고 하야 조곰도 그의 말을 들어주지 아니하엿습니다。쓸데업시、한동안 感動만 되엿슬 짜름이요、그 뒤에는 틀님업는 冷淡이 繼續되엿습니다.

【번역】 이 위대한 연설은 불타오르는 듯한 그리스 정신으로 가득한 것이었습니다. 끓어오르는 듯한 애국심으로 가득 찬 것이었습니다. 한마디로 말하면, 안일을 꾀하고 임시방편만 도모하며 나태한 생활에 빠진 국민으로 하여금 포학한 강적의 압박을 벗어나서 자유독립의 국가 품위를 유지하자는 것이었을 뿐입니다. 그때는 데모스테네스 나이가 아직 서른이 되지 못했습니다. 그래서 정계 생활에는 아직 유치한 면이 많았습니다. 하지만 아테네와 필리포스의 관계를 자세히 간파하고 과거를 면밀히 살펴서 불리한 점이 반드시 있을 것이라 말하였습니다. 뒷수습을 위한 계책을 적절하게 잘 강구하지 않으면 장차 큰 위난이 있을 것이라 예언하였습니다. 의론을 공명정대하고 진솔하게 펼쳤습니다. 정부와 민간의 인사들에게 이전의 실패를 생각하게 한 뒤에, 나아가서 뒷수습을 잘할 계책을 제안하였습니다. 그것은 다름이 아니라 헌신하겠다는 결심과 군비의 과세를 기본 정책으로 삼지 않으면 안 된다는 제안이었습니다. 그가 경고한 바가 어느 것이든지 시대적 과업에 아주 절박하지 않은 것이 없었습니다. 또한 그의 말대로 실행하려고 해도 결코 어려운 일은 아니었습니다. 하지만 그때 사람들은 완고하여 사리에 어둡고 임시방편으로 지내려고 해서 조금도 그의 말을 들어주지 않았습니다. 쓸데없이 잠깐 감동만 했을 뿐이고, 그 뒤에는 여지없이 무관심이 계속되었습니다.

【제4장 13】 아々 생각하면 이것도 또한 엇지 못할 運命이엿든가 봄니다。 누구가 豎子 필닙으로 하야곰 이름을 빗나게 하는 것이 免할 수 업는 運命이라고 생각하지 아니할 사람이 잇겟슴닛가。 이러함에 對하야는 雅典 사람은 雅典 사람의 모든

것을 원망할 수박게 업슴니다。사람을 원망할 수도 업고 하늘
을 원망할 수도 업지 안슴닛가。

　도로켜 생각하건대、當時 雅典 人士들은 다 필넙에게 對하
야 얼마식이라도 敵對의 뜻이 업지는 아니하엿슴니다、만은 前
에도 말하엿슴과 갓치 偸安과 姑息이 모든 것으로 하야곰 有
名無實의 決議를 하게 하엿고、쏘는 모든 實行을 防害하엿슴
니다。그리하고 所謂 政治家라든가、論客이라든가 하는 무리
들은 쓸데업는 黨派만 主張하고 서로 疾視하야 緊急切要한
데모쓰테네쓰의 提案과 갓튼 것도 그 黨派의 反對 째문에 採
用 되지 못하엿슴니다。世上에 黨派처름、좃치 못한 일을 생기
게 하는 것은 업슴니다。그째 사람들 가운데 엇던 사람들은 필
넙을 輕侮하야 조곰도 무서워할 것이 업다고도 하엿고 甚하여
는、엇던 사람은 필넙에게 買收가 되야 變節한 것도 잇섯슴니
다。이러한 무리들은 私利의 배를 불니고 得意揚々하야、波斯
의 來襲이 잇스리라는 風說을 써돌니며、될 수 잇는 데로 필넙
王에게 對하야 敵意를 가지지 아니하도록 하엿슴니다。

【번역】 아아, 생각하면 이것도 또한 어찌하지 못할 운명이었나 봅
니다. 애송이 필리포스의 이름이 빛나는 것은 피할 수 없는 운명이
라고 생각하지 않을 사람이 도대체 누구이겠습니까? 이렇게 된 데
에는 아테네 사람은 아테네 사람의 모든 것을 원망할 수밖에 없습
니다. 하지만 사람을 원망할 수도 없고 하늘을 원망할 수도 없지 않
습니까?

　돌이켜 생각하면, 당시 아테네 인사들은 모두 필리포스에 대해서
얼마씩이라도 적대의 뜻이 없지는 않았습니다. 하지만 전에도 말한

것처럼 안일을 꾀하고 임시변통을 도모함이 모든 것에 있어서 유명무실한 결의를 하게 만들었고, 모든 실행을 방해하였습니다. 이른바 정치가와 논객이라는 무리는 쓸데없는 당파만 주장하고 서로 질시하여 데모스테네스의 제안과 같은 긴급하고 절실한 것도 당파의 반대 때문에 채택되지 못하였습니다. 세상에 당파처럼 좋지 못한 일을 야기하는 것은 없습니다. 그때 사람들 가운데 어떤 사람들은 필리포스를 업신여겨 조금도 무서워할 것이 없다고 하였습니다. 심지어 어떤 사람은 필리포스에게 매수되어 변절하기도 하였습니다. 이러한 무리는 사익의 배를 불리고 득의양양하여 페르시아의 침입이 있으리라는 소문을 퍼뜨리며, 될 수 있는 대로 필리포스 왕에 대해 적대시하는 마음을 갖지 않도록 하였습니다.

【제4장 14】 雅典은 私黨의 疾視와、公德의 腐敗로 因하야、雅典의 未來를 위한 遠大한 企策을 放擲하고 잇다가、畢竟에는 免할 수 업는 外患과 面接하야、有名한 歷史를 敵國의 馬蹄에 맛기여 蹂躪케 하엿습니다。반듯시 記憶하여야 하겟슴니다、그것은 國家를 잘못되게 하는 것은 私黨의 疾視에 잇스며、憂國의 至誠을 업게 하는 것은 公德의 腐敗에 잇다 하는 것을 니저바리여서는 아니 되겟슴니다。아々 私黨의 利益을 重히 녜기고、國家의 利益을 돌아보지 아니하며、金錢을 貪하야 正義를 그릇하는 國家가 잇다 하면、그 國家의 前途는 발서 다 決定되엿슴니다。이리하야 先人의 모든 光榮은 한갓 牧場의 쓸々한 노래와 갓치 가이업시 되지 아니함닛가。

이에 니르러、우리는、다시 생각함니다、이러한 것은 데모쓰

테네쓰의 境遇가 아니고、 쏘는 雅典 當時의 境遇가 아니라고
할지라도、 쓰거운 눈물을 앗씰 수가 업슴니다。 世上에 이러케
설은 일이 어대 다시 잇겟스며、 어대 다시 이러한 일이 잇슬 수
잇겟슴니가。 그러나 運數의 쌔 바퀴는 씬치지 아니하고 盛衰興
亡의 수례를 밀고 東西南北으로 돌아단임니다。

【번역】 아테네는 사당의 질시와 공덕의 부패로 말미암아 아테네의
미래를 위한 원대한 계책을 내던져 버렸습니다. 마침내는 피할 수
없는 외환과 대면하여 유명한 역사를 적국의 말발굽에 맡겨 짓밟히
고 말았습니다. 반드시 기억해야 하겠습니다. 국가가 잘못되는 것은
사당의 질시에 있으며, 나라를 걱정하는 지극한 마음을 없어지게 하
는 것이 공덕의 부패임을 잊어서는 안 되겠습니다. 아아, 사당의 이
익을 중시하고 국가의 이익을 돌아보지 않으며, 금전을 탐하여 정의
를 그릇되게 하는 국가가 있다면, 그 국가의 앞길은 벌써 다 결정되
어 있습니다. 이리하여 조상의 모든 영광은 한갓 목장의 쓸쓸한 노
래처럼 가엾지 않겠습니까?

　이에 이르러, 우리는 다시 생각합니다. 데모스테네스의 경우가 아
니라 할지라도, 또는 아테네 당시의 경우가 아니라고 할지라도, 이
러한 것에는 뜨거운 눈물을 아끼지 아니할 수가 없습니다. 세상에
이렇게 서러운 일이 어디에 다시 있겠습니까? 어디에 다시 이러한
일이 있을 수가 있겠습니까? 그러나 운명의 수레바퀴는 그치지 않
고 흥망성쇠의 수레를 밀고 동서남북으로 돌아다닙니다.

第五[*]

【제5장 1】 俗論이 世上을 그릇하며、短見이 失計라 한 말이 잇슴니다、이 말은 古今에 그 例를 차즈면 적지 아니할 만큼 만슴니다。가이업지 아니함닛가、滿腔의 熱誠을 다하야 哀願하여도 조곰도 滿腹의 經綸이 施行되지 아니하는 데모쓰테네쓰의 心中을 생각하면 實로 가이업다고 하지 아니할 수 업슴니다。만은 盤根錯節을 만나지 아니하면 칼날의 利롭움을 아지 못하며、亂世를 만나지 아니하면 그 志操를 試驗하지 못하게 됨니다。이에 니르러 그의 信念은 더욱 鞏固하며 그의 慷慨는 더욱 熱烈하게 되엿슴니다。

* 第五, 김억: 第五 機一髮, 토도키

【번역】 "세론이 세상을 그릇되게 하며 단견이 계책을 잘못되게 한다."라는 말이 있습니다. 이 말은 고금에 예를 찾으면 적지 않을 만큼 많습니다. 가엾지 않습니까? 가슴 가득한 열성을 다하여 애원해도 배 속 가득한 경륜이 조금도 시행되지 않는 데모스테네스의 심중을 생각하면, 정말로 가엾다고 하지 않을 수 없습니다. 하지만 얼기설기 뒤얽힌 문제를 만나지 않으면 칼날의 날카로움을 알지 못하며, 난세를 만나지 않으면 지조를 시험하지 못하게 됩니다. 이에 이

르러 데모스테네스의 신념은 더욱 공고했고 강개는 더욱 열렬해졌
습니다.

【제5장 2】 이 째에 隣邦 오린사스가 필닙의 跋扈함을 미워하
야 舊怨을 바리고 雅典과 好意를 맷자는 빗이 보엿습니다。한
데 以前에 필닙이 土地를 오린사스에게 割與하고 同盟을 매
자 그윽히 雅典을 對抗하게 하엿습니다。이러한데 只今 雅典
과 죠와하는 것을 보고 엇더케 怒치 아니할 수가 잇겟슴닛가。
그러나 그째 필닙은 스레쓰에 잇서 病을 들엇슴으로 곳 引兵
來攻하지 못하엿습니다、雅典은 이러한 機會를 일치 아니하고
곳 오린사스와 同盟하고 필닙을 對抗하랴고 하엿는데、오린사
스에서는 아직도 猶豫未決하고 잇섯슬 째에 필닙의 病은 全快
되야、곳 鐵馬精兵으로 하야곰 오린사스의 平野를 向하게 하
엿습니다。危期는 아모 사양도 업시 오린사스를 侵犯하야 오
린사스는 左右間 한 便을 잡지 아니할 수 업섯습니다、이리하
야 飛使를 雅典에 보내여、同盟을 請할 째에 데모쓰테네쓰는
오린사쓰 問題에 對한 演說이 잇섯는데、그 演說의 議論한 바
는 堂々한 것이엿습니다、그리하고 그 雄辯은 필닙에게 큰 打
擊을 주어、마치 鐵槌로써 필닙의 頭腦를 짜리는 듯한 氣運이
보엿습니다、그가 政界에 對한 地位도 차々 나아가게 되엿슴
니다。

【번역】 이때, 이웃 나라 올린토스[88)]는 필리포스가 제멋대로 날뛰는
것을 미워하여 오랜 원한을 버리고 아테네와 우호 관계를 맺으려는

기색을 보였습니다. 하지만 그전에 필리포스가 땅을 올린토스에게 떼어주고 동맹을 맺어 아테네와 몰래 대항하게 하였습니다. 이러한 데 지금 아테네와 좋아함을 보고 어떻게 노하지 않을 수가 있겠습니까? 그러나 그때 필리포스는 트라키아에서 병이 들었기에 곧바로 병사를 이끌고 공격해 오지 못했습니다. 아테네는 이러한 기회를 잃지 않고 곧바로 올린토스와 동맹하고 필리포스와 대항하려고 했습니다. 올린토스에서는 아직도 머뭇거리며 결정하지 못하고 있었습니다. 그때 필리포스는 병이 완전히 낫게 되었습니다. 그는 곧바로 철마정병들을 올린토스의 평야로 향하게 하였습니다. 위기는 어떤 사양함도 없이 올린토스에게 닥쳤습니다. 올린토스는 양단간에 한 편을 선택하지 않을 수 없었습니다. 이리하여 올린토스가 날랜 사신을 아테네에 보내어 동맹을 요청하자, 데모스테네스는 올린토스 문제에 대해 연설하였습니다. 그는 연설에서 당당하게 주장했습니다. 그의 웅변은 필리포스에게 큰 타격을 주었습니다. 마치 철퇴로 필리포스의 머리를 때리는 듯한 기운이 보였습니다. 그의 지위도 정계에서 점차 오르게 되었습니다.

---

88) 올린토스(Olynthos): 칼키디케 반도의 본토 포티다이아 북쪽에 있는 그리스의 고대 도시. 기원전 4세기에는 칼키디케 동맹의 선봉이 되었다. 기원전 382년에 이르러 이 동맹은 스파르타의 적대감을 사 3년간의 전쟁을 겪게 되었고, 그 결과는 올린토스의 패배와 칼키디케 동맹의 해체로 나타났다. 스파르타가 몰락한 후 이 도시를 중심으로 다시 동맹이 결성되었으며, 아테네에 대항하여 마케도니아의 필리포스 2세와 손을 잡았다. 기원전 357년 필리포스 왕과 아테네 사이에 전쟁이 터지자, 필리포스 왕의 세력이 날로 커지는 것을 두려워한 이 도시는 마케도니아 대신 아테네 측과 동맹관계를 맺기에 이르렀다. 이후 이 도시는 필리포스 왕에 의해 완전히 파괴되었다.

【제5장 3】 그는 이 新同盟으로써 雅典의 大慶事라 하며、쌜니 援軍을 派遣하야 필닙을 對抗하자고 主張하엿슴니다。그가 이러한 것을 主張한 것은 오린사스가 危急에 쌔진 것을 생각한 것도 아니고、또는 필닙이 그것을 征服함을 무서워한 것도 아니고、그보다도 더 큰 무서운 것이 잇슨 싸닭님니다、그것은 다른 것이 아니고、필닙이 오린사스를 征服한 뒤에 戰鋒을 돌니어 雅典을 向하랴고 하는 그것을 그는 무서워하엿슴니다。오린사스가 有力한 것을 밋으며、또는 그 土地가 필닙과 接近하여 잇섯슴으로、그째갓치 紛亂한 째에 서로 同盟을 매자 써 필닙을 當하게 하면 크게 國防上 善策됨을 確信하엿슴니다、그리하고 오린사스와 同盟을 매즈면 크게 雅典의 元氣가 생기리라고 밋덧슴니다。그러면 데모쓰테네쓰가 오린사스에 援軍을 보내자는 것은 오린사스를 위하야 그러한 것이 아니고 그 實은 雅典을 위함이엿스며、또는 雅典의 國民으로 하야곰 이 戰爭에 參加하야 銳意奮進하야 汚辱과 侵害를 씻처바리랴고 하엿슴니다。

【번역】 데모스테네스는 이 새로운 동맹을 '아테네의 큰 경사'라고 하며, 빨리 원군을 파견하여 필리포스와 대항하자고 주장했습니다. 그가 이러한 주장을 한 것은 올린토스가 위급에 빠진 것을 생각한 것이 아니며, 필리포스가 올린토스를 정복하는 것을 무서워한 것도 아닙니다. 그것보다 더 큰 무서운 것이 있었던 까닭입니다. 그것은 다른 것이 아니라, 필리포스가 올린토스를 정복한 뒤에 전쟁의 칼끝을 아테네로 향하여 돌리는 것을 그는 무서워하였습니다. 올린토스는 힘있는 세력을 믿었고, 그 땅은 필리포스의 땅과 가까이 있었습

니다. 그래서 데모스테네스는 이전의 어지러운 때처럼 서로 동맹을
맺어 필리포스에게 대항하면, 국방상의 좋은 계책이 됨을 크게 확신
하였습니다. 올린토스와 동맹을 맺으면 아테네에 큰 원기가 생기리
라고 믿었습니다. 올린토스에 원군을 보내자는 데모스테네스의 제
안은 올린토스를 위한 것이 아니고, 사실은 아테네를 위한 것이었습
니다. 아테네의 국민에게 이 전쟁에 참가하여 마음을 단단히 먹고
기운차게 나아가 오욕과 침해를 씻어버리려 한 것입니다.

【제5장 4】〈『〉나는 필닙의 威力이 무서운 것을 말하야 써 諸
君에게 奉公的 義務를 재촉하랴고 하는 것이 아님니다、이러한
말을 하면 그것은 넘우 필닙을 重히 보는 것이며、쏘는 그 同時
에 諸君을 넘우 가비얍게 보는 것이 됨으로、나는 이런 쯧으로
말을 하지 안으랴고 함니다。필닙이 오늘과 갓튼 威勢를 어듬
에 對하야 그의 行爲가 正義엿다고 하면 나는 그로써 참말 무
서운 것이라 하지 아니할 수 업슴니다、만은 보시요、그의 威勢
가 增長된 것은 다른 것이 아니고 첫재는 諸君의 怠慢과 淺慮
에 由因하엿고、그 다음은 그가 不正한 手段으로 雅典의 黨人
을 買收하고、쏘는 오린사스、셋사리의 諸國을 欺瞞함에 由因
되엿슴니다。한데 只今 欺瞞을 바든 모든 나라들은 그의 奸計
를 看破하고 다 필닙을 離叛하랴고 하지 아니함닛가。그의 威
勢는 이 압흐로는 말할 것도 업시、衰弱하여 갈 것이외다、

【번역】 [89]"나는 필리포스의 위력이 무서운 것을 말하여, 여러분에
게 봉공의 의무를 재촉하려고 하는 것이 아닙니다. 이렇게 말하게

되면 그것은 필리포스를 너무 무겁게 보는 것이며, 또한 동시에 여러분을 너무 가볍게 보는 것이 되므로, 나는 이런 뜻으로 말하지 않으려고 합니다. 필리포스가 오늘과 같은 위세를 얻음에 대하여 그가 한 행위가 정의로운 것이라고 한다면, 그것은 참말로 무서운 것이라 하지 않을 수 없습니다. 하지만 보십시오. 그의 위세가 커진 것은 다른 것이 아닙니다. 첫째는 여러분의 게으름과 얄은 생각에서 기인했습니다. 다음은 그가 부정한 수단으로 아테네의 당인黨人을 매수하고, 올린토스와 테살리아 등 여러 나라를 기만했기 때문입니다. 그런데 지금 기만을 당한 모든 나라들은 그의 간계를 간파하고 모두 필리포스를 배반하려 하지 않습니까? 그의 위세는 말할 것도 없이 앞으로는 쇠약해질 것입니다.

【제5장 5】 더욱、 마게쏘니아 人士도 그에게 同情하는 사람이 업서、 限업는 軍役에 그들은 넘우도 困疲하야 원망하는 빗이 보이며、 不穩하여 하지 아니함닛가. 그의 將校들은 斗箵의 무리들쑨이며、 그의 伴侶는 鷄鳴狗盜의 무리들쑨입니다. 그의 旣往의 幸運은 實際의 羸*弱을 감초랴고 하는 强銳의 外觀에 지내지 아니하엿슴니다. 그의 幸運도 쏘한 큰 幸運이라고 하지 안을 수가 업슴니다、 만은 諸君! 雅典의 사람이여、 諸君이 各々 그 義務를 다하면 雅典의 幸運、天助는 그것보다 더 클 것이올시다. 이러하거든、 諸君은 엇지하야 가만히 안자셔 아모것도 하지 아니함닛가、 懶惰無爲의 무리는 友人을 感化식힐

---

89) 이 연설은 데모스테네스의《올린토스의 연설》II이다.

힘이 업습니다。 쓸데업시 日月을 꿈과 갓치 보내는 사람에게
幸運이 올 까닭이 잇겟슴닛가、 하날이나 神明은 勿論 돌아보
지 아니할 것이외다。

* 贏, 김억: 贏, 독도 교정

【번역】 더욱이 마케도니아 인사 가운데 그에게 동정하는 사람은 없
고, 그들은 한없는 군역에 너무도 피곤하여 원망하는 기색이 보이
며, 불편해하지 않습니까? 그의 장교들은 도량이 좁은 무리뿐이며,
그의 동료들은 계명구도[90]의 무리뿐입니다. 그의 이전 행운은 야위
고 허약한 실제를 감추고자 하는 강하고 날카로운 외관에 지나지
않습니다. 그 행운도 큰 행운이라고 하지 않을 수가 없습니다. 하지
만 여러분, 아테네의 사람이여! 여러분이 각기 자신의 의무를 다하
면 아테네의 행운과 하늘의 도움은 그것보다 더 클 것입니다. 이러
할진대, 여러분은 어찌하여 가만히 앉아서 아무것도 하지 않으려 하
십니까? 아무것도 하지 않는 게으른 무리는 친구를 감화시킬 힘이
없습니다. 쓸데없이 세월을 꿈처럼 보내는 사람에게 행운이 올 까닭
이 있겠습니까? 하늘과 신명도 당연히 돌아보지 않을 것입니다.

90) 계명구도(鷄鳴狗盜): 비굴하게 남을 속이는 하찮은 재주를 가진 사람을 이르는
　　말. 중국 제(齊)나라의 맹상군(孟嘗君)이 진(秦)나라 소왕(昭王)에게 죽게 되었
　　을 때, 식객(食客) 가운데 개를 가장(假裝)하여 남의 물건을 잘 훔치는 사람과
　　닭의 울음소리를 잘 흉내 내는 사람의 도움으로 위기에서 빠져나왔다는 데서
　　유래한다.

【제5장 6】 보시요 필닙은 戰場에서나、征途에서나、恒常 自己들을 위하야 일을 하며、그는 決코 機會를 일허바리지 아니하엿슴니다。이러한 것에 對하야는 무엇이라고 여러 말을 할 것이 업슴니다、다만 여러분과 갓치 쓸데업시 討議만 하다가 決議라고 한 뒤에 實行할 줄을 몰으는 諸君보다는 百倍나 優勝한 것은 조곰도 異常하게 생각할 것이 아니올시다。이러케 하고 필닙이 만일 이기지 못하면 그야말로 異常한 일이올시다。나는 혼자 異常하게 생각함니다、그것은 諸君 雅典의 人士는 일즉히 希臘의 自由를 위하야 斯波多와 싸호지 아니하엿슴닛가、그리하고 不正이 增長함을 미워하야 希臘 全土를 위하야 스스로 싸호지 아니하엿스며、軍費를 支出하지 아니하엿슴닛가。한데 只今은 果然 엇더슴닛가。奉公의 服務를 忌避하며、自己의 所有를 넓히기 위하야 쓰는 費用을 앗끼지 아니함닛가。아々 이러한 것은 그 무슨 心情이겟슴닛가。前에는 여러 번 他國을 救援한 諸君이 只今 諸君의 所有가 남에게 쎄앗기여도 조곰도 걱정하지 아니하고 泰然自若함은 엇진 일임닛가。

【번역】 보십시오. 필리포스는 싸움터에서나 원정길에서나 항상 자기들을 위하여 일하며, 결코 기회를 잃어버리지 않았습니다. 이에 대해서 무엇이라고 여러 말을 할 것이 없습니다. 쓸데없이 토의만 하다가 결의한 뒤에 실행할 줄 모르는 여러분보다는 백 배나 뛰어난 것을 조금도 이상하게 생각할 것이 아닙니다. 이렇게 하고서도 필리포스가 이기지 못하면 그야말로 이상한 일입니다. 나만 홀로 이상하다고 생각하고 있습니다. 여러분의 아테네 사람들은 일찍이 그

리스의 자유를 위하여 스파르타와 싸우지 않았습니까? 부정한 세력의 성장을 미워하여 그리스 전역을 위하여 스스로 싸우지 않았습니까? 군비를 지출하지 않았습니까? 그런데 지금은 과연 어떠합니까? 봉공의 복무를 기피하고, 자신의 소유를 넓히기 위해 국가에 내는 비용을 아끼지 않습니까? 아아, 이러한 것은 그 무슨 심정입니까? 이전에는 다른 나라를 여러 번 구원한 여러분이, 지금 여러분의 소유가 남에게 빼앗겨도 조금도 걱정하지 않고 태연자약함은 어찌 된 일입니까?

【제5장 7】 오늘과 갓치 慘狀을 當하게 한 것은 諸君의 行爲엿습니다、이러한 行爲를 곳치지 아니하면 救援할 길이 업습니다。나는 實로 諸君이 엇지하야 反省하며 顧慮하지 아니하는가 하는 疑心을 마지 아니함니다。일헛든 것을 恢復함은 잇든 物件을 保全하기보다 어려운 것은 말좃차 할 것이 업습니다、只今은 일흘 것도 업습니다、다만 恢復하여야 할 것쑨임니다。누구가 이 恢復의 大任을 맛겟슴닛가。우리들밧게는 이 大任을 맛흘 사람이 업습니다。그러면 우리는 이에 對하야 費用을 支出하며、服役하지 아니하면 아니 될 것이올시다。軍人으로 自己의 職責을 다하지 못하면 반다시 成功하지 못하는 法임니다。費用을 支出하지 아니하고、服役을 忌避하면셔、軍人의 責任을 다하기를 希望함은 마치 밋기(餌) 업시 낙시질하랴는 것과 다름이 업습니다。우리는 반듯시 熱心과 誠意를 다하야 몸과 金錢을 바치지 아니하면 아니 되겟슴니다。그리하고 各々自己가 忠實하게 愛國의 義務를 다하지 아니하여셔는 아니 되

겟슴니다。』*

* 다』。, 김역: 다。』: 독도 교정

【번역】 오늘 같은 참상을 당한 것은 여러분의 행위 때문입니다. 이러한 행위를 고치지 않으면 구원할 길이 없습니다. 나는 정말로 여러분이 어찌 반성하고 생각하지 않는가에 의심을 거두지 않습니다. 잃었던 것을 회복하는 것이 소유한 물건을 지키는 것보다 더 어려운 일임은 말할 것도 없습니다. 지금은 잃을 것도 없습니다. 오로지 회복해야 할 것만 남았습니다. 누가 이 회복의 큰 임무를 맡겠습니까? 우리밖에 이 큰 임무를 맡을 사람은 없습니다. 따라서 우리는 이를 위한 비용을 지출하고 복무하지 않으면 안 될 것입니다. 군인으로 자기의 직책을 다하지 못하면 반드시 성공하지 못하는 법입니다. 비용을 지출하지 않거나 복무를 기피하면서도 군인이 자신의 책임을 다할 것이라고 희망하는 것은, 마치 미끼 없이 낚시질하려는 것과 다를 바가 없습니다. 우리는 반드시 열심과 성의를 다하고 몸과 금전을 바치지 않으면 안 되겠습니다. 각자가 애국의 의무를 충실하게 다하지 않으면 안 되겠습니다.”

【제5장 8】 滔々히 議論을 하야 그 싯날 바를 몰낫슴니다、堂々히 痛罵하야 痛快함을 다하엿슴니다、그의 滿腔의 熱情은 필닙에게 對하야서나 國民에게 對하야서나 갓치 傾注하야 悲憤慷慨의 氣運은 怒濤가 澎湃하야 奔流함과 갓해서 冷淡*하든 聽衆도 그의 雄辯과 熱誠에 感動이 되엿슴니다。그러나 그

의 年齡은 아직 三十一歲박게 되지 아니하엿슴니다、그 議論
이라든가、辯舌에는 넉々히 世上 사람의 畏敬을 바들 만하엿
슴니다、만은 不幸히 實際上 動力이 되기는 어렵웟슴니다。쌀
아서 實行되지 못하게 된 데 對하야는 우리는 데모쓰테네쓰와
쏘는 雅典 사람과 함씌 遺憾으로 생각하는 바이올시다。

*談, 김억: 淡, 독도 교정

【번역】 그의 거침없고 힘찬 의론은 끝날 줄을 몰랐습니다. 당당하
고 호되게 꾸짖어 통쾌함을 다하였습니다. 그는 가슴에 가득한 열
정을 필리포스와 국민에게 똑같이 쏟아부었습니다. 비분강개의 기
운이 성난 파도가 솟구쳐 세차게 흐르는 것 같았습니다. 무관심하던
청중도 그의 웅변과 열성에 감동되었습니다. 그의 나이는 아직 31세
밖에 되지 않았습니다. 그의 의론과 말솜씨는 충분히 세상 사람의
외경을 받을 만했습니다. 하지만 불행하게도 실제로 원동력이 되기
는 어려웠습니다. 따라서 실행에 옮기지 못한 것에 데모스테네스나
아테네 사람과 함께 우리는 유감으로 생각하는 바입니다.

【제5장 9】 雅典서는 同盟을 認諾하기는 하엿스나 援軍은 보
내지 아니하야 필닙과는 干戈는 사괴이게 되지 아니하엿슴니
다。아々 이러한 것은 雅典의 常習이라 할 만하야、決議만 하
고 實行을 하지 아니하며、同盟은 하여서도 援兵을 보내지 아
니하고、다만 一時의 安樂을 貪하야 難局을 避하엿슴니다。정
말 宿獒가 浸潤하야 痼疾이 膏肓*에까지 들어 엇지할 수가 업

슬만하엿습니다 그러하는 동안에 필닙은 쉬지 아니하고 自己의 모든 手段을 다하야 得意의 詭計를 베풀어、敵國의 內部를 離間하며、또는 自己의 軍勢의 勇猛을 보이여、크게 敵國의 心臟을 놀내게 하엿습니다、只今 오린사스의 形勢는 날을 짤아 더욱 그릇되여 갈 뿐이엿습니다。생각하면 오린사스는 이 新同盟으로 因하야 아모것도 엇든 것이 업셧습니다、그쑌만 아니라 國內의 필닙黨들은 여러 가지로 雅典의 不信스러움을 罵倒하며、필닙에게 和議를 提出하자고 하엿습니다。일이 이러케 되엿슬 째에 오린사스는 다시 急使를 雅典으로 보내여、援兵을 請하엿습니다。그째의 形勢로 말하면 前日과는 대단히 달낫습니다。이러한 危機에 臨하야 엇더케 데모쓰테네쓰가 그대로 잠々하고 잇슬 수가 잇섯겟습닛가。그는 다시 니러나서 큰소리로 부르짓젓습니다。

*肓, 김억: 肓, 독도 교정

【번역】 아테네는 동맹을 인정하여 승낙했으나 원군을 보내지 않아, 필리포스와 싸우지는 않았습니다. 아아, 이것은 아테네가 늘 하는 버릇이라 할 만합니다. 결의만 하고 실행하지 않으며, 동맹을 체결하고도 원병을 보내지 않았습니다. 다만 일시의 안락을 탐하여 난국을 피하였습니다. 정말 오래된 폐단이 차츰 스며들어 고질병이 고황[91]에까지 미쳐 어찌할 수가 없을 만하였습니다. 그러는 동안에 필리포

---

91) 고황(膏肓): 심장과 횡격막의 사이. 고(膏)는 심장의 아랫부분이고, 황(肓)은 횡격막의 윗부분으로, 이 사이에 병이 생기면 낫기 어렵다고 한다.

스는 쉬지 않고 자기의 모든 수단을 다했습니다. 뜻을 얻기 위하여 거짓 전술을 펼쳐 적국의 내부를 이간하기도 하고, 자기 군세의 용맹을 보여 적국의 심장을 몹시 놀라게 하였습니다. 지금 올린토스의 형세는 날이 갈수록 더욱 잘못되어 갈 뿐이었습니다. 생각하면 올린토스는 이 새로운 동맹을 통해 아무것도 얻은 것이 없었습니다. 뿐만 아니라, 국내의 필리포스 당黨들은 여러 가지로 아테네의 불신을 매도하며 필리포스에게 화의를 제안하자고 하였습니다. 일이 이렇게 되었을 때, 올린토스는 급사急使를 아테네로 보내어 원병을 요청하였습니다. 그때의 형세로 말하면 이전과는 크게 달랐습니다. 이러한 위기에 임하여 어떻게 데모스테네스가 그대로 가만히 있을 수가 있었겠습니까? 그는 다시 일어나서 큰 소리로 부르짖었습니다.

【제5장 10】 아! 危機一髮은 實로 그째의 形勢엿습니다、오린사스의 危急은 朝夕中에 잇섯습니다、엇더케 하든지 左右間 쌜니 하지 아니하면 아니 되게 되엿습니다、하로라도 援兵을 遷延하여서는 아니 되게 되엿는데 雅典이 그 모양으로 冷然한 態度로 잇스면 오린사스는 필닙의 掌中에 들어갈 것이올시다. 오린사스가 한번 필닙의 掌中에 써러지면 그 戰亂은 곳 雅典의 天地에까지 밋을 것이올시다. 이러한 危機를 압헤 놋코 我 不關然的 態度를 가지고 쓸데업는 空論만 하고、지내는 것을 보며、雅典의 國民의 懶惰를 目擊하고 잇든 데모쓰테네쓰의 心事는 果然 엇더하엿겟슴닛가. 慷慨한 心情과 憤痛한 愛國的 心情은 그의 心海에 적지 아니한 波濤를 니르켜슬 것이며、그의 口角에는 물거픔이 날앗슬 것이며、그의 舌頭에는 쓰거운

불이 붓터슬 것이외다。雅典 國民의 깁흔 잠을 쌔우지 아니하고는 말지 아니하랴고 하엿슬 것임니다。

【번역】 아! 그때의 형세는 정말로 위기일발이었습니다. 올린토스의 위급은 경각에 달려있었습니다. 어떻게 하든지 좌우간 빨리 정하지 않으면 안 되게 되었습니다. 하루라도 원군을 지체해서는 안 되게 되었습니다. 아테네가 그 모양으로 쌀쌀한 태도로 있으면 올린토스는 필리포스의 손아귀에 들어갈 것입니다. 올린토스가 한번 필리포스의 손아귀에 떨어지면 그 전란은 곧 아테네의 천지에까지 미칠 것입니다. 이러한 위기를 앞에 놓고 '나와는 상관없다'라는 태도를 가지고 쓸데없이 공론만 하고 지내는 것을 보며 아테네 국민의 나태함을 목격하고 있던 데모스테네스의 심사는 과연 어떠했겠습니까? 비분강개한 심정과 분통한 애국적 심정은 그의 심해心海에 적지 않은 파도를 일으켰을 것입니다. 그의 입아귀에는 물거품이 날고 혀끝에는 뜨거운 불이 붙었을 것입니다. 아테네 국민의 깊은 잠을 깨우지 않고는 그치지 않으려고 하였을 것입니다.

【제5장 11】 『일은 대단히 急하게 되엿슴니다、쌀니 오린사스를 救援하지 아니하면 아니 되겟슴니다 決定을 한 뒤에 二軍을 派遣하야 하나는* 오린사스를 救援하게 하고、쏘 하나는 필닙의 本據를 衝突하도록 하여야 하겟슴니다。그리하고 곳 使者를 오린사스에 보내여 救援軍이 곳 간다고 하야 몬저 그 나라의 民心을 安堵케 하고 그곳에 留하면서 事件이 엇더케 進行되는 것을 觀察하지 아니하여서는 아니 되겟슴니다。만일 計

策을 이럿케 하지 아니하면 필넙은 반듯시 오린사스와 同盟한 것을 威脅하든가、그럿치 아니하면 欺瞞하든가 하야 엇지하든지 掌中의 珠玉과 갓치 服降을 밧고 말 것이외다。필넙의 貪慾的 생각은 씃을 몰을 것이며 그 暴力은 엇지 못할 바가 업슴니다。한번 오린사스를 略定하게 되면 곳 스레쓰**로부터 雅典을 向하고 올 것은 明若觀火올시다。이럿케 되면。그 後事는 무엇이라고 말할 수가 업슴니다。이러한 것으로만 보더라도 雅典은 반듯시 이번 戰亂에 나아가 救援하지 아니하면 아니 되겟슴니다。오린사스의 戰爭으로 말하면 이는 하나님이 活躍하라고 命하신 바이며、旣往의 汚辱을 싯츠려 하면 이 한 번에 잇슴니다、悠々偸安하야 지낼 것은 決코 못 됩니다、오늘이야말로 반듯시 니러나지 아니하면 아니 될 날이올시다。』***

* 한나는, 김억: 하나는, 독도 교정
** 스레스, 김억: 스레쓰, 독도 교정
*** 』。, 김억: 。』, 독도 교정

【번역】 "일은 대단히 급하게 되었습니다. 빨리 올린토스를 구원하지 않으면 안 됩니다. 결정한 뒤에 두 부대를 파견하여 하나는 올린토스를 구원하게 하고, 또 하나는 필리포스의 본거지를 치도록 해야 합니다. 그리고 당장 사신을 올린토스에 보내어 구원군이 곧 간다고 전하여 먼저 그 나라의 민심을 안도케 하고, 그곳에 머무르면서 사태가 어떻게 진행되는 것을 관찰하지 않으면 안 됩니다. 만일 계책을 이렇게 하지 않으면 필리포스는 반드시 올린토스에게 동맹할 것을 위협하든가, 그렇지 않으면 기만하든가 하여 어떻게 하든지 손아귀의 주옥과 같이 항복을 받고 말 것입니다. 필리포스의 탐욕적인

생각은 끝을 모를 것이며, 그 폭력은 얻지 못할 것이 없습니다. 일단 올린토스를 침략하여 평정하게 되면 곧장 트라키아로부터 아테네를 향하여 쳐들어올 것이 불 보듯 뻔합니다. 이렇게 되면 그 뒷일은 무엇이라고 말할 수가 없습니다. 이것으로만 보더라도 아테네는 반드시 이번 전란에 나아가 구원하지 않으면 안 됩니다. 올린토스의 전쟁으로 말하면, 이는 하나님이 활약하라고 명하신 것이며, 기왕의 오욕을 씻으려 하면 이 한 번의 결정에 달려있습니다. 느긋하게 안일을 도모하며 지내서는 결코 안 됩니다. 오늘이야말로 반드시 일어나지 않으면 안 되는 날입니다."

【제5장 12】 하며 큰소리를 한 뒤에 다시 論鋒을 날니여 『*한 軍兵은 오린사스의 難을 救援하고 한 軍兵은 필닙의 本據를 衝突하는 것이야말로 이 難局을 救援하는 唯一의 길임니다. 兩者 中에 하나만 하지 아니하여도 모든 일이 다 效果가 업서지고 말 것이외다。그리하고 이 費用은 雅典이 다른 都市보다 만히 支出하지 아니하면 아니 되겟슴니다。分明히 그 費用은 支出하지 아니하면 아니 되겟슴니다。무엇으로써 그 費用을 支出하겟느냐 하는 말은 하지 말으시요、나는 祭典 費用을 流用하라고 하는 말이 아님니다、그러나 다만 한마듸 하지 아니하면 아니 될 것은 이런 말이올시다、軍隊를 召集하지 아니하면 아니 되겟슴니다、그리하고 그 費用을 支出하지 아니하면 아니 되겟슴니다。이에 對한 手段은 만히 잇슴니다。諸君은 그 만흔 手段 中에서 가장 利로운 것을 撰擇하시요、한데 그것은 이 機會를 일치 아니하고 卽 速히 決定하여야 하겟슴니다、그

러치 아니하면 다시는 이러한 機會가 오지 아니하겟슴니다。』**

* 「, 김억:『, 독도 교정
** 』。, 김억: 。』, 독도 교정

【번역】 이렇게 큰소리친 뒤에 다시 논봉[92]을 날리었다. "한 부대는 올린토스의 어려움을 구원하고 한 부대는 필리포스의 본거지를 치는 것입니다. 이것이야말로 이 난국을 구원하는 유일의 길입니다. 두 가지 가운데 하나만 하지 않아도 모든 일의 효과가 다 사라지고 말 것입니다. 이 비용은 아테네가 다른 도시보다 많이 지출하지 않으면 안 됩니다. 그 비용을 분명히 지출하지 않으면 안 됩니다. 무엇으로 그 비용을 지출하겠느냐 하는 말은 하지 마십시오. 나는 제전 비용을 유용하자는 말이 아닙니다. 다만 한마디하지 않으면 안 될 것은 이것입니다. 군대를 소집하지 않으면 안 됩니다. 그 비용을 지출하지 않으면 안 됩니다. 이에 대한 수단은 많이 있습니다. 여러분은 그 많은 수단 중에서 가장 이로운 것을 선택하십시오. 그런데 이 기회를 잃지 않고 곧장 결정해야 합니다. 그렇지 않으면 다시는 이러한 기회가 오지 않습니다."

【제5장 13】 정말 그의 達識은 다른 사람은 아직 看破하지 못한 危機를 洞察하고 그것을 警備하랴고 하엿슴니다。그가 凡庸*한 政治家가 아닌 것은 이 見識으로 넉넉히 알 수가 잇겟슴니다。또 그가 勸獎한 바는 가장 當時의 民心에 背馳한 것이엿

---

92) 논봉(論鋒): 언론이나 평론, 논평 따위의 날카롭고 격렬한 말. 논조(論調).

습니다、그리하고 그가 조곰도 猶豫하지 아니하고 自己의 所信을 吐出하야 조곰도 忌憚하지 아니하엿습니다。祭典 資金에 니르러서는 一般이 認定하는 바며、쏘는 아모리 하여도 음직일 수 업는 바이엿습니다、만은 그는 그윽히 流用을 暗獎하야 조곰도 다른 小論客과 갓치 自己의 맘을 속이고、한갓 民心에 아첨을 하랴고 하지 아니하엿습니다。한마듸로 말하면 그는 熱烈한 苦諫者이엿스며、勇壯한 痛言者이엿스며、徹頭徹尾히 俗論을 排斥하엿고 迷妄을 罵倒하야、써 一代의 風潮와 對抗하며 自己가 밋는 바를 어데까지든지 貫徹케 하랴고 하엿습니다。그의 雄風은 凜然하야 天日과 빗을 다토러 하엿스며 豪氣는 堂々하야 嚴霜과 威品을 싸호앗습니다。그가 모든 사람에게 尊敬 바든 것은 다른 것이 아니고 이 抱負와 이 決心이 잇섯든 째문이엿습니다。

* 凡傭, 김억: 凡庸, 독도 교정

【번역】 정말 데모스테네스의 뛰어난 식견은 다른 사람이 아직 간파하지 못한 위기를 통찰하고 그것을 경계하여 대비하려고 하였습니다. 그가 평범한 정치가가 아닌 것은 이 식견으로도 넉넉히 알 수 있습니다. 또 그가 권장한 일은 당시의 민심에 가장 배치된 것이지만 조금도 망설이지 않고 자기의 소신을 기탄없이 토로하였습니다. 제전 자금으로 말하자면, 모든 사람들이 인정하는 것이고, 아무리 하여도 움직일 수 없는 것이었습니다. 하지만 그는 그윽이 유용을 권장하여 다른 하찮은 논객처럼 자기의 마음을 속이고 한갓 민심에도 아첨하려 하지 않았습니다. 한마디로 그는 충심으로 간언하는 열렬

한 사람이자 따끔하게 직언하는 용감한 사람이었습니다. 철두철미하게 세속적인 논조를 배척하고 사리에 어둡고 그릇된 생각을 몹시 꾸짖었습니다. 그럼으로써 한 시대의 풍조에 대항하여 자기가 믿는 바를 어떡하든지 관철하려고 하였습니다. 그의 웅장한 풍모는 늠름하여 하늘의 태양과 빛을 다투었으며, 호탕한 기개는 당당하여 된서리와 그 위품을 다투었습니다. 그가 모든 사람에게 존경을 받은 것은 다른 것이 아니라 이런 포부와 단단한 마음을 가지고 있었기 때문이었습니다.

【제5장 14】 이 演說이 잇슨 뒤에 얼마 아니하야 援軍이 派遣되엿슴니다、만은 派遣된 軍士는 外國의 傭兵뿐이엿슴니다。한데 그 軍士가 필넙과 싸호아 不意의 勝利를 얻어、깃븐 消息이 雅典에 들니엿슴니다。이째 雅典 사람들은 깃버 쮜놀며 가르되、우리는 既往의 失敗를 雪恥하엿다 하며、이 적은 勝利로 滿足하야 쟝차 니러나랴는 未來의 活死問題에 對하야는 조곰도 생각하지 아니하얏슴니다、엇지 이러한 맘으로야 한 나라를 保全하여 갈 수가 잇겟슴닛가、只今 어든 勝利로 말하면 이것은 極히 적은 一時의 勝利에 지내지 못하는 것이어늘、이것으로써 成敗를 決定한 듯시 생각하고 狂喜하며 엇지할 줄을 몰음에 니르러서는、발서 大計를 그릇하엿다 하지 아니할 수 업슴다。이러한 우스운 생각과 무계에 滿足하야 다시 浸潤된 痼疾에 陷入하야 偸安姑息으로 世上을 니즈랴고 하는 것을 본 사람으로 누구가 걱정하지 아니하며、설어하지 아니하겟슴닛가、더욱 卓見 잇는 사람은 참아 보지 못할 것이올시다。그러

면 데모쓰테네스*는 다시 雅典 人民의 浸潤된 痼疾에 對하야
藥을 쓰지 아니할 수가 업섯슬 것은 分明합니다。

* 데모쓰턴네쓰, 김억: 데모쓰테네스, 독도 교정

【번역】 이 연설이 끝난 뒤에 얼마 지나지 않아 원군이 파견되었습
니다. 파견된 군사는 외국의 용병뿐이었지만, 필리포스에게 뜻밖의
승리를 얻었습니다. 기쁜 소식이 아테네에 들려왔습니다. 이때 아
테네 사람들은 기뻐 날뛰며 '우리는 이전의 실패를 설욕하였다.'라
고 하였습니다. 그들은 이 작은 승리에 만족하여 미래에 닥쳐올 죽
고 사는 문제에 대해서는 조금도 생각하지 않았습니다. 어찌 이러한
맘으로 한 나라를 보전해 갈 수 있겠습니까? 지금 얻은 승리로 말하
면, 이것은 지극히 작은 일시적인 승리에 지나지 않습니다. 그런데
이것으로써 성패를 결정한 듯이 생각하고 미칠 듯이 기뻐하며 어찌
할 줄을 모르니, 벌써 큰 계획이 어긋났다고 하지 않을 수 없습니다.
아테네 사람들은 이러한 우스운 생각과 섣부른 계책에 만족하여 다
시 스며든 고질병에 빠져 안일을 도모하고 임시방편을 꾀하여 세상
을 잊으려고 합니다. 이런 광경을 본 사람이라면, 누가 걱정하지 않
겠습니까? 누가 슬퍼하지 않겠습니까? 더욱이 데모스테네스와 같이
탁견을 가진 사람이라면 차마 보지 못할 것입니다. 그러면 데모스
테네스는 다시 아테네 인민에게 스며든 고질병에 대하여 약을 쓰지
않을 수가 없었음이 분명합니다.

【제5장 15】〈『〉필닙으로 하야금 얼이 쌔지게 하엿다는 말은 風說에 지내지 못하며、 쏘는 誤傳밧게 아니 되는 말이올시다. 事件의 眞相은 우리에게 대단히 다른 것을 가르쳐 줍니다。 말하자면 필닙을 놀내게 할 時期가 업섯든 바는 아니엿습니다、 그리하고 필닙을 놀내게 할 時期는 只今부터 그럿케 멀지 아니함니다。 만은 只今 우리가 努力할 것은 다른 것이 아니고 우리는 우리의 同盟을 保全하는 것이 第一임니다。 이 任務를 다한 뒤에 비로소 남을 攻擊도 하겟고、 놀내게도 할 수가 잇슴니다。 目下의 危機는 무엇보다 焦慮하여야 되겟슴니다。 決코 三年 前의 失敗를 두 번 하게 되여서는 아니 되겟슴니다。 그쌔 필닙이 스레쓰에게 잇슬 째에 諸君은 征討의 軍士를 보내자고 決議하지 아니하엿슴닛가 그리다가 필닙이 病死하엿다는 거즛 訃音을 듯고 諸君은 出師할 必要가 업다 하며、 撤回 식히지 아니하엿슴닛가.

【번역】 "필리포스의 얼이 빠지게 했다는 말은 풍설에 지나지 않습니다. 또한 오보에 그치는 말입니다. 사건의 진상은 우리에게 대단히 다른 것을 가르쳐 줍니다. 말하자면 필리포스를 놀라게 할 시기가 없었던 것은 아니었습니다. 필리포스를 놀라게 할 시기는 지금부터 그렇게 멀지 않습니다. 하지만 지금 우리가 노력할 것은 다른 것이 아니고, 우리는 동맹을 보전하는 것이 첫째입니다. 이 임무를 다한 뒤에 비로소 남을 공격도 하고 놀래킬 수 있습니다. 눈앞의 위기는 무엇보다 고심해야 합니다. 결코 3년 전의 실패를 반복해서는 안 됩니다. 당시 필리포스가 트라키아에 있을 때, 여러분은 정벌할 군사를 보내자고 결의하지 않았습니까? 그러다가 여러분은 필리포스

가 병사했다는 거짓 부음을 듣고, 군대를 출동시킬 필요가 없다며
철회시키지 않았습니까?

【제5장 16】 만일 그째에 諸君이 斷然한 態度로 그 決議대로
實行하엿드면 필닙은 그째에 발서 업서지고、오늘 이러한 煩苦
가 업섯슬 것이외다。만은 이것은 발서 지내간 過去로 只今 와
서는 엇지할 수 업는 일임니다、만은 내가 只今 區々하게 그째
의 말을 하는 것은 다른 것이 아니고 目下의 形勢가 그째의 事
情과 대단히 近似한 点이 잇든 까닭임니다。나는 諸君이 同一
한 失策을 두 번 하지 아니하기를 깁히 믿으려 합니다。諸君이
만일 全力을 다하야 援軍을 오린사스에 보내지 아니할 것 갓
흐면 이번에도 필닙으로 하야금 成功하게 할 것이올시다、조
곰도 前日과 다름이 업슬 것이외다。대개 말하면、諸君은 오린
사스와 協力하야 필닙을 對抗하랴고 하는 것은 오래 前부터
잇는 希望이 아닙닛가、한데 只今 希望하든 째가 왓습니다。銳
意、熱心으로 救援하여 주는 것밧게、달니 죠흔 길이 쏘 잇겟
습잇가。諸君이 만일 이것을 하지 아니하면 諸君은 다만 耻辱
을 어들 뿐입니다、아니올시다、單純한 耻辱뿐만 아니 되고 諸
君의 自國 安危가 쏘한 이에 잇습니다。

【번역】 만일 그때 여러분이 단호한 태도로 그 결의대로 실행하였
다면, 필리포스는 그때 벌써 없어지고 오늘의 이러한 번뇌는 없었
을 것입니다. 하지만 이것은 벌써 지나가 버린 과거로 지금에 와서
는 어찌할 수 없는 일입니다. 내가 지금 구구하게 그때의 일을 말하

는 것은 다름이 아니라 눈앞의 형세가 그때의 사정과 대단히 비슷한 점이 있기 때문입니다. 나는 여러분이 똑같은 실책을 되풀이하지 않을 것이라고 깊이 믿고자 합니다. 여러분이 만일 전력을 다하여 원군을 올린토스에 보내지 않는다면, 이번에도 필리포스를 성공하게 만들 것입니다. 전날과 조금도 다름이 없을 것입니다. 대강 말하면, 여러분이 올린토스와 협력하여 필리포스에게 대항하려는 것은 오래전부터 갖고 있는 희망이 아닙니까? 지금 바로 희망하던 때가 찾아왔습니다. 마음을 단단히 먹고 열심히 구원하여 주는 것 이외에 달리 좋은 방도가 또 있습니까? 여러분이 만일 이것을 하지 않으면 여러분은 치욕만을 얻을 뿐입니다. 아닙니다. 단순한 치욕만이 아닙니다. 여러분 나라의 안위가 또한 여기에 달려있습니다.

【제5장 17】 필닙이 한번 오린사스를 征服하면 雅典을 向하고 들어올 것은 조곰도 疑心할 餘地가 업는 일이올시다. 이러한 것으로써 쓸데업는 말이라고 하지 말으시요. 우리는 엇지하엿스나 오린사스를 救援하기로 決定하여야 합니다、그러면 우리는 반드시 救援하지 아니할 수 업습니다。엇더한 方法으로 救援할가 하는 것이 實로 우리가 생각할 바이올시다、諸君은 아마 내가 말하는 것을 듯고 놀낼지 몰으겟습니다、만은 다른 것이 아니고 쌜니 立法者를 任命하시요、그러나 그들에게 新法 制定의 權을 맛기지 말으시요、諸君이 가지고 잇는 法律도 넉々합니다、다만 目下의 事情은 이 危機에 不利한 것이어든 다 廢棄하여야 하겠습니다。이 不利하다는 것은 무엇임닛가、그것은 祭典 費金이며、軍務 服役이 이것임니다。다시 말하게

되면 軍費로 供給하여야 할 것을 祭典 費用으로 消費하여서
는 아니 되겠다고 함이요、軍務에 服役하지 아니하면 罰할 줄
은 몰으고 그대로 두는 것을 꾸짓는 것이올시다。

【번역】 필리포스가 한번 올린토스를 정복하면, 아테네를 향하여 쳐
들어올 것은 의심할 여지가 조금도 없습니다. 이것을 쓸데없는 말이
라고 하지 마십시오. 우리는 어찌 되었든 올린토스를 구원하기로 결
정했습니다. 우리는 반드시 구원하지 않으면 안 됩니다. 어떠한 방
법으로 구원할지가 진실로 우리가 생각해야 할 일입니다. 여러분은
아마도 내가 말하는 것을 듣고 놀랄지도 모르겠습니다. 다른 것이
아닙니다. 빨리 입법자를 임명하십시오. 하지만 그들에게 새로운 법
을 제정하는 권한을 맡기지는 마십시오. 여러분이 가지고 있는 법률
도 충분합니다. 눈앞의 사정이 이런 위기에 불리한 것이라면 모두
폐기해야 합니다. 그럼 불리하다는 것은 무엇입니까? 그것은 제전
준비금과 군무 복역입니다. 다시 말하면 군비로 공급해야 할 것을
제전 비용으로 소비해서는 안 됩니다. 군무에 복역하지 않는데도 처
벌할 줄을 모르고 그대로 두는 것을 꾸짖어야 하는 것입니다.

【제5장 18】 이러한 有害한 法律은 廢棄하고 새로히 有利한
法律을 制定하지 아니하여서는 目下의 急切한 問題를 解決할
수가 업습니다、이러한 斷行이 업고는 큰 問題를 解決할 수 업
습니다。비록 前에는 이러한 法律의 制定을 提議한 사람이라
도、只今 되야서는 그것을 廢棄하도록 努力하지 아니하면 아
니 되겠습니다。이러한 法律은 民衆의 歡心를 어드랴고 하는

것이겟지만은、只今 보면은 하나도 쓸데업는 有害한 法律밧게
될 것이 업습니다。또 民衆의 歡心을 얻으랴고 하는 것만이 決
코 正義라고 할 수가 업습니다、改革하지 아니하면 아니 될 것
은 一日이라도 遷延하여서는 아니 되겟습니다、아니올시다、
그것은 우리를 危險한 길로 引導하며、도료혀 正義를 업게 하
는 것밧게 지내지 아니함니다。諸君은 이러한 法令을 保持하
는 以上에는 法을 犯하야 刑罰을 免하랴는 것밧게 더 意味가
잇슬 것이 업습니다。이러한 것을 알으시는 諸君은 엇지 이러
한 法律을 그대로 둘 수가 잇겟습닛가。』

【번역】 이런 해로운 법률은 폐기하고 이로운 법률을 새롭게 제정하
지 않으면 눈앞의 절실한 문제를 해결할 수 없습니다. 이러한 단행
이 없고서는 큰 문제를 해결할 수 없습니다. 비록 이전에 이러한 법
률의 제정을 제의한 사람이라도 지금에 와서는 그것을 폐기하도록
노력하지 않으면 안 됩니다. 이러한 법률은 민중의 환심을 얻으려고
하는 것이겠지만, 지금 보면 하나도 쓸모가 없습니다. 해로운 법률
밖에 될 것이 없습니다. 또 민중의 환심을 얻으려고 하는 것만이 결
코 정의라고 할 수 없습니다. 개혁하지 않으면 안 되는 것은 하루라
도 질질 끌어서는 안 됩니다. 아닙니다. 그것은 우리를 위험한 길로
인도하고, 오히려 정의를 사라지게 하는 일에 지나지 않습니다. 여
러분이 이런 법령을 유지하는 이상에는 법을 범하여 형벌을 면하려
는 것일 뿐입니다. 더 이상 의미가 있을 수 없습니다. 여러분은 이것
을 알면서도 어찌 이런 법률을 그대로 둘 수 있겠습니까?”

【제5장 19】 이러한 말을 堂々하게 말하며、한便으로는 勝戰에 對한 國民의 空想을 排斥하고 한便으로는 오린사스에 對한 今後의 決心을 鼓舞하야 간절히 苦心을 하며、忠諫이 極盡하엿습니다、그리하야 國民 一般의 妄見을 喝破*하야 깁히 浸潤한 弊害를 罵倒하되、조곰도 民心에 反抗 바들 것을 돌아보지 아니하엿습니다、그리하고 더욱 祭典 費用金을 流用하자고 勸告함에 니르러서는、卓識과 勇氣가 一代에 超越한 것이라고 하지 아니할 수 업습니다 이것은 第三 오린사스 問題에 對한 큰 演說로 데모쓰테네쓰의 演說 中에 가장 光彩 잇는 演說이엿습니다。만은 雅典은 亦是 그의 말을 좃지 아니하엿습니다。이째에 다시 對外問題가 새로히 니러낫는데、그것은 유쎄아 叛亂이엿습니다。

* 唱破, 김억: 喝破, 독도 교정

【번역】 이렇게 데모스테네스는 당당하게 말하였습니다. 한편으로는 승전에 대한 국민의 공상을 배척하고, 다른 한편으로는 올린토스에 대한 앞으로의 결심을 굳건하게 만들었습니다. 이는 간절히 고심한 것입니다. 간언을 매우 충실하게 한 것이었습니다. 국민 모두의 그릇된 생각을 갈파하여 깊이 스며든 폐해를 매도하였고, 민심의 반발을 조금도 신경 쓰지 않았습니다. 더욱이 제전 비용금을 유용하자고 권고함에 이르러서는, 탁견과 용기가 한 시대를 뛰어넘는 것이라고 하지 않을 수 없습니다. 이것은 올린토스 문제에 대한 세 번째 행한 큰 연설로, 데모스테네스의 연설 중에 가장 광채 있는 것이었습니다. 하지만 아테네는 역시 그의 말을 따르지 않았습니다. 이때 다

시 대외적 문제가 새롭게 일어났습니다. 그것은 에우보이아[93] 반란이었습니다.

【제5장 20】 以前으로 말하면 유쎄아는 오래 동안 雅典과 서로 連結하고 잇섯는데、필닙의 勢力이 차々 猖獗함에 當하야 國民은 雅典과 죠와하랴고 하지 아니하엿고、쏘는 奸計가 巧妙한 필닙은 國內의 黨派를 煽動하야 三百四十九年* 봄에는 叛亂이 생기여、雅典黨의 首領 프르탁크는 救援을 雅典에게 請하엿습니다. 그째에 데모쓰테네쓰는 필닙의 奸詭함을 疑心하며、쏘는 將來의 大禍機 됨을 걱정하야 區々한 地方의 亂動에 關與하는 것이 不可함을 간절히 말하엿습니다. 만은 雅典에는 프르탁크의 黨與가 만하서 폴키온으로 하야금 引兵하고 征途를 向하게 하엿습니다、폴키온은 多幸히 勝利를 엇기는 하엿스나、그 째문에 費用된 것이 만하 國家가 瘦斃하엿습니다. 고리하야** 유쎄아에 對한 雅典의 勢力은 墮地하고 全島가 필닙의 詭計에 싸지여、필닙의 任意대로 되는 舞臺가 되엿습니다.

* 三百四十五年, 김억: 三百四十九年, 독도 교정
** 고리하야, 김억: 그리하야, 독도 제안

【번역】 이전으로 말하면 에우보이아는 오랫동안 아테네와 우호 관

계를 맺고 있었습니다. 필리포스의 세력이 차차 창궐함에 따라 국민은 아테네와 친하게 지내려고 하지 않았습니다. 또 간계가 교묘한 필리포스는 국내의 당파를 선동하여 기원전 349년 봄에 반란이 일어나도록 하였습니다. 아테네 당의 수령 플루타르코스[94]는 아테네에 구원을 요청하였습니다.[95] 그때 데모스테네스는 필리포스의 간계를 의심하였고, 또 장래의 큰 화근을 걱정하여 작은 지방의 난동에 관여하는 것이 불가함을 간절히 말하였습니다. 하지만 아테네에는 플루타르코스와 지지하는 사람들이 많아서 포키온[96]에게 병사를 이끌고 정벌의 길을 가게 하였습니다. 포키온이 다행히 승리하였지만, 아테네는 그 때문에 지출한 비용이 많아 피폐해졌습니다. 그리하여 에우보이아에 대한 아테네의 영향력은 줄어들었고, 섬 전체는 필리포스의 간계에 빠졌습니다. 필리포스가 마음대로 하는 무대가 되어버렸습니다.

【제5장 21】 戰爭의 結果로 因하야 單純히 國外의 失敗를 어덧슬 쑨만 아니고、國內에서도 대단히 좃치 못한 일이 생기여

---

94) 플루타르코스(Plutarchos): 아테네의 정치가로, 기원전 346년 아테네와 마케도니아의 필리포스 2세 간에 맺어진 평화조약의 대표 협상가였다.

95) 간계가⋯요청하였습니다: "마케도니아의 필리포스왕이 에우보이아를 은밀히 쳐들어갔다. 군대를 이끌고 쳐들어간 그는 전제 군주들을 매수하여 여러 도시를 자기의 속국으로 만들었다. 그러자 에레트리아 출신의 플루타르코스(Plutarchos)가 사신의 신분으로 아테네를 찾아와 마케도니아의 압제에서 해방해 달라고 요청했다." 플루타르코스《비교열전·포키온전》12.

96) 포키온(Phocion, B.C.402?~B.C.318): 아테네의 정치가·장군으로 기원전 348년에 필리포스 2세의 군대가 에우보이아 섬을 침공하자, 이를 저지하기 위해 파견되었다.

黨派의 軋轢이 날로 甚하게 되엿습니다。 그리하고 무엇보다
可憐한 것은 戰後 經營으로 祭典 資金을 軍費金으로 轉用하
자는 問題가 提議되엿는데、 이에 對하야 유프라스의 黨派는
그것을 否定할 쑨 아니라、 이 后에 다시 이러한 提議를 하는
사람은 謀叛罪로 處罰하자는 法律을 決定하게 되엿습니다、
이리 되야서는 데모쓰테네쓰의 오래 동안 생각하고 오는 것도
水泡에 돌아가지 아니할 수 업습니다。 이리하야 市民의 娛樂
은 그 生命 財産을 保護함보다도 더 重要하다는 宣言이 잇섯
는데、 이에 對하야서도 만일 反對의 意見을 發表하는 사람이
잇스면 犯罪者로 公認하게 되엿습니다。 이러케 되면 黨派의
紛爭이 니르지 아니할 수 업습니다。

【번역】 전쟁 결과는 단순히 국외의 실패로 끝나는 것뿐만 아니라,
국내에서도 대단히 좋지 못한 일을 야기하여 당파 간의 알력이 날
로 심하게 되었습니다. 무엇보다도 가련한 것은 전쟁 뒤의 나라를
운영하는 것과 관련하여 제전 자금을 군사비로 전용하자는 문제가
제기되었습니다. 이에 대하여 에우불로스의 당파는 그것을 부정할
뿐만 아니라, 이 뒤에 다시 이런 제의를 하는 사람은 모반죄로 처벌
하자는 법률을 제정하였습니다. 이렇게 되면 데모스테네스가 오랫
동안 생각해 온 것이 물거품으로 돌아가지 않을 수 없습니다. 시민
의 오락이 그 생명과 재산을 보호하는 것보다 더 중요하다는 선언
도 있었습니다. 이에 대해서도 만일 반대의 의견을 발표하는 사람이
있으면 범죄자로 공인되었습니다. 따라서 당파의 분쟁이 일어나지
않을 수 없었습니다.

【제5장 22】 過激한 黨派의 軋轢은 黨人으로 하야곰 無法 世界를 만들게 되엿습니다。그째 마츰 데오니사스의 祭典이 잇섯는데、勝利하엿다는 報告가 잇서슴으로 그 盛大한 儀式은 當時와 대단히 달낫습니다。데모쓰테네쓰는 그 族派를 다리고 華麗한 衣服을 입고 神聖한 任務를 맛하 正式으로 일을 擧行하랴고 할 째、反對黨의 壯士 메데아쓰가 突然히 달녀들어、暴行을 甚히 니르켜섯습니다、데모쓰테네쓰는 衆人 廣坐에 적지 아니한 汚辱을 밧앗습니다、만은 多幸으로 조곰도 傷處는 當하지 아니하엿습니다。엇지하엿스나、이만한 것으로 보아도 그째 黨派의 軋轢이 엇더하엿슴은 넉넉히 짐작할 수가 잇슴니다。데모쓰테네쓰는 自己의 唯一 武器인 雄辯으로 自己가 바든 汚辱을 公衆에 말하야、크게 여러 사람의 同情을 엇게 됨에 쌀아、메데아쓰는 容身할 面目이 업서젓습니다、그 后에 和解가 잇섯스나 데모쓰테네쓰는 크게 쑤짓지 아니하엿슴니다。

【번역】 당파 간의 과격한 알력은 당인에게 무법 세계를 만들어 주었습니다. 그때 마침 디오니소스[97]의 제전이 있었습니다. 승리했다는 보고가 있었기에 그 성대한 의식은 평상시와 대단히 달랐습니다. 데모스테네스가 자신의 족당을 데리고 화려한 의복을 입고 신성한 임무를 맡아 정식으로 일을 거행하려고 할 때, 반대당의 장사 메이디아스[98]가 갑자기 달려들어 심하게 폭행했습니다. 데모스테네스

---

97) 디오니소스(Dionysos): 그리스 신화에 나오는 술의 신. 제우스(Zeus)와 세멜레(Semele)의 아들로 자연의 생성력 및 포도, 포도주를 다스린다고 한다. 로마 신화의 바쿠스(Bacchus)에 해당한다.

98) 메이디아스(Meidias, 생몰년 미상): 아테네의 부유하고 정치적 영향력이 있는

는 많은 사람이 모인 곳에서 적지 않은 모욕을 당했습니다. 다행히 상처는 조금도 입지 않았습니다. 어찌 되었든 이것으로 보아도 그때 당파 간의 알력이 어떠했는지 충분히 짐작할 수 있습니다. 데모스테네스는 자기의 유일한 무기인 웅변으로 자기가 받은 모욕을 대중에 말하여 여러 사람의 동정을 크게 얻었습니다. 메이디아스는 처신할 면목이 없어졌습니다. 그 뒤에 화해했습니다. 데모스테네스는 그를 크게 꾸짖지 않았습니다.

【제5장 23】 右便에는 유쎄아의 叛亂이 잇고、左便에는 오린사스의 事變이 잇서、實로 자세히 생각하면、雅典의 地位도 困難하다고 하지 아니할 수가 업섯습니다。유쎄아의 戰爭에는 어든 것이라고는 失敗쑨이고、아모것도 업섯습니다、이리하야 유쎄아와 雅典과는 永久히 分離되엿습니다。그리하고 오린사스에 對하야는 雅典이 적지 아니한 盡力을 하기는 하엿스나、조곰도 功效가 업고 필닙의 勢力은 漸次 盛大하야、諸城을 略奪하고、나종에는 오린사스의 都下로 와서 使者를 보내여 가르되、城을 開放하겟는냐、쏘는 마게쏘니아를 바리겟느냐 하게 되엿습니다。

오린사스의 市民들은 넘우 暴虐한 宣言을 듯고 크게 憤激

인물로 알려졌다. 그는 데모스테네스의 젊은 시절부터 상속재판에 개입하여 협박하는 등 데모스테네스와 대립해왔다. 기원전 351~350년 데모스테네스가 자발적으로 비극 합창 지휘자를 맡았던 때 공개적으로 얼굴을 주먹으로 가격하였고, 데모스테네스는 이를 고발하여 만장일치의 메이디아스의 유죄를 받아낸다. 이 사건은 연설문『메이디아스 고소연설』의 배경이 되었다.

하야 快然히 필닙의 使者의 要求를 拒絕하고 죽음으로써 城을
직히여 모든 市民이 갓치 城을 베고 死守하기로 盟誓하엿습니
다。필닙의 軍은 攻擊을 猛烈히 함에 짤아 오린사스 市民은 더
욱 더욱 怒하야 죽기로 防備하엿습니다。이리하야 마게쏘니아
의 軍士를 擊退하기도 여러 번 하야 敢히 필닙의 軍士가 接近
하지 못하엿습니다、만은 可憐하게는 城內에 內應하는 사람이
잇서、守備가 嚴密치 못하엿슴으로 失敗를 當하야、그만 필닙
으로 하야곰 自己의 慾望을 滿足하게 하야、여긔에 所謂 오린
사스의 戰爭은 結局이 맷게 되엿습니다。

【번역】 오른쪽에는 에우보이아의 반란이 있었고, 왼쪽에는 올린토
스의 사변이 있었습니다. 참으로 곰곰이 생각하면 아테네의 지위도
곤란하지 않을 수 없었습니다. 에우보이아의 전쟁에서 얻은 것이라
고는 실패뿐이었고, 아무것도 없었습니다. 이리하여 에우보이아와
아테네는 영원히 갈라섰습니다. 올린토스에 대해서는 아테네가 적
지 않은 진력을 기울였으나 공을 들인 효과는 조금도 없었습니다.
필리포스의 세력은 점차 성대해져 여러 성을 약탈하였고, 나중에는
올린토스의 도성에 사신을 보내어 "성을 열겠는가?" 또는 "마케도니
아를 버리겠는가?"라고 물었습니다. 올린토스의 시민들은 너무 포
악한 선언을 듣고 크게 격분하였습니다. 그들은 단호하게 필리포스
의 사신 요구를 거절하고, 모두 함께 성城을 베개로 삼아 누워 사수
하기로 맹세하였습니다. 필리포스의 군사가 맹렬히 공격하자, 올린
토스의 시민은 더욱더 분노하여 죽기로 각오하고 막았습니다. 이렇
게 마케도니아의 군사를 여러 번 격퇴하여 필리포스의 군사가 감히
접근하지 못하였습니다. 하지만 가련하게도 성내에 내응하는 사람

이 있었습니다. 엄밀한 수비벽이 깨지고, 마침내 필리포스에게 자신의 욕망을 맘껏 채우도록 허용했습니다. 이쯤에서 이른바 '올린토스의 전쟁'은 끝을 맺었습니다.

【제5장 24】 그째의 光景은 무엇이라고 말할 수 업슬 만큼 悲慘하야 참아 말할수 업슴니다、城은 되는데로 쌔여지고、家屋은 敵軍의 손에 慘酷한 破壞를 當하야、財産과 珍寶와 生命은 다 갓치 掠奪되엿슴니다。男女老弱들은 다 奴隷로 팔니우고 말아서、오린사스의 市民들은 奴隷의 悲境에서 눈물을 싣칠 날이 업섯슴니다。漠々한 曠野에 녯 자쵀를 차즐 길좃차 바이 업는데、한갓 落日黃昏의 暗慘한 째에 지내간 往昔을 생각케 할 쑨이엿슴니다。

　이 일이 잇슨지、五年 뒤에 데모쓰테네쓰가 그곳을 지내다가 한 째의 光榮과 지내간 舊墟를 차즈랴도 차즐 수 업슴을 보고、當時의 생각에 압히 어두워서、엇지할 줄을 몰으고 혼자 설어하며、참아 가지 못하여 하엿다 함니다。아々 世上의 모든 것은 한갓 傷心의 쟈쵀 되지 아니함이 업슴니다、만은 더욱 自己가 그째의 일에 關與함이 잇섯스면 잇섯스니만큼 더 설게 보일 것이올시다。

【번역】 그때의 광경은 무엇이라고 말할 수 없을 만큼 비참하여 차마 말할 수 없습니다. 성은 되는대로 깨어지고 가옥은 적군의 손에 참혹한 파괴를 당했습니다. 재산과 진귀한 보배와 생명은 다 같이 약탈당하였습니다. 남녀노소 할 것 없이 모두 노예로 팔리고 말았습

니다. 올린토스의 시민들은 노예의 불행한 처지에서 눈물이 마를 날이 없었습니다. 막막한 광야에서 옛 자취를 찾을 길조차 전혀 없는데, 한갓 해가 지는 황혼 무렵에 암담한 시절의 지나간 옛일을 생각할 뿐입니다.

이 일이 벌어진 지 5년 뒤에, 데모스테네스가 그곳을 지나가게 되었습니다. 그는 한때의 영광과 지난 옛터를 찾으려 해도 찾을 수 없었습니다. 당시의 생각에 앞이 어두워 어찌할 줄을 모르고 혼자 슬퍼하며 차마 가지 못하였다고 합니다. 아아, 세상의 모든 것은 한갓 상심의 자취가 되지 아니함이 없습니다. 하지만 더욱 자기가 그때의 일에 관여하였으면, 관여한 만큼 더 슬프게 보일 것입니다.

第六*

【제6장 1】 雅典은 以前에 오린사스를 救援하며 필닙을 對抗하엿슴니다〈。〉 그리다가 오린사스가 陷落을 當하게 됨에 짤아、雅典의 從軍 國民은 만히 生擒된 까닭에 마게쏘니아에 雅典 사람이 적지 아니하엿슴니다。只今 雅典의 國內에는 걱정이 끈치지 아니하며、四方에서 議論이 紛々하야 가마 안에 싫는 물과 갓하엿슴니다。유프라쓰와 에쓰케네쓰들은 필닙을 가르쳐 希臘의 共敵이라고 하며、大同盟을 매자 크게 필닙을 對抗하자고 聲言하엿슴니다。이러한 쯧을 가지고 펠로폰네사쓰** 의 諸國을 돌아다니며、遊說을 하기는 하엿스나、響應하는 사람이 적고、또는 國內의 人民이 太半은 生擒이 될가 걱정하며 平和를 생각하는 情이 몰으는 동안에、一般의 輿論이 되엿슴니다。이째에 필닙은 마게쏘니아에서 祭典을 擧行하야 크게 凱歌를 불어 天地를 震動하엿스며、歡聲은 山岳을 음직이엿슴니다。에쓰키네쓰 一派는 아모리 하여도 自己의 希望이 成功 되지 못할 것을 보고、문득 平和를 主張하게 되엿슴니다。데모쓰테네쓰도 大勢의 風潮에 엇지하지 못할 것을 알고、여러 가지로 善後策을 思하다가 平和論에 左袒하엿슴니다。前日에는 서로 敵視하는 이 두 辯士는 한동안은 一致한 意見을 가지고

서로 握手하엿습니다。

【번역】 아테네는 이전에 올린토스를 구원하며 필리포스에게 대항하였습니다. 그러다가 올린토스가 함락을 당하자 전쟁에 참가한 아테네의 많은 국민이 붙잡혔습니다. 이 때문에 마케도니아에는 아테네 사람이 적지 않았습니다. 아테네 국내는 걱정이 끊이지 않고 사방에서 의론이 분분하여 가마솥 안에 끓는 물과 같았습니다. 에우불로스와 아이스키네스[99]는 필리포스를 그리스의 공적이라고 가리켜며, 대동맹을 맺고 필리포스와 맞서자고 크게 주장하였습니다. 그들은 이런 뜻을 가지고 펠로폰네소스의 여러 나라를 돌아다니며 유세하였으나 호응하는 사람이 적었습니다. 또한 국내의 인민 대부분은 사로잡히지 않을까 걱정하며 평화를 생각하는 마음이 모였습니다. 그러는 동안에 일반의 여론이 형성되었습니다. 이때, 필리포스는 마케도니아에서 제전을 거행하였습니다. 개선가는 천지를 뒤흔들었고, 환호성은 산악을 움직였습니다. 아이스키네스 일파는 아무리 노력해도 자기의 희망이 성공하지 못할 것을 알고, 돌연 평화를 주장하였습니다. 데모스테네스도 대세의 풍조에 어찌하지 못할 것을 알고, 여러 가지로 뒷수습을 위한 계책을 생각하다 평화론에 동의하였습니다. 전날에 서로 적대시하던 이 두 연설가는 한동안 일치된 의견을 가지고 서로 손을 잡았습니다.

---

99) 아이스키네스(Aeschines, B.C.389~314): 고대 그리스의 정치가·연설가로, '10대 그리스 연설가들' 중 한 명이다. 데모스테네스의 가장 유명하고 오래된 정적이었다.

【제6장 2】이해 朔風이 닙 써러진 나무가지를 잡아 흔들 재、雅典은 使者를 필닙에게 보내여、平和의 條件을 商議하게 하엿습니다. 이 大任을 맛흔 使者가 十人이엿는데 데모쓰테네쓰、에쓰키네쓰도 그 使者의 한 사람이엿습니다. 十人의 使節이 서로 손을 잇꿀고 雅典을 써나、途上에서 無事히 마게쏘니아의 都邑 벨라에 安着하엿습니다.

由來 希臘은 集會에서 萬事를 決定하는 나라이엿습니다. 政治上 議論이나 모든 決定할 것은 다 集會에서 行할 쑨만 아니고、外交上 談判까지도 다 集會에서 하는 것이 그들의 常例이엿습니다. 그러면 雅典의 十使節도 쏘한 集會의 招待를 받아、群衆이 둘녀 안저 잇는 壯麗 嚴肅한 가운데、필닙의 面前에서 그 使命을 演說하지 안을 수가 업습니다. 이 使節들은 서로 議論하야 年齡의 順序에 依하야 各々 自己의 意見을 陳述하기로 하엿는데、데모스테네쓰가 그 中에 가장 年少하엿고 그 다음에는 에쓰키네쓰엿습니다. 다른 八使節은 簡單한 論辯을 陳述하고 말아서、只今 緊要한 論議는 에쓰키네쓰*와 데모쓰테네쓰의 가쟝 큰 任務이엿습니다.

대단히 遺憾임니다、만은 그 議論의 要意라도 詳細히 말할 수가 업습니다. 프르탁크는 가르되、데모쓰테네쓰의 芳名은 일즉부터 필닙의 朝廷에 喧傳되엿슴으로 그가 九人의 使節과 갓치 마게쏘니아에 到着하엿슬 재、필닙은 勿論 九使節의 演說을 傾聽하기는 하엿스나、그 中에도 가장 注意하야 들은 것은 데모쓰테네쓰의 演說이라 하엿습니다.

* 에쓰케네쓰, 김역: 에쓰키네쓰, 독도 교정

【번역】삭풍이 잎 떨어진 나뭇가지를 잡아 흔드는 같은 해 겨울, 아테네는 사신을 필리포스에게 보내어 평화의 조건을 상의하였습니다. 이 큰 임무를 맡은 사신이 열 명이었는데, 데모스테네스와 아이스키네스도 그 사신 가운데 한 사람이었습니다. 열 명의 사신이 서로 손을 이끌고 아테네를 떠나 도중에 별 탈 없이 마케도니아의 도읍인 펠라[100]에 잘 도착하였습니다. 원래 그리스는 집회에서 모든 일을 결정하는 나라였습니다. 정치상의 의론이나 모든 결정할 것은 다 집회에서 할 뿐만 아니라, 외교상의 담판까지도 다 집회에서 하는 것이 그들의 상례였습니다. 그러므로 아테네 열 명의 사신도 집회의 초대를 받아 군중이 둘러앉아 있는 웅장하고 화려하며 엄숙한 가운데 필리포스의 면전에서 그 사명을 연설하지 않을 수가 없었습니다. 이 사신들은 서로 의논하여 나이의 순서에 따라 각기 자신의 의견을 진술하기로 하였습니다. 데모스테네스가 그중에서 나이가 가장 어렸고, 그다음은 아이스키네스였습니다. 다른 여덟 명의 사신은 간단한 논변을 진술하는 데에 그치고 말았습니다. 지금 긴요한 논의는 아이스키네스와 데모스테네스에 맡겨진 가장 큰 임무였습니다. 대단히 유감입니다만, 그 의논의 요지를 상세하게 말할 수는 없습니다. 플루타르코스[101]는 말하였습니다. "데모스테네스의 높은 명성은 일찍부터 필리포스의 조정에 쫙 퍼졌다. 그가 아홉 명의 사신과 함께 마케도니아에 도착하였을 때, 필리포스는 당연히 아홉

---

100) 펠라(Pella): 그리스 북부의 테살로니키에서 북서쪽으로 38.5km쯤 떨어져 있는 곳으로, 고대 마케도니아의 수도였다. 이곳에서 알렉산드로스 대왕이 태어났다.

101) 플루타르코스(Plutarchos): 그리스의 철학자·전기 작가(46?~119?). 플라톤학파에 속한다. 저서에《비교열전》,《윤리론집》등이 있다.

명 사절의 연설을 경청하였지만, 그중에서도 데모스테네스의 연설을 가장 주의 깊게 들었습니다."[102]

【제6장 3】 아々 前에는 冷罵 熱評의 毒한 말을 보내는 필닙을 面前에 놋코 쏘는 필닙을 둘너싸고 잇는 여러 만흔 敵人을 眼下에 세우고、滔々 數千言으로 快辯을 吐하는 그 光景은 엇더케 奇觀이 아니엿겟습닛가. 이 使節들의 演說을 긋까지 듯고 잇든 필닙은 한동안 물너와서 思慮한 뒤에 다시 使節을 불너 答辯하엿습니다. 이럿케 필닙은 使節을 歡待하며 될 수 잇는 대로 使節의 맘을 사랴고 하엿습니다、만은 데모쓰테네쓰 혼자만은 冷淡하다고 할 만한 待遇를 밧앗습니다〈。〉 그리하여 필닙이 使節들에게 向하야 그 美麗한 能辯이며 더욱이 飮酒도 잘한다고 칭찬할 째에 데모쓰테네쓰는 혼자 웃서 가르되、이러한 것은 第一에 詭辯者의 일이며、第二에 婦女兒의 일이며、第三에 海綿이나 이러한 일을 잘할 것이요、決코 王者 된 사람이 할 일이 아니라고 하엿습니다、이것으로 보아도 그가 엇더케 필닙을 輕蔑하엿는가를 알 수가 잇스며、쏘는 그의 屈치 아니하는 勇氣가 엇더케 壯한 것을 짐작할 수가 잇습니다.

【번역】 아아, 이전에 심하게 욕하고 뜨겁게 비평하는 독한 말을 보내는 필리포스를 눈앞에 두고, 또한 필리포스를 둘러싸고 있는 많은 적을 눈 아래에 세우고, 도도하게 수천 마디의 호쾌한 언변을 토

---

102) 데모스테네스의…들었습니다:《비교열전·데모스테네스전》16.

하는 그 광경은 어찌 기이한 광경이 아니었겠습니까? 이 사신들의 연설을 끝까지 듣고 있던 필리포스는 한동안 물러나서 생각한 뒤에 다시 사신을 불러 답변하였습니다. 이렇게 필리포스는 사신을 환대하였고, 될 수 있는 대로 사신의 환심을 사려고 하였습니다. 하지만 데모스테네스 혼자만은 푸대접이라고 할 만한 대우를 받았습니다. 필리포스가 사신들에게 '말솜씨가 훌륭하다' 또는 '음주도 잘한다'라고 칭찬할 때, 데모스테네스는 혼자 웃으며 말하였습니다. "이러한 짓은 첫째가 궤변자[103]의 일이며, 둘째가 부녀자의 일이며, 셋째가 해면[104]이나 이러한 일을 잘할 것이요, 결코 왕이 된 사람이 할 일이 아니다."[105] 이를 통하여 그가 어떻게 필리포스를 경멸하였는가를 알 수가 있습니다. 또한 그의 굽히지 않는 용기가 얼마나 장한지를 짐작할 수가 있습니다.

【제6장 4】 明年 陽春三月에 使節들은 雅典으로 돌아왔습니다. 그들이 가지고 온 필닙의 書面은 言辭가 叮嚀하며、陳謝가 간절하야、雅典과 平和를 맺기는 姑舍하고、될 수 잇는 대로 同盟을 매자、갓치 지내자는 쯧을 간절히 希望하엿습니다. 만은 그 平和 條件이라는 것은 各々 自己가 가지고 잇는 것을 保持하자는 데 不過하엿습니다. 그다음에 마게또니아의 使者

---

103) 궤변자: 기원전 5세기경 아테네를 중심으로 신사상과 더불어 연설 기술을 가르치던 강사들을 일컬으며, '소피스트(sophist)'로도 불린다.
104) 해면: 스펀지(sponge)를 말한다. 필리포스가 아테네에서 온 사신들에게 술을 잘 마신다고 칭찬하는 것을 두고, 데모스테네스가 필리포스를 가리켜 '술을 잘 마시는 것은 스펀지나 하는 짓이다.'라고 비판한 것이다.
105) 이러한…아니다: 플루타르코스《비교열전·데모스테네스전》16.4.

가 雅典에 와서 交涉과 談判이 여러 번 잇슨 뒤에、드대여 兩
國과 및 同盟國間에는 서로 侵害하지 안 하기를 締約하고、이
에 對하야 필닙의 誓言을 밧기 위하야、또 前과 갓치 十使節은
마게쏘니아를 向하고 出發하엿슴니다。

【번역】 이듬해 따뜻한 봄 3월에 사신들이 아테네로 돌아왔습니다.
그들이 가지고 온 필리포스의 서면은 언사가 정중하고, 사과의 말이
간절하였습니다. 그 말에는 아테네와의 평화를 맺는 것은 잠시 보류
하고, 될 수 있는 대로 동맹을 맺어 같이 잘 지내자는 간절한 희망이
담겨있습니다. 하지만 그 평화 조건이라는 것은 각기 자기가 가지고
있는 것을 유지하자는 데에 불과하였습니다. 그다음에 마케도니아
의 사신이 아테네로 와서 교섭과 담판을 여러 번 한 뒤에, 드디어 두
나라와 동맹국 간에는 서로 침해하지 않기를 체결하였습니다. 이에
대해 필리포스의 맹세를 말로 받기 위해 또 이전처럼 열 명의 사신
은 마케도니아로 향하여 출발하였습니다.

【제6장 5】 平和條約은 成立되엿슴니다、雅典은 勿論 손을 곳
고 마게쏘니아 同盟國을 犯하랴고 하지 아니하엿스나、그러나
野心이 滿々한 필닙은 조곰도 侵略을 中止하지 아니하고、連
戰連勝으로 그 勢力이 대단하엿슴니다。모든 사람들은 이러한
것은 몰으고 한갓 紙上의 同盟이란 文句만 밋고 잇섯슴니다、
만은 데모쓰테네쓰는 이것을 보고 憤慨함을 이기지 못하야 여
러 번 使節을 보내여、嚴重히 交涉하라고 하엿스나、使節은 쓸
데업시 日月을 보내고 조곰도 效果가 업섯슴니다、이러하는

동안에 필닙은 任意대로 侵略하야、自己의 野心만 滿足케 하엿슴니다。

　만일 데모쓰테네쓰의 말대로 곳 스레쓰와 가치 필닙을 訪問하엿슬 것 갓트면 不過 五六日에 交涉이 決定되엿슬 것이어늘、그들은 悠々히 度日*하야 아모것도 하는 것 업시 벨라에 逗留하야 出發한 后 五十日이나 되야 비로소 필닙과 만나엿슴니다。

* 渡日, 김억: 度日, 독도 교정

【번역】 평화조약은 성립되었습니다. 아테네는 당연히 손을 거두고 마케도니아 동맹국을 침범하려고 하지 않았습니다. 그러나 야심만만한 필리포스는 조금도 침략을 멈추지 않았습니다. 그 세력은 연전연승으로 대단하였습니다. 모든 사람은 이런 것을 모르고 한갓 지면상의 '동맹'이란 문구만 믿고 있었습니다. 데모스테네스는 이것을 보고 분개함을 이기지 못하여 여러 번 사신을 보내어 엄중히 교섭하라고 하였습니다. 그러나 사신은 쓸데없이 세월을 보내고 조금도 효과가 없었습니다. 이러는 동안에 필리포스는 마음대로 침략하여 자기의 야심을 채울 뿐이었습니다. 만일 데모스테네스의 말대로 트라키아 경우처럼 곧장 필리포스를 방문하였다면 불과 5~6일 만에 교섭이 이루어졌을 것입니다. 그들은 세월만 유유히 보내고 아무것도 하는 것 없이 펠라에 머물렀습니다. 출발한 지 50일이나 되어서야 비로소 필리포스를 만났습니다.[106]

---

106) 이러는 동안에…만났습니다: 실제는 이러했다. 펠라에 아테네 사절단이 머무

【제6장 6】 데모쓰테네쓰*는 대단히 慷慨하엿습니다、다른 使節들은 이에 對하야 怨恨하야 同僚들의 一致는 문득 깨여지고 말앗습니다。途上에서도、旅舘에서도 데모쓰테네쓰는 그들과 써러저 혼자 잇섯습니다。이것으로 우리는 데모쓰테네쓰가 最初부터 이 使節에 參加하기를 조와하지 아니하엿슴을 알겟습니다。만일 以前에 벨라에 잇는 捕虜와 約束함이 업섯다 하면 그는 決코 마게쏘니아로 가지 아니하엿슬 것이외다。그는 에쓰키네쓰들과 필닙 間에 密約 잇슴을 察知하고、便紙를 本國에 보내여、告發하랴고 하엿스나、그 便紙는 도로혀 에쓰키네쓰들의 손에 가게 되야、그들은 虛僞의 報告를 만들어 本國으로 보내엿습니다。이러한 것을 알고 데모쓰테네쓰는 그들보다 몬저 돌아와서、모든 事情을 陳述하랴고 하엿스나、이것도 쏘한 맘대로 되지 아니하엿습니다、이는 다른 것이 아니고 그가 本國으로 돌아오랴고 一商船을 어더 두엇는데、필닙이 그것을 알고 妨害한 까닭이외다。

* 데모쓰네테쓰, 김역: 데모쓰테네쓰, 독도 교정

는 동안, 마케도니아 군의 군사훈련이 있었다. 아테네 사절단은 필리포스의 임박한 군사활동을 의심했다. 그러나 필리포스는 테살리아 원정이라며 둘러댔다. 어쨌든 아테네가 필리포스의 평화맹세를 받아들고 아테네로 돌아가서 민회에 보고하는 사이에, 필리포스는 테살리아가 아닌, 당시 분쟁 중이었던 포키스-테베를 중재한다는 명목으로 신속하게 테르모필레에 도착했다. 아테네는 신속하게 평화조약의 효력을 발휘시켜 필리포스를 조약으로 묶어 놨어야 했다. 그러나 아테네는 펠라에서 미적거리다 필리포스가 군사활동을 할 시간을 벌어주었고 결국 아테네로 향하는 진입로가 시작되는 테르모필레를 허용했으며 테베-포키스 분쟁의 중재자 역할도 빼앗겨 버렸다.

【번역】 데모스테네스는 비분강개하였습니다. 다른 사신들은 이를 원망하여 동료들 간의 단결은 결국 깨지고 말았습니다. 길에서도 여관에서도 데모스테네스는 그들과 떨어져 혼자 있었습니다. 이것으로 우리는 데모스테네스가 애초부터 이 외교사절에 참가하기를 좋아하지 않았음을 알 수 있습니다. 만일 이전에 펠라에 있는 포로와의 약속[107]이 없었다면, 그는 결코 마케도니아로 가지 않았을 것입니다. 그는 아이스키네스 무리와 필리포스 간에 밀약이 있음을 알아차리고 편지를 본국에 보내어 고발하려 했습니다. 그러나 그 편지는 오히려 아이스키네스 무리의 손에 들어가게 되었습니다. 그들은 허위 보고를 만들어 본국으로 보내었습니다. 데모스테네스는 이것을 알고 그들보다 먼저 귀국하여 모든 사정을 밝히려고 하였지만, 이것도 마음대로 되지 않았습니다. 이는 다름이 아니라, 그가 본국으로 돌아오려고 한 척의 상선을 얻었는데, 필리포스가 그것을 알고 방해하였기 때문입니다.

---

107) 포로들의 약속: 배우 아리스토데모스는 기원전 348년 9월 올린토스 함락 이후, 그곳에서 포로가 된 아테나이 시민들의 석방을 청원하기 위해 아테네에서 공식 사절로 필리포스에게 파견되었다. 그의 임무는 평화 교섭이 아니라 포로 석방을 위한 것이었으나, 귀환 후 그는 필리포스가 아테네에 매우 우호적이며 평화를 원한다는 내용의 보고를 했다. 이 보고를 참고하여 필로크라테스는 평화 사절단을 필리포스에게 보내자고 제안했고, 만장일치로 채택되었다. 그러나 위의 과정은 불명의 이유로 1년이 넘는 시간이 걸렸고 더 나아가 실제 협상은 1년 이상 지연되었다. 이 사이에 필리포스는 자신의 이득을 취했고 이후 결국 체결된 평화는 실질적 효력이 거의 없었다. 데모스테네스는 훗날 《사신의 배임에 대하여》에서 아이스키네스가 필리포스와의 사절 임무 과정에서 아테나이의 이익을 훼손하고 배임을 저질렀다고 고발했으며, 이에 대조하여 자신은 사비까지 들여 펠라에 감금되어 있었던 아테네 포로들의 구제를 위해 노력했다는 점을 강조하며 자신의 무고함을 주장하였다.

【제6장 7】 이째에 필닙은 軍兵을 整理하고、南方 살모피리를 向하야 出發하랴고 하엿슴니다、필닙이 希臘으로 들어가랴고 하면 반듯시 이 通路를 經由하지 아니할 수가 업는 길이올시다、만은 포키쓰 사람들은 固守하고 잇셧슴으로、만일 雅典 水軍으로 하야금 救援만 하엿드면、아모리 필닙의 軍兵이 精銳하고 勇敢하다 하여도、容易히、들어오지 못할 것이올시다。이러한 것을 잘 察知하고 잇는 필닙은 이러한 陰謀를 감초기 위하야、포키쓰를 救助하야 시프쓰를 攻擊하랴고 한다는 聲言을 하엿슴니다。

이러한데 雅典의 使節들은 途上에서 風景을 구경하며、조금도 危機가 갓까워진 것을 생각지 아니하엿슴니다、그 使節들이 本國에 돌아왓슬 째에는、발서 필닙은 살모피리와 相距 三日程 되는 곳에 잇셧슴니다。

【번역】 이때 필리포스는 군사를 정비하여 남방의 테르모필레로 향하여 출발하려고 했습니다. 필리포스가 그리스로 들어가려면 반드시 이 통로를 경유하지 않을 수 없습니다. 포키스 사람들이 이곳을 단단히 지키고 있었기에 아테네 수군이 구원만 하였으면, 아무리 필리포스의 군사가 정예하고 용감하다 해도 쉽사리 쳐들어오지 못할 것입니다. 이런 사실을 잘 알고 있는 필리포스는, 이런 음모를 감추기 위하여, '아테네가 포키스를 구원하여 테베를 공격하려 한다'는 입장을 발표하였습니다. 이러함에도 아테네 사신들은 길에서 풍경이나 구경하며 조금도 위기가 가까워진 것을 염려하지 않았습니다. 그 사신들이 본국에 돌아왔을 때, 필리포스는 이미 테르모필레에서 거리가 사흘 길 되는 곳에 당도해 있었습니다.

【제6장 8】 途中에서 데모쓰테네쓰는 입을 다물고 아모 말도 아니하고 잇섯습니다、只今 本國의 쌍을 밟게 되자、그는 겨우 滿腔의 感慨한 생각을 吐할 機會를 어덧습니다。到着한 그 날로 그는 곳 集會에 가서 報告를 하야 使節들의 擧措를 자세히 말하고、쏘는 필닙과 함씌 의론하야 虛構를 일삼고 잇섯다는 것을 痛論한 뒤에 只今 필닙은 갓가운 곳에 잇슴으로 하로밧비 援兵을 보내여、살모피리를 직히지 아니하면 아니 되겟다 하엿습니다。議員들은 다 데모쓰테네쓰의 말을 傾聽하고 果然 그러하다 하면 곳 軍隊를 派遣하자는 提議를 公會에 提出하야 決定 되엿습니다。

【번역】 돌아오는 동안에 데모스테네스는 입을 다물고 아무 말도 하지 않았습니다. 마침내 본국의 땅을 밟자, 그는 가슴 속에 분노로 가득 찬 생각을 토로할 기회를 겨우 얻었습니다. 도착한 그날에 그는 곧 집회로 가서 보고하였습니다. 사신들의 행태를 자세히 말하고, 필리포스와 함께 의론하여 허구를 일삼았던 일을 통절하게 논하였습니다. 그런 뒤에 "지금 필리포스는 가까운 곳에 있기에 하루바삐 원병을 보내어 테르모필레를 지키지 않으면 안 된다."라고 했습니다. 의원들은 모두 데모스테네스의 말을 경청하고, '정말 그렇다면 곧장 군대를 파견하자'라는 건의를 민회에 제출하여 의결하였습니다.

【제6장 9】 하로 지내여、公會가 쳠으로 開催되엿습니다。議案이 쟝차 會議로 올나가랴고 하는 째에 使節의 하나인 에쓰키네쓰가 壇上으로 올나왓습니다、만은 群衆은 조곰도 그 使

節의 말을 들으랴고 하지 아니하엿습니다、만은 그는 使節이
라는 名義를 가지고 流暢宛轉한 輕辯으로 妙하게 一般 聽衆
의 귀를 쌔아삿습니다。前日 데모쓰테네쓰가 陳述한데 對하야
는 한마듸도 論及하지 아니하고、곳 事件의 現況을 陳述하야
將來의 狀勢에 밋첫습니다、그리하고 다시 필닙이 引兵하고
살모피리에 到着한 것은 事實이라 하며 가르되『그러나 필닙
이 온 것은 雅典의 朋友며 雅典의 同盟者며、포키쓰의 保護者
며、베틔아 諸國의 恢復者라 다만 시프쓰를 攻擊하랴고 할 쑌
임니다。우리들은 필닙에게 시프쓰가 邪曲不正하다고 말한 적
이 잇슴니다、이리하야 시프쓰에서는 懸賞하고 우리들의 머리
를 求하엿슴니다。諸君、雅典의 市民은 얼마 아니하야 필닙이
시프쓰를 攻擊하고、조곰도 諸君을 괴롭게 하지 아니하겟다는
報告를 듯게 되겟슴니다。시프쓰를 陷落하야 粉碎식힐 날이
멀지 아니하엿슴니다、諸君은 시프쓰가 粉碎됨으로 因하야 대
단히 큰 福利를 엇게 되리이다。이에 對하야는 우리들이 필닙
과 約束한 바가 잇슴니다。만은 只今 이것을 明言하는 것은 得
策이 아님으로 只今은 말하지 아니하며、쏘 그박게 말하고 십
픈 것은 하나둘만이 아니올시다、만은 나는 이것을 公言하고
저 하지 아니함니다、이것은 다른 쌔문이 아니고、우리의 同僚
中에는 虛僞의 朋友가 잇는 까닭이외다。〈』〉

【번역】 하루가 지나서 이에 대한 첫 민회[108]가 개최되었습니다. 의

---

108) 첫 민회: 13일에 마케도니아에 파견된 아테네 협상단이 돌아왔고, 그 뒤 이틀
　　 동안 데모스테네스가 테르모필레 방어 안건을 민회에 상정한다. 그리고 복귀
　　 3일 뒤 협상 결과를 논하는 첫 번째 민회가 열린다.

안을 의회로 올리려는 때, 사신 중의 한 명인 아이스키네스가 단상에 올랐습니다. 하지만 군중은 조금도 그 사신의 말을 들으려고 하지 않았습니다. 그는 '사신'이라는 이름을 가지고 유창하고 완연한 경변輕辯[109]으로 묘하게 일반 청중의 귀를 사로잡았습니다. 전날에 데모스테네스가 진술한 것에 대해서 한마디도 언급하지 않고, 곧 사건의 현황을 진술하여 장래의 형세에까지 미쳤습니다. 다시 필리포스가 군사를 이끌고 테르모필레에 도착한 것은 사실이라고 말하였습니다. "필리포스는 아테네의 친구이자 아테네의 동맹자이며, 포키스의 보호자이자 보이오티아[110] 제국의 회복자로 온 것이고, 다만 테베를 공격하기 위함입니다. 우리는 필리포스에게 테베가 비뚤어지고 바르지 않다고 말했습니다. 이러므로 테베에서는 상금을 걸고 우리의 머리를 노렸습니다. 아테네 시민 여러분, 얼마 뒤에 필리포스가 테베를 공격하고, 여러분을 조금도 괴롭히지 않는다는 보고를 듣게 될 것입니다. 테베를 함락하여 산산조각 낼 날이 멀지 않았습니다. 여러분은 테베가 산산조각이 남으로 인해 대단히 큰 복리를 얻게 될 것입니다. 이에 대하여 우리들이 필리포스와 약속한 바가 있습니다. 이것을 터놓고 말하는 것은 좋은 계책이 아니므로 지금은 말하지 않겠습니다. 또 그밖에 말하고 싶은 것은 하나둘만이 아닙니다. 하지만 나는 이것을 공언하지 않겠습니다. 이것은 다름이 아니라, 우리의 동료 중에는 거짓을 말하는 친구가 있기 때문입니다."[111]

---

109) 경변(輕辯): 웅변에 상대되는 말.

110) 보이오티아(Boeotia): 고대 그리스의 지방. 북서쪽으로는 고대 포키스 지방의 일부까지 포함하고 있다. 남동쪽으로는 아티카(아티키), 남쪽으로는 코린트 만, 서쪽으로 포키스, 동쪽으로 에우보이아 만, 북쪽으로는 프티오티스 주에 접하고 있다.

111) 필리포스는…때문입니다: 이 단락에 대한 자세한 논의는 아이스키네스의 『티

【제6장 10】 여러 사람들은 첨에 필닙이 갓까워 온다는 말을 듯고 크게 근심하며、 달니 思慮할 것이 업시 살모피리를 직히지 아니하면 아니 되리라 하며、 생각하엿슴니다、 그러나 그들은 넘우 놀내엿기 째문에 엇더케 하면 죠홀 것을 몰으고 민망스려워하엿슴니다。 에쓰키네쓰의 演說은 그 最初에는 비록 驚駭와 不快를 드리엿지만은 그는 輕妙한 辯舌*을 가지고 妙하게 여려 사람의 맘을 激動식혀 一轉케 하엿슴니다。 말이란 것처렴 무서운 것은 업슴니다、 그것이 올흔 말일 것 갓트면 죠흠은 말할 것 업스나、 그것이 만일 좃치 못한 것을 妙하게 辯舌로 좃케 하는 것 갓트면 그것이야말로 큰 禍根이외다。 只今 에쓰키네쓰는 妙하게 말하야 필닙의 오는 것은 다른 뜻이 잇는 것이 아니고 시프쓰를 陷落식히랴는 것이라 하며、 쏘는 未來에 雅典 사람을 위하야 큰 福利가 잇스리라는 말에、 一般 群衆은 속아서、 只今까지 무서워하든 情은 곳 滿足한 情으로 變하엿슴니다。 이째에 데모쓰테네쓰는 憤慨함을 이긔지 못하야、 다시 壇上으로 올나가서 그 말을 保證할 수 업다 하며、 모든 힘을 다하야 前과 갓튼 民心을 만들랴고 하엿스나、 임의 에쓰키네쓰의 甘言에 恍然한 空想의 쑴을 쒸고 잇는 群衆은 그의 말을 듯으랴고도 하지 아니하며、 에쓰키네쓰의 朋友들은 盛大히 그를 罵倒하엿슴니다。

* 辨說, 김억: 辯舌, 독도 교정

마르코스 고발연설』과 데모스테네스의 『사신의 배임에 대하여』에서 확인이 가능하다.

【번역】 많은 사람은 처음에 필리포스가 가까이 온다는 말을 듣고 크게 근심하며, 다른 고민은 할 것도 없이 테르모필레를 지키지 않으면 안 된다고 생각하였습니다. 그러나 그들은 너무 놀랐기 때문에 어찌할 줄 몰라 당황했습니다. 아이스키네스의 연설에 처음은 놀라고 두려워함과 언짢은 기색을 드리웠지만, 그의 경쾌하고 교묘한 말재주는 묘하게 여러 사람의 마음을 격동시켜 한순간에 변하게 하였습니다. 말이란 것처럼 무서운 것이 없습니다. 옳은 말이라면 좋음은 말할 것이 없지만, 좋지 못한 것을 묘한 말재주로 좋게 한다면 그것은 큰 화근입니다. 지금 아이스키네스는 묘하게 말하여 '필리포스가 오는 것은 다른 뜻이 있는 것이 아니라 테베를 함락시키려는 것이다.'라고 하며, 또는 '미래에 아테네 사람을 위하여 큰 복리가 있을 것이다.'라는 말에, 일반 군중은 속아서 지금까지 무서워하던 마음은 곧 만족한 마음으로 변하였습니다. 이때, 데모스테네스는 분개함을 이기지 못하여 다시 단상으로 올라가서 아이스키네스 말은 담보할 수 없다고 말하였습니다. 그는 온 힘을 다하여 민심을 이전과 같이 만들려고 하였습니다. 하지만 군중은 이미 아이스키네스의 달콤한 말에 황홀한 공상을 꿈꾸었기에 데모스테네스의 말을 들으려고도 하지 않았습니다. 아이스키네스의 친구들도 데모스테네스를 심하게 비난하였습니다.

【제6장 11】 더욱 에쓰키네쓰가 누구라고 指名은 하지 아니하엿스나、그윽히 누구라는 말을 暗示한 以上에 群衆 中에 누구가 眞實한 맘을 가지고 데모쓰테네쓰의 말을 들으랴고 하겟슴닛가。에쓰키테네쓰의 友人 피로크라테쓰는 부르지저 가로

되『諸君 데모쓰테네쓰와 나와의 思惟하는 바가 서로 다른 것을 疑心하지 말으시요、그는 陰鬱하여 하며 물 마시는 사람이요、나는 술만 마시는 사람임니다。』雅典 人民은 에쓰키네쓰의 甘舌에 精神이 쌔앗기엿슴니다、필닙이 비록 살모피리를 넘어 들어온다고 하여도 조곰도 그의 行動에 對하야 疑心할 것이 업다고 생각하게 되엿슴니다。그러나 필닙은 포키쓰를 救援하랴고 왓다고는 하나、마게쏘니아 軍과 포키쓰 軍은 아직도 오히려 嚴然히 살모피리에서 對峙하고 잇서、그 眞相이 朦朧하야 무엇이라고 斷言하기가 어려웟슴니다、眞正인지 거즛인지、對敵인지、恊同인지、分明히 알 수가 업섯슴니다。만은 雅典 사람은 아직도 오히려 에쓰키네쓰의 말을 밋고 잇섯슴니다。

【번역】 더욱이 아이스키네스가 누구라고 지명하지 않았으나 짐짓 누구라는 말을 암시한 이상에 군중 가운데에 진실한 마음을 가지고 데모스테네스의 말을 누가 들으려고 하겠습니까? 아이스키네스의 친구 필로크라테스[112]는 부르짖어 말하였습니다. "여러분, 데모스테네스와 내가 생각하는 것이 서로 다른 것을 의심하지 마십시오. 그는 음울하며 물을 마시는 사람이고, 나는 술만 마시는 사람입니다."[113] 아테네 인민은 아이스키네스의 달콤한 혀에 정신이 빼앗겼

---

112) 필로크라테스(Philocrates): 기원전 4세기 정치인, 아테네-마케도니아 간의 평화협상 외교단의 장. 그는 평화협상을 타결하기 위해 애썼다. 그러나 아테네 민중은 협상과정과 평화 자체에 큰 불만을 가졌고, 기원전 343년 휘페레이데스가 뇌물수수 및 대역죄로 고발, 재산 몰수 및 사형을 선고받는다.
113) 그는 사람입니다: 플루타르코스《비교열전·데모스테네스전》I.4. 데모스테네스는 물만 마시는 자, 음울한 연설만 하는 자로도 알려졌다. 물만 마시는 이로서 데모스테네스는, 그의 제3차《필리포스 반대》연설에서 그가 장이 매우 좋지

습니다. 필리포스가 비록 테르모필레를 넘어 들어오더라도 그의 행동에 대해 조금도 의심할 것이 없다고 생각하게 되었습니다. 필리포스는 포키스를 구원하기 위해 왔다고 말했습니다. 하지만 마케도니아 군대와 포키스 군대가 아직도 엄연하게 테르모필레에서 대치하고 있었기에 그 진상이 어렴풋하여 무엇이라고 단언하기 어려웠습니다. 진정인지 거짓인지, 적대인지 협동인지 분명히 알 수 없었습니다. 아테네 사람은 아직도 아이스키네스의 말을 믿고 있었습니다.

【제6장 12】 필닙의 眞意가 分明치 아니함에 딸아、自然 雅典의 態度도 대단히 不分明하엿슬 것이외다。以前에 포키쓰는 델픠의 神殿을 侵入하야 안픠틔온* 聯合의 怨恨을 삿슴니다、한데 안픠틔온 聯合이라는 것은 델픠 神名下에 잇는 希臘 列國의 聯結한 會合이엿슴니다。이째에 雅典은 宣言하야 가로되 만일 포키쓰가 델픠의 神殿을 돌여보내지 아니하면 반듯시 兵器를 가지고 쌔아사 오겟다 하엿슴니다。포키쓰는 只今 有名無實한 同盟國인 雅典의 本心을 推測하고 필닙과 和約하는 것 밧게 良策이 업슴을 알앗슴니다。살모피리를 직히랴고 하면 雅典의 助力업시 完全히 직힐 수가 업셧슴니다、그런데 只今 雅典까지 大敵이 되게 됨애 포키쓰로는 엇지할 수 업는 일이엿슴니다。이리하야 가이업시도 포키쓰의 守將은 全軍을 引率** 하고 필닙의 膝下에 업듸여 필닙의 請求하는 대로 地方을 다

않아 물을 마셔야 한다는 구절에서 연원한다. 이 발언에서 사람들은 그가 장이 좋지 않아 예민하고 우울하게 물만 마시는 데모스테네스로 묘사한 것이다.

주고 아모데나 필닙이 願하는 대로 退去하겟다고 하엿습니다.

* 안픽티온, 김역: 안픽티온, 독도 교정
** 引卒, 김역: 引率, 독도 교정

【번역】 필리포스의 진의가 분명하지 않자 자연히 아테네의 태도 역시 아주 분명하지 못했을 수밖에 없었습니다. 이전에 포키스는 델포이[114] 신전에 침입하여 암픽티온 연합[115]의 원한을 샀습니다. 암픽티온 연합이라는 것은 델포이 신 이름 아래에 있는 그리스 열국이 결속된 회합이었습니다. 이때 아테네는 선언하여 말하였습니다. "만일 포키스가 델포이 신전을 되돌려 놓지 않으면 반드시 무기를 가지고 빼앗아 오겠다." 포키스는 지금 유명무실한 동맹국인 아테네의 본심을 헤아리고 필리포스와 강화조약을 하는 것밖에 좋은 계책이 없음을 알았습니다. 테르모필레를 지키려고 하면 아테네의 도움 없이 완벽하게 지킬 수 없습니다. 그런데 지금 아테네까지 만만치 않은 적이 되자 포키스는 어찌할 수 없었습니다. 이렇게 해서 가엾게도 포키스를 지키던 장군은 전군을 이끌고 필리포스에게 무릎을 꿇었습니다. 필리포스가 요구하는 대로 지방을 다 내주고, 필리포스가 원하는 대로 어느 곳이든지 물러가겠다고 하였습니다.

114) 델포이(Delphoi): 그리스 중부 파르나소스산 중턱에 있는 고대 그리스의 유적. 아폴론 신전이 있었다.
115) 암픽티온 연합(Amphictyonic League): 테르모필레 주변 부족들 사이에서 결성된 종교적 성격의 연합체이다. 초기에는 데메테르 신전을 중심으로, 이후에는 델포이의 아폴론 신전을 중심으로 규합했으며, 정기 회의를 통해 신전 재산과 피티아 제전 운영을 관리했다.

【제6장 13】 只今 살모피리의 通路는 포키쓰의 諸邑과 함쯰 필닙의 掌中物이 되고 말앗슴니다、이리 되자、필닙은 시프쓰와 軍士를 合하야 自己의 政略을 暴露하며、포키쓰의 諸邑을 시프쓰에게 割與하엿슴니다。前에는 포키쓰를 救援하고 시프쓰를 攻擊하겟다고 揚言하든 사람이 只今은 도로혀 포키쓰의 諸邑을 시프쓰에게 割與하지 아니하는가、이러한 消息을 듯고도 오히려 雅典 사람은 어데까지든지 필닙의 行動을 믿으려 하는가。勿論 한 寄別이 雅典에 到達하엿슬 째에 雅典 사람은 쯧밧게도 넘우 쯧밧기엿슬 것임니다、그들은 썩 놀내엿슬 것이외다、囑望하든 바 포키쓰의 保護도 空中樓閣이며、一場의 春夢이엿슴니다、그리하고 엇지 進行되는가 期待하고 잇든 시프쓰 征討도 無根의 幻影이엿슴니다。모든 期待와 反하야 다만 여긔에 포키쓰의 滅亡이 잇셧슬 쑨이엿슴니다、그리하고 北門의 關鎖되는 살모피리가 필닙의 掌中에 들어갓슬 쑨이엿슴니다。驚愕과 煩悶、恐怖는 넓히 全國民의 心胸에 偏溢하며、필닙을 미워하는 맘은 굿세여졋슴니다。엇지하야 只今 와서야 그러한 생각을 하게 되는가、일을 未然에 막지 아니하면 아니 될 것이어늘、只今은 넘우도 느졋슴니다。아ゝ 只今은 임의 넘우도 늣졋슴니다。

【번역】 테르모필레의 통로는 이제 포키스의 여러 도시와 함께 필리포스의 손아귀에 들어가고 말았습니다. 그러자 필리포스는 테베와 군사를 합하여 자기의 정략을 드러내었습니다. 포키스의 여러 도시를 테베에 떼어주었습니다. 이전에는 포키스를 구원하고 테베를 공격하겠다고 큰소리치던 사람이 지금은 도리어 포키스의 여러 도시

를 테베에 떼어주지 않았습니까? 이러한 소식을 들은 아테네 사람
은 오히려 필리포스의 행동을 어디까지 믿으려 하는 것입니까? 물
론 한 기별이 아테네에 도달하였을 때, 그것은 아테네 사람에게는
뜻밖이고 너무도 뜻밖이었을 것입니다. 그들은 매우 놀랐을 것입니
다. 기대하던 포키스의 보호도 공중누각이 되었고 일장춘몽이 되고
말았습니다. 일이 어떻게 진행될 것이라고 예상했던 테베 정벌의 기
대도 근거가 없는 환영에 불과하였습니다. 모든 기대에 반하여 포
키스의 멸망만이 있을 뿐이었습니다. 북문의 관건이 되는 테르모필
레가 필리포스의 수중에 들어갔을 뿐이었습니다. 경악과 번민, 공포
가 모든 국민의 가슴속에 흘러넘쳐 필리포스를 미워하는 마음이 굳
세졌습니다. 어찌하여 지금에 와서야 그렇게 생각하게 되었습니까?
일을 미리 막지 않으면 안 될 것이거늘, 지금은 너무도 늦었습니다.
아아, 지금은 이미 너무 늦었습니다.

【제6장 14】 狡獪한 필닙은 긋치지 아니하고 모든 手段을 다
하야 안픽티온* 聯合을 組織하엿는데 포키쓰의 投票權은 그의
掌中으로 돌아가고 말앗슴니다. 夷狄이라고 蔑視하는 마게쏘
니아는 只今 希臘 列國에 參與하야 希臘 事件에 對하야、그가
干涉하는 바는 自己의 便宜와 自己를 利益케 하는 言辭쑨이
엿슴니다。

　紀元前 三百四十六年 八月에 그는 聯合의 推戴를 받아 祭
典의 統領이 되엿슴니다。아々 이리하야 希臘은 虜庭에 무릅
꿀고 千古에 씻츨 수 업는 屈辱을 밧게 되엿스며、쏘한 일이
임의 이럿케 된 以上에는 엇지할 수 업게도 되엿슴니다。데모

쓰테네쓰가 안픽티온** 全體의 戰爭을 惹起하랴고 하엿스나、
그도 마음대로 되지 아니하야 血淚를 먹음고 熱情을 抑制하면
서 한동안은 汚辱의 苦痛을 참고 잇섯슴니다。이러한 結果 汚
辱의 설은 媾和는 成立되엿슴니다、雅典 사람의 心胷에는 永
久히 썩지 못할 汚辱의 点이 굿게 박히엿슴니다。

* 안괵티온, 김억: 안픽티온, 독도 교정
** 안괵티온, 김억: 안픽티온, 독도 교정

【번역】 교활한 필리포스는 계속해서 모든 수단을 다하여 암픽티온
연합을 조직하였습니다. 포키스의 투표권은 그의 수중에 떨어지고
말았습니다. 오랑캐라고 멸시당하던 마케도니아는 이제 그리스 동
맹에 참여하게 되었습니다. 필리포스가 그리스 일에 대하여 간섭하
는 것은 자기의 편의와 자기를 이롭게 하는 언사뿐이었습니다.

　기원전 346년 8월, 필리포스는 연합의 추대를 받아 제전의 통령
이 되었습니다. 아아, 이리하여 그리스는 오랑캐 조정에 무릎을 꿇
고 천고에 씻을 수 없는 굴욕을 받게 되었습니다. 일이 이미 이렇게
된 이상에는 어찌할 수 없게 되었습니다. 데모스테네스는 암픽티온
전체의 전쟁을 일으키려 하였습니다. 하지만 그것도 마음대로 되지
않아 피눈물을 머금고 열정을 억제하면서 한동안 오욕의 고통을 참
았습니다. 이러한 결과, 비참한 오욕의 슬픈 평화조약이 성립되었습
니다. 아테네 사람의 가슴속에는 영원히 썩지 않을 오욕의 점이 굳
게 박혔습니다.

第七*

【제7장 1】 北夷가 鴟張을 任意대로 하며、南風이 조곰도 다토려 하지 아니하고、列國은 豺狼**을 도아서 그 頤使가 되랴고 하엿슴니다。생각하면 紀元前 三百四十六年은 實로 千古에 씻츨 수 업는 汚点을 希臘 歷史에 남기엿슴니다。只今 필넙은 안픽틔온 聯合의 實權을 잡고、오래 동안 希臘의 內部에서 治動***하엿슴니다。이리하야 오래 동안 품고 잇든 希望은 成就되고、가치어 잇든 野心은 滿足을 얻엇슴니다、이러한 것을 봄에 쌀아、始終一貫으로 이에 對하야 反抗의 소리를 놉히 하여 오든 데모쓰테네쓰의 慷慨한 맘은 果然 엇더하엿겟슴닛가。그는 大勢를 살피는 銳敏이 잇슴니다〈、〉엇지 한갓 感情에 슬니여 大計를 잘못할 사람이겟슴닛가。그러면 그는 媾和의 汚辱에 가슴이 쯧기는 듯하엿스나、그것을 참고 平和를 求하며、한동안 잠々히 잇스며、機會가 到達하기만 기다렷슴임니다。

* 第七, 김억: 第七 宣戰, 토도키
** 豺狼, 김억: 豺狼, 독도 교정
*** 治動, 김억: 活動, 독도 제안

【번역】 북쪽 오랑캐가 위세를 부리며 제멋대로 하는데 남방의 세력은 조금도 싸우려 하지 않았고, 여러 나라는 잔혹한 사람을 도와 그

의 심부름꾼이 되고자 하였습니다. 생각하면 기원전 346년은 정말로 천고에 씻을 수 없는 오점을 그리스 역사에 남겼습니다.[116] 이제 필리포스는 암픽티온 연합의 실권을 잡고 오랫동안 그리스 내부에서 정치적 활동을 주도하였습니다. 이리하여 오랫동안 품고 있던 희망은 성취되고, 갇혀 있던 야심은 만족하게 되었습니다. 이러한 것을 봄에 따라 시종일관 반대하여 저항의 소리를 높여 오던 데모스테네스의 비분강개한 마음은 과연 어떠했겠습니까? 그는 대세를 살피는데 예민했습니다. 어찌 한갓 감정에 끌려 큰 계획을 잘못할 사람이겠습니까? 그는 평화조약에 가슴이 찢기는 듯하였지만, 그것을 참고 평화를 받아들였습니다. 그는 한동안 잠잠하게 있으며 기회가 오기만을 기다렸습니다.

【제7장 2】 그 后 六年間은 마게쏘니아*와 雅典 間에는 그렇케 큰 葛藤도 엄시 지내며 왓슴니다、만은 平和는 아모리 하여도 쌔여지지 아니할 수 업는 傾向이 보이엿슴니다。필닙은 쉰지 아니하고 蚕食을 始作하야 希臘의 內部、附近에 對하야 直接으로 干涉도 하며、間接으로 煽動도 하야 암프레카、리우카쓰、유쎄아、스레쓰는 다 그의 攪亂을 밧앗슴니다。그리하고 그의 勢力은 해를 쌀아 伸長하야 맛치 潮流가 쉰지 아니하고 밀어들어오는 것과 갓핫슴니다。希臘 諸國은 가면 갈사록 더

---

116) 기원전 346년의 역사적 의미: 기원전 346년에서 340년 사이 필리포스는 에우보이아, 흑해 연안 등 아테네 이익과 직접 연관된 지역에 진출했고, 이는 아테네의 심기를 건드렸다. 아테네도 이에 맞서 펠로폰네소스 반도에 사절들을 파견해 최대한 동맹국을 구하고자 했다.

더 鎖沈 沮喪하야、到底히 이 頹瀾을 支持할 元氣가 업섯습니다、만은 필닙이 다만 하나 무서워하는 것은 雅典이엿습니다、필닙은 여러 가지로 雅典이 希臘同盟을 니르키지나 아니하며、될 수 잇는 데로 平和를 維持하랴고 하엿습니다。

* 마게뜻니아, 김억: 마게쏘니아, 독도 교정

【번역】 그 후 6년간은 마케도니아와 아테네는 그렇게 큰 갈등이 없이 지내왔습니다. 하지만 아무리 노력해도 깨지지 않을 수 없는 것이 평화의 경향입니다. 필리포스는 계속 잠식하기 시작하여 그리스의 내부와 인근에 대하여 직접 간섭도 하고 간접 선동도 하였습니다. 그는 암브라키아,[117] 레우카스,[118] 에우보이아, 트라키아를 모두 교란하였습니다. 그의 세력은 해마다 신장하여 마치 조류가 계속하여 밀려오는 것과 같았습니다. 그리스의 여러 나라는 가면 갈수록 더더욱 침체하고 기가 꺾여 도저히 이 무너지는 물결을 떠받들 수 있는 원기도 없었습니다. 필리포스가 무서워하는 것은 아테네뿐이었습니다. 필리포스는 아테네가 여러 가지로 그리스 동맹을 일으키지나 않을까 걱정하여 될 수 있는 대로 평화를 유지하려 하였습니다.

---

117) 암브라키아(Ambracia): 그리스 본토 중서부, 오늘날 아르타(Arta) 지역에 위치했던 고대 도시이다. 기원전 625년경 코린토스의 식민도시로 건설되었다. 기원전 338년 코린토스와 아테네의 도움을 받아 필리포스 2세의 공격에 저항했지만, 결국 마케도니아 주둔군을 받아들였다.

118) 레우카스(Leukas): 그리스 서부 이오니아해에 위치한 섬으로, 레프카스(Leufkas)로도 알려져 있다. 기원전 625년경 코린토스의 식민도시가 되었다. 이후 페르시아 전쟁과 펠로폰네소스 전쟁을 포함한 여러 역사적 갈등 속에서 주변 도시 국가들과 동맹을 맺으며 중요한 역할을 했다.

【제7장 3】卓見이 超越한 데모쓰테네쓰는 발서 前途의 危機를 看破하고、希臘 全土가 엇지하면 마게쏘니아에게 倂合될지도 몰으겟다 근심하며、協力一致하야 防禦의 準備를 하지 아니하면 아니 되리라 하엿습니다。이러한 뜻을 가지고、三百四十四年에 天下가 아직도 오히려 汚辱*의 媾和 속에서 단꿈을 꾸고 잇슬 째에 雅典 國民에게 페로폰네사쓰 諸國으로 使節을 보내자고 하엿습니다。同年에 쏘 어느 나라 使節이 雅典에 到着한 것을 機會 삼아、所謂 第二** 필넙 問題라는 演說을 發表하야 다시 필넙의 가슴에 잇는 무서운 野心을 國民에게 警告하야、이러한 形便으로는 아모리 하여도 雅典과 마게쏘니아 間의 平和는 오래지 못하겟고、쏘는 이것이 希臘 全土의 破滅이 되리라고 警戒하엿습니다。만은 不幸히 雅典 國民은 이째에 活動을 하랴고 하지 아니하고、다만 그의 날카로운 辯舌이 필넙의 가슴을 차게 하야 여러 가지로 歡心을 求하는 甘言이 필넙의게서 여러 번 왓습니다。

* 汚辱, 김억: 汚辱, 독도 교정
** 第三, 김억: 第二, 독도 교정

【번역】 뛰어난 견해를 가진 데모스테네스는 벌써 앞날의 위기를 간파하고, 그리스 전역이 어쩌면 마케도니아에 병합될 거라 근심하였습니다. 한마음으로 힘을 합하여 방어를 준비하지 않으면 안 될 것이라 하였습니다. 데모스테네스는 이런 생각을 품고 기원전 344년에 천하가 아직도 오욕의 평화조약 속에서 단꿈을 꾸고 있을 때, 아테네 국민에게 펠로폰네소스 동맹에 사신을 보내자고 하였습니다. 같은 해에 어느 나라 사신이 아테네에 도착한 것을 기회 삼아, 이른

바 두 번째 필리포스 문제[119]라는 연설을 발표하여 다시 필리포스 가슴에 있는 무서운 야심을 국민에게 경고하였습니다. 이러한 형편으로는 아무리 해도 아테네와 마케도니아 사이의 평화는 오래 가지 못하고, 또 이것이 그리스 전역을 파멸로 이끌 것이라고 경고하였습니다. 하지만 불행하게도 이때 아테네 국민은 움직이려 하지 않았습니다. 데모스테네스의 날카로운 변설이 필리포스의 가슴을 놀라게 하였을 뿐입니다. 그래서 필리포스는 데모스테네스의 환심을 사고자 달콤한 말을 여러 번 전했습니다.

【제7장 4】 그러나、쌔여지지 아니하면 아니 될 것이 잇는 以上、쏘는 송곳이 줌머니 속에 잇는 以上、언제 한번은 반듯시 나오지 아니할 수 엄는 것은 事實이외다。潛伏한 禍機는 爆發치 아니할 수가 엄슴니다。한 줄기의 導火線은 켈소네쓰 事件으로 因하야 点火가 되엿슴니다。켈소네쓰는 希臘 全土의 米穀을 供給하는 곳이엿슴으로 雅典은 이것이 必要한 死活上 問題이엿슴니다。그런데 필닙은 順風的 形勢로 가는 곳마다、諸州를 蠶食하고 只今은 이 쌍을 占領하엿슴니다。이리하야 雅典은 軍士를 派遣하야 그곳에 잇는 國民을 保護하며、別로 필닙과 交涉을 하엿슴니다、만은 談判은 不得要領으로 대단히

---

119) 두 번째 필리포스 문제: 제2차《필리포스 반대》연설. 데모스테네스는 펠로폰네소스 도시들에 사신으로 파견되어 그들이 필리포스와 동맹을 맺지 않도록 설득하려 했으나 실패했다. 이에 필리포스와 펠로폰네소스 도시들이 아테네인들에게 입장을 밝힐 것을 요구하자, 기원전 344년 데모스테네스는 이 연설을 대답으로 내놓고, 필리포스와 그의 아테네 지지자들을 맹렬히 비난했다.

不分明하엿는데、그동안에 兩國 軍兵은 발서 衝突이 되엿습니다。필닙은 곳 使節을 雅典에 보내여 그 態度를 詰難하엿는데 雅典의 필닙黨은 크게 援助하야 人民은 도로혀 派遣한 軍士를 召還하겟다고 하엿습니다。이것을 보고 데모쓰테네쓰는 憤慨한 맘을 이기지 못하야 타는 가슴을 안고 所謂 켈소네쓰 問題、밋 第三 필닙 問題를 가지고 演說을 하엿는데 熱烈한 氣概와 悲憤한 言辭는 멧 千年 뒤에 우리로 하야금 보아도 오히려 쒸노는 맘을 禁치 못하게 하엿나니다。

【번역】 그러나 깨지지 않으면 안 될 것이 있는 이상, 또는 송곳이 주머니 속에 있는 이상, 언젠가 한 번은 반드시 나오지 않을 수밖에 없는 것이 사실입니다. 잠복한 재앙의 조짐은 폭발하지 않을 수 없습니다. 케르소네소스[120] 사건으로 인해 한 줄기의 도화선이 점화되었습니다. 케르소네소스는 그리스 전역의 곡식을 공급하는 곳이었습니다. 이곳은 아테네에 사활의 문제가 걸린 중요한 곳이었습니다. 그런데 필리포스는 순풍의 형세로 가는 곳마다 여러 고을을 잠식하였고, 이제 이 땅을 점령하게 되었습니다. 그래서 아테네는 군사를 파견하여 그곳에 있는 국민을 보호하고, 별도로 필리포스와 교섭하였습니다. 하지만 요령이 없어 담판이 매우 불분명하게 흘러갔습니다. 그동안에 두 나라 군사는 벌써 부딪치고 말았습니다. 필리포스는 곧장 사신을 아테네에 보내 그 태도를 힐난하였습니다. 아테네의 필리포스 당은 크게 동조하고, 인민은 오히려 파견한 군사를 소환하겠다고 하였습니다. 이것을 보고 데모스테네스는 분개한 마

---

120) 케르소네소스(Chersonesos): 트라키아 케르소네소스. 오늘날의 갈리폴리반도.

음을 이기지 못하여 타는 가슴을 안고 이른바《케르소네소스 문제》
와《세 번째 필리포스 문제》[121]를 가지고 연설하였습니다. 열렬한
기개와 비분강개한 언사는 몇천 년 뒤에 우리가 봐도 아직도 뛰는
가슴을 멈추지 못하게 합니다.

【제7장 5】『우리 國民은 조곰도 派遣軍을 김還할 必要가 엄
슴니다。차라리 다시 나아가서 필닙과 戰端을 열지 아니하여서
는 아니 되겟슴니다、여려분은 몰으심닛가、필닙이 입으로는
비록 平和를 主唱하나、발서 그 平和를 쌔친 적이 몟 번임닛
가。雅典도 亦是 그와 갓치 名義上 平和나 維持한다면 몰으겟
슴니다、그러치 아니하고는 雅典은 대단히 危殆함니다、雅典
은 나아가서 戰爭에 努力하지 아니하면 아니 되겟슴니다。켈
소네쓰는 本來부터 雅典의 領地이매 그것을 保護하며、직히는
것은 雅典의 任務임니다。짤아서 그것을 侵犯하는 것이 잇스
면 軍兵을 派遣하야 援助하지 아니할 수가 엄슴니다。쏘 그것
은 그럿타 하고 쌔이산틔암도 얼마 아니하야 필닙의 攻擊을 밧

---

121)《케르소네소스 문제》와《세 번째 필리포스 문제》: 기원전 342년 필리포스는
   트라키아와 오늘날 갈리폴리(당시 케르손) 부근에 진출했다. 이곳은 아테네의
   곡물선 무역라인이 있던 곳이었다. 필리포스가 이곳을 틀어쥘까 걱정한 아테
   네는 군대를 파견해 부근에서 군사작전을 했다. 이에 필리포스는 346년 필로
   크라테스 평화 조약 위반이라며 반발했다. 그러나 데모스테네스는 계속해서
   군사작전을 수행해야 한다고 강조했다. 이 연설이 바로《케르소네소스 문제에
   대해(On the Chernese)》이다. 그럼에도 341년에도 필리포스는 흑해 연안에
   대한 진출을 멈추지 않았고 에우보이아까지 진출한다. 이를 두고 데모스테네
   스는 필리포스가 그리스 전체의 큰 위협이라고 강조하며 대응을 촉구했는데,
   이것이 제3차《필리포스 반대》연설에 드러났다.

게* 되겟슴니다。쌔이산틕암은 雅典이 비록 죠아하지 아니하엿다 하더라도 只今 雅典의 利益을 保護하기 위하야 保護하야 주지 아니하면 아니 되겟슴니다、이것은 單純히 雅典의 利益만이 될 뿐 아니고 希臘 全土의 利益이며 쏘는 希臘 全土의 危急을 救援하는 것임니다。필닙은 强大한 軍勢로 그 外部를 攻擊하며、內部에는 黨派가 서로 蝸牛角上의 軋轢을 始作하야 救濟할 길이 엄슴니다。이런한 째、우리 雅典 사람의 억개우에는 希臘 全土의 獨立을 維持하지 아니하면 아니 될 큰 任務가 잇슴니다。이 任務를 完全히 하랴고 하면 戰爭을 始作하지 아니하고는 다른 길이 엄슴니다、全力과 全心을 다하야 勇敢히 奮鬪하며、確乎한 생각을 가지고 일을 하랴고 하는 決心이 엄서서는 아니 되겟슴니다。』

* 맛게, 김역: 밧게, 독도 교정

【번역】"우리 국민은 파견군을 소환할 필요가 조금도 없습니다. 차라리 다시 나아가서 필리포스와 전쟁을 시작하지 않으면 안 됩니다. 여러분은 모르십니까? 필리포스가 비록 입으로는 평화를 주창하지만, 그 평화를 깨뜨린 적이 벌써 몇 번입니까? 아테네도 그의 말처럼 명의상으로 평화를 유지하려 한다면 모르겠습니다. 그렇지 않다면 아테네는 대단히 위태합니다. 아테네는 나아가서 전쟁에 힘을 기울이지 않으면 안 됩니다. 케르소네소스는 본래부터 아테네의 영지이므로 그곳을 보호하고 지키는 것은 아테네의 임무입니다. 따라서 그곳을 침범하면 군사를 파견하여 원조하지 않을 수 없습니다. 또 그곳은 그렇더라도 비잔티움[122]도 얼마 뒤에 필리포스의 공격을 받

게 될 것입니다. 비잔티움은 아테네가 비록 좋아하지 않더라도 지금 아테네의 이익을 지키기 위하여 보호해 주지 않으면 안 됩니다. 이는 단순히 아테네의 이익만이 아니라 그리스 전역의 이익이며, 또 그리스 전역의 위급을 구원하는 것입니다. 필리포스는 강대한 군세로 그 외부를 공격하고, 내부에는 당파가 서로 와우각상[123]의 알력을 시작하여 구제할 길이 없습니다. 이런 시기에 우리 아테네 사람의 어깨 위에는 그리스 전역의 독립을 유지하지 않으면 안 될 큰 임무가 주어졌습니다. 이 임무를 완전하게 수행하려면 전쟁을 시작하지 않고서는 다른 방법이 없습니다. 온 힘과 온 마음을 다하여 용감하게 분투하고 굳건한 마음으로 행하려는 결심이 없어서는 안 되겠습니다."

【제7장 6】 이째에 비르소 雅典의 民心은 데모쓰테네쓰의 意見을 듯게 되엿습니다、여러 해 동안 그가 雄辯을 가지고 熱血을 쑉리며、警告한 바가 거의 事實이 되게 되엿슬 째에 필닙은 아직도 蠶食을 쉬지 아니하고 着々히 野心을 滿足식히고 잇섯습니다. 이러케 되야 民衆은 데모쓰테네쓰의 先見의 明이 잇슴을 알게 되며、쏘는 一般의 信用을 한 몸에 가지게 되야 이 后부터는 그의 議論은 雅典의 輿論을 一定하게씀* 되엿습니다.

---

122) 비잔티움(Byzantium): 보스포루스 해협의 연안에 있는 옛 그리스의 도시이다. 나중 이름은 콘스탄티노플(Constantinople)로, 지금의 이스탄불(Istanbul)이다.
123) 와우각상(蝸牛角上): "달팽이〔蝸〕의 왼쪽 뿔 위에 있는 촉씨(觸氏)의 나라와 오른쪽 뿔 위에 있는 만씨(蠻氏)의 나라가 서로 땅을 다투어 크게 싸웠다."라는 이야기가 있는데, 좁은 이 세상에서 하찮은 일로 서로 다투는 것을 말한다.

이에 對하야 데모쓰테네쓰는 더욱 滿腔의 熱情을 다하야 雅典의 民心을 激勵하며、 몬저 무엇보다도 유쎄아에 使節을 보내자는 議論을 提出하고、 또 軍士를 派遣하야 그 地方에 잇는 마게쏘니아의 勢力**을 抑壓하게 되엿습니다。 成功이 차々 그의 信用을 增加하야 엇던 째에는 그가 스스로 使節의 大任을 가지고 켈소네쓰*** 쌔이산틔암으로 가기도 하엿습니다。

* 씀, 김억: 씀, 독도 교정
** 熱力, 김억: 勢力, 독도 교정
*** 겔노네쓰, 김억: 켈소네쓰, 독도 교정

【번역】 이때에야 비로소 아테네의 민심은 데모스테네스의 의견을 귀담아들었습니다. 여러 해 동안 그가 열정적인 웅변으로 경고한 일이 거의 사실로 드러났습니다. 하지만 필리포스는 잠식을 쉬지 않고 야심을 착착 채우고 있었습니다. 이렇게 되자, 민중은 데모스테네스의 선견지명이 있음을 알게 되었습니다. 또 시민 일반에 신뢰를 한 몸에 얻게 되어 그의 의론이 아테네의 여론을 하나로 만들었습니다. 데모스테네스는 가슴속의 열정을 다하여 아테네의 민심을 더욱 격려하였습니다. 먼저 무엇보다도 에우보이아에 사신을 보내자는 의론을 제출하고, 또 군사를 파견하여 그 지방에 있는 마케도니아의 세력을 억압하였습니다. 성공이 차차 그의 신뢰를 높여 어떤 때에는 그가 스스로 사신의 대임을 갖고 케르소네소스와 비잔티움으로 가기도 하였습니다.

【제7장 7】前에 켈소네쓰로 派遣한 軍隊의 元氣를 굿세게 한 것은 말할 것도 업고 쏘한 雅典의 威信을 적지 안케 놉게 하엿습니다。 그것보다 쌔이산틔암의 成功은 한층 더 顯著한 것이엿습니다。本來 쌔이산틔암은 雅典과 좃치 못하야 필닙과 親하엿더니、데모쓰테네쓰의 雄辯은 곳 그들로 하야금 필닙의 野心을 看破케 하고 希臘 全土에 對한 將來의 생각을 하게 하엿습니다、그리하야 쌔이산틔암은 필닙과 關係를 斷絕하고 서로 理解하는 맘으로 雅典과 同盟을 매자 서로 恊心戮力하야 써 野心이 勃々한 필닙을 對抗하기로 굿세게 誓約하엿습니다。이 成功은 雅典에 對하야는 다시 업는 大利益임은 勿論이어니와 그 同時에 필닙의 勢力을 縮少식힘에 다시 업는 利器이엿슴은 重言할 것 업슴니다。雅典 사람들은 이것을 보고 더 元氣를 增加하게 되며、쌀아서 필닙에게 對하야 宣戰布告를 하게 됨도 멀지 아니하게 되엿슴니다。

【번역】 이전에 케르소네소스로 파견한 군대의 원기를 굳세게 한 것은 말할 것도 없습니다. 또 아테네의 위신을 적지 않게 높였습니다. 그것보다 비잔티움의 성공은 한층 더 빛났습니다. 본래 비잔티움은 아테네와 사이가 좋지 못하여 필리포스와 친하였습니다. 데모스테네스의 웅변은 곧 그들에게 필리포스의 야심을 간파하게 하고, 그리스 전역에 대한 장래를 생각하게 만들었습니다. 그리하여 비잔티움은 필리포스와의 관계를 단절하고 서로 이해하는 마음으로 아테네와 동맹을 맺었습니다. 비잔티움과 아테네는 서로 일심협력하여 야심이 왕성한 필리포스에게 대항하기로 굳세게 맹세하였습니다. 이 성공은 아테네에 다시 없는 큰 이익임은 물론입니다. 동시에 필리포

스의 세력을 약화함에 다시없는 날카로운 무기임은 거듭 말할 것이 없습니다. 아테네 사람들은 이것을 보고 더 원기를 높였습니다. 이에 필리포스에게 선전포고하는 날도 멀지 않게 되었습니다.

【제7장 8】 이째에 필닙은 안픽틔온 聯合을 利用하야 암픠사를 討伐한다고 하며、살모피리로부터 進行하야 유라테아에 니르러 城壁을 쌋코 이것으로써 根據地를 삼은 뒤에 여려 해 동안 가지고 잇든 目的을 暴露하게 되엿습니다、곳 使者를 시프쓰에 보내여、함끠 雅典을 攻擊하자고 하며 熱心으로 同盟하기를 請하여 가르되、만일 시프쓰가 오래 동안 宿怨 잇는 雅典을 攻擊하기를 願치 아니하면 길이나 빌여주어 써 自己로 하야금 雅典을 攻擊케 하라고 하엿습니다。시프쓰는 雅典과 조와하지 아니한지가 오래엿슴으로 勿論 兩國間에는 서로 連結이 업스리라고 하야 필닙은 유라테아에 根據를 잡고 시프쓰를 通過하야 雅典으로 오게 되면 不過 三日에 雅典 國境에 니르게 되겟슴니다、이째에 만일 시프쓰가 이것을 好機로 삼아、恊心戮力하야 雅典을 攻擊한다 하면 雅典의 運命은 實로 風前의 燈火라고 할만하엿습니다。쏘는 필닙의 進軍으로써 암픠사로 가는 줄만 알앗슴으로 勿論 雅典에는 아모 準備도 업고 모든 것을 다 等閑히 하엿슴으로 필닙이 들어오기만 하얏더면 束手無策으로 强敵을 맛게쯤* 되엿습니다.

* 쯤, 김역: 씀, 독도 교정

【번역】 이때 필리포스는 암픽티온 연합을 활용하여 암피사[124]를

토벌한다고 일컬으며 테르모필레로부터 나아갔습니다. 그는 엘라
테이아[125]에 이르러 성벽을 쌓아 근거지를 삼은 뒤에, 여러 해 동안
품고 있던 목적을 드러냈습니다. 그는 곧바로 사신을 테베에 보내
아테네를 함께 공격하자고 하였고, 적극적으로 동맹을 요청하며 "만
일 테베가 오랫동안 원한이 있는 아테네에 공격하기를 원하지 않
으면, 내가 아테네를 공격할 수 있도록 길이나 빌려주라."고 말하였
습니다. 필리포스는 테베와 아테네의 관계가 오래도록 안 좋았기에
서로 연락이 없으리라 생각하였습니다. 그래서 엘라테이아를 근거
지로 삼고 테베를 통과하여 아테네로 오게 되면, 그는 불과 사흘 만
에 아테네의 국경에 이르게 됩니다. 이때 만일 테베가 이것을 호기
로 삼아 한마음 한뜻으로 힘을 합하여 아테네를 공격한다면, 아테네
의 운명은 정말로 풍전등화라 할 만하였습니다. 또 필리포스가 진군
하여 암피사로 가는 줄만 알았기에 아테네는 당연히 아무런 준비도
하지 않았고 모든 것을 등한시하였습니다. 필리포스가 들어오기만
하였다면, 속수무책으로 강적을 맞게끔 되었습니다.

【제7장 9】 이 報道가 雅典에 到達한 것은 議員이 모혀서 官邸
에서 晚餐을 먹든 날 전녁이엿습니다、議員들은 이 소리를 듯
고* 서로 돌아보며 놀내엿습니다。이리하야 喇叭手를 命하야
크게 喇叭을 불며、公會를 招集하자는 暗號를 하엿습니다、이
째 사람들은 市場으로 가서 肆店**을 불 질으기도 하고 架坮

---

124) 암피사(Amphissa): 그리스 포키스 지역의 주요 도시로, 델포이와 인접해 있다.

125) 엘라테이아(Elateia): 그리스 프티오티스 지역의 주요 도시로, 테베와 아테네로
　　　남하하는 길목의 초입이었다.

를 째치기도 하야 一般 民心의 激昂은 如干이 아니엿습니다. 人心이 恟恟하야 黎明에 니르러서 비로소 群衆을 한 곳으로 會集하야 立錐할 곳이 업슬 만하엿습니다. 째는 아츰 안개가 朦朧한 째엿습니다. 議員들은 다 列席하고 報信者는 事件을 陳述하엿는데 이 말을 듯고 群衆은 잠에서 쌘 듯시 놀내며、엇지할 바를 몰낫습니다. 짓거리는 소리가 나며、여긔저긔서 물쓸 듯하엿습니다. 傳令者는 常習대로 크게 소리를 하여 가르되、누구나 演說을 하고저 하는 사람이 잇슴닛가 하여도 滿場中에 한 사람도 나아오는 사람이 업섯습니다. 傳令者가 여러 번 催促을 하여도 아직 한 사람도 나오는 사람이 업섯습니다.

얼마 동안 沈默이 繼續하다가 비르소 壇上에 한 사람이 나타낫습니다、이는 말할 것 업시 데모쓰테네쓰엿습니다、一般 人民이 信賴하고 仰慕하는 데모쓰테네쓰가 壇上으로 올나올 째에 一般 民心은 얼마나 强烈하여젓스며、또는 엇더케 그의 感情을 熱狂케 하엿겟슴닛가. 더욱히 말하랴는 사람은 千古에 類가 업는 雄辯家가 아니엿슴닛가、이 째의 光景은 말을 하는 것보다、생각하는 便이 더욱 意味가 잇슬 것이외다.

그는 무엇보다도 民心에 潛伏하여 잇는 시프쓰의 惡感情에 對하야 말을 始作하엿습니다、

* 들고, 김억: 듯고, 독도 교정
** 書店, 김억: 肆店, 독도 교정

【번역】 이 소식이 아테네에 도달한 것은 의원들이 관저에 모여 저녁을 먹는 만찬이었습니다. 의원들은 이 소리를 듣고 서로 돌아보며 놀랐습니다. 그래서 의원들은 나팔수에게 크게 나팔을 불게 하

고, 민회를 소집하자는 암호를 보냈습니다.[126] 그러자 이때 사람들은 시장으로 가서 점포를 불 지르거나 선반을 부수기도 하였습니다. 일반 민심이 여간 격앙되지 않은 것이 아니었습니다. 인심이 흉흉하여 새벽에 이르러서야 비로소 군중을 한곳으로 모을 수 있었습니다. 입추의 여지가 없을 정도였습니다. 아침 안개가 몽롱한 때였습니다. 의원들은 모두 자리에 쭉 늘어앉았고, 상황을 보고하는 사람은 사건을 진술하였습니다. 군중은 이 말을 듣고 잠에서 깬 듯이 놀라 어찌할 바를 몰랐습니다. 짓거리하는 소리가 나고, 여기저기서 물 끓듯 요란하였습니다. 명령을 전달하는 사람은 관례대로 크게 소리치며 말하였습니다. "누가 연설하겠습니까?" 하지만 가득 모인 사람 가운데에 한 사람도 나오는 사람이 없었습니다. 명령을 전달하는 사람이 여러 번 재촉해도 아직 한 사람도 나오지 않았습니다. 얼마 동안 침묵이 계속되다가 비로소 단상에 한 사람이 나타났습니다. 말할 것도 없이 데모스테네스였습니다. 인민 모두가 신뢰하고 추앙하는 데모스테네스가 단상으로 올라올 때, 민심 전체가 얼마나 강렬해졌고, 그의 마음도 얼마나 열광했겠습니까? 이때의 광경은 말하는 것보다 상상하는 편이 더욱 의미가 있을 것입니다. 무엇보다 민심에 잠복해 있는 테베에 대한 악감정을 그는 말하기 시작했습니다.

---

126) 의원들은…보냈습니다: 이 부분은 토도키가 잘못 이해한 부분이고 김억도 확인하지 못한 부분이다. 이 내용은 《명예관 연설》 169-170에서 자세히 묘사된다. 진상은 이렇다. 저녁식사 중이던 의원들이 식사 주변에 쳐진 버들가림막 천막을 모아 '봉화'를 위해 태웠고 나팔수를 불러 민회를 소집하도록 한 것이다. 그러나 이 구절은 오랫동안 아테네에서 벌어진 소동의 일환으로 오독되었다.

【제7장 10】『이와 갓흔 것은 조곰도 걱정할 것이 업습니다、
필닙이 유라테아에 逗留하면서 곳 進軍하지 못하는 것은 무슨
째문임닛가。이는 말할 것도 업시 시프쓰에는 필닙*의 黨派가
적은 까닭임니다。그러나 全都가 다 이와 갓튼 腐腸漢만이 아
니올시다。諸君이여、諸君과 함께하랴 하며、諸君과 連結하랴
고 하는 사람이 적지 아니할 줄로 나는 암니다。諸君이 만일 舊
怨을 가지고 무엇이니 할 것 갓트면 필닙黨은 全力을 다하야
시프쓰 軍과 合하야 곳 우리 國境으로 올 것이올시다、오날의
急務로 말하면 舊怨을 바리고 危急에 쌔진 시프쓰를 救援하는
것이 第一의 得策이외다。우리는 곳 全軍을 國境으로 보내여、
시프쓰에 잇는 우리 黨派를 救援하지 아니하면 아니 되겟습니
다、이와 同時에 十使節을 시프쓰에 派遣하야 全權을 주어、折
衝의 大任을 맛기게 하여야 합니다。區々한 條件으로 因하야
大事를 그릇처서는 아니 됩니다。시프쓰가 만일 우리와 合하게
되면 그 勢力은 대단히 클 것이외다、시프쓰가 만일 우리를 排
斥한다 하면 그것은 恥辱이 시프쓰에 잇는 것이고 決코 우리
에게 잇지 아니함니다、웨 그러냐 하면 우리 雅典은 名譽로나、
政畧으로나 決코 부끄러울 것이 업는 까닭이외다。』**

* 닙필, 김억: 필닙: 독도 교정
** 』。, 김억: 。』, 독도 교정

【번역】 "이런 일은 조금도 걱정할 것이 없습니다. 필리포스가 엘라
테이아에 체류하면서 곧바로 진군하지 못하는 것은 무엇 때문이겠
습니까? 말할 것도 없이 테베에는 필리포스의 당파가 적은 까닭입
니다. 그러나 이처럼 모두 창자가 썩은 사람만 있는 것은 아닙니다.

여러분, 여러분과 함께하려고 하고, 여러분과 연락하려고 하는 사람이 적지 않을 줄로 나는 압니다. 여러분이 만일 옛날 원한으로 뭔 짓이든 할 것 같으면, 필리포스 당은 전력을 다하여 테베의 군대와 합하여 곧바로 우리 국경으로 쳐들어올 것입니다. 오늘의 급선무로 말하면, 옛날의 원한을 버리고 위급에 빠진 테베를 구원하는 것이 가장 좋은 계책입니다. 우리는 곧바로 전군을 국경으로 보내 테베에 있는 우리 당파를 구원하지 않으면 안 됩니다. 아울러 열 명의 사신을 테베에 파견하고 전권을 주어 잘 교섭하는 대임을 맡겨야 합니다. 구차한 조건으로 인해 대사를 그르쳐서는 안 됩니다. 테베가 만일 우리와 합하면 그 세력은 대단히 클 것입니다. 테베가 만일 우리를 배척하면 그 치욕은 테베에 있고, 결코 우리에게 있지 않습니다. 왜 그러냐면, 우리 아테네는 명예와 정략에서 결코 부끄러울 일이 없기 때문입니다."

【제7장 11】 이러한 適切한 議論을 하야 群衆은 크게 激動되야 決議가 곳 成立되엿습니다、이째에 에쓰키네쓰 一派들은 한마듸도 말을 하지 못하고 잠々하고 잇섯다 합니다。이리하야 使節은 곳 派遣되게 되엿는데 데모쓰테네쓰가 首領이 되엿습니다。그 同時에 雅典의 軍隊는 곳 國境을 向하고 出發하엿습니다。

그째에 필닙의 使節도 시프쓰에 잇섯습니다。데모쓰테네쓰의 取할 길은 다만 시프쓰의 危機를 指摘하고 그 希臘精神을 鼓吹함에 잇섯습니다。필닙의 使節은 年來의 宿怨을 가지고 여러 번 시프쓰를 煽動하엿슴으로 雅典의 使節은 使命을 完全

히 하기가 대단히 어려웠습니다、만은 데모쓰테네쓰의 雄辯과 熱誠*과 卓識과 敏腕은 시프쓰의 人心을 充分히 激動하야 그들로 하야곰 舊怨을 니저바리고 새로히 同盟을 매자 써 一心 全力하야 필닙을 對抗하랴는 맘을 굿게 하엿습니다。

* 執誠, 김억: 熱誠, 독도 교정

【번역】 이러한 적절한 의론은 군중을 크게 격동시켜 의결이 곧바로 이루어졌습니다. 이때 아이스키네스 일파는 한마디도 말하지 못하고 잠자코 있었습니다. 이렇게 해서 사신들이 곧장 파견되었는데, 데모스테네스가 수령이 되었습니다. 동시에 아테네의 군대는 곧장 국경을 향하여 출발하였습니다. 그때 필리포스의 사신들도 테베에 있었습니다. 데모스테네스가 취할 길은 테베의 위기를 지적하고 그리스 정신을 고취하는 것에 있었을 뿐이었습니다. 필리포스의 사신은 오래 묵은 원한을 갖고 최근에 여러 번 테베를 선동하였기에 아테네의 사신은 사명을 완수하기가 매우 어려웠습니다. 하지만 데모스테네스의 웅변과 열성과 탁견과 민완은 테베의 인심을 충분히 격동시켜 오랜 원한을 잊어버리고 새롭게 동맹을 맺게 하였습니다. 일심전력으로 필리포스에게 대항하려는 마음을 굳게 하였습니다.

【제7장 12】 이에 니르러 그의 名望과 信用은 實로 絶頂에 達하엿습니다。이리하야 필닙은 시프쓰의 助力을 일헛슬 쑨만 아니고、도로혀 反抗을 밧게 되엿고 雅典은 시프쓰와 필닙이 함 씌 合하야 來襲하랴고 하는 危急을 免케 되엿슬 쑨만 아니고

有力한 同盟者를 엇더 장차 압흐로 크게 하욤이 잇스랴고 하
엿습니다。時局은 一變하야 유쎄아、아케아、코린쓰、메까리
아、리우카쓰、* 콜키레아들도 다 이 同盟에 參加하야 감작 勢
力이 크게 되엿습니다。데모쓰테네쓰는 軍務大臣이 되야 그의
權威도 實로 盛大하엿습니다、紀元前 三百三十八年 봄 三月
花笑鳥啼하는 아름답은 時節에 名譽 잇는 冕冠이 그의 머리
에 光榮을 더하엿습니다。

* 리우키쓰, 김억: 리우카쓰, 독도 교정

【번역】이에 이르러 그의 명망과 신용은 진실로 절정에 도달하였습
니다. 이리하여 필리포스는 테베의 조력을 잃었을 뿐만 아니라, 도
리어 저항을 받게 되었습니다. 아테네는 테베와 필리포스가 함께 습
격해 오려는 위급을 면하게 되었을 뿐만 아니라, 유력한 동맹자를
얻어 앞으로 크게 활용할 수 있게 되었습니다. 시국은 일변하여 에
우보이아, 아카이아,127) 코린토스,128) 메가라,129) 레우카스, 콜키레

---

127) 아카이아(Achaea): 그리스 남부 코린토스 만에 면한 고대의 한 지방.
128) 코린토스(Korinthos): 고대 그리스의 도시 국가의 하나. 그리스와 펠로폰네소
    스 반도를 잇는 지협(地峽)에 위치하였으며 그리스의 남북 육상 교통의 요지
    인 동시에 이오니아해와 에게해를 잇는 해상 교통의 요지였다.
129) 메가라(Megara): 그리스 아티카주 안쪽으로 깊숙이 들어와 사로니코스만을
    끼고 있는 고대·현대 정착지. 기원전 630년 이후 메가라는 이웃인 아테네와
    대립 관계에 있었다. 기원전 570년경 아테네에 살라미스섬을 빼앗겼으며 기
    원전 461년 강제로 아테네의 방어 원조를 받아들인 뒤 기원전 446년에 반란
    을 일으켰다. 기원전 432년에는 나라 전역에 걸쳐 아테네가 내린 무역 금지
    명령으로 곤욕을 치렀다.

아[130] 등도 모두 이 동맹에 참여하여 깜짝 세력이 커졌습니다. 데모스테네스는 군무 대신이 되었고 권위도 진실로 성대해졌습니다. 기원전 338년 봄 3월, 꽃이 웃고 새가 지저귀는 아름다운 시절에 명예의 명예관[131]이 그의 머리에 영광을 더하였습니다.

【제7장 13】 戰鬪는 始作되엿습니다、雅典 軍兵은 여려 번 敵軍을 攻擊하야 勝利를 어덧슴으로 필닙은 不得已*하야 救援을 페로폰네사스에게 請하엿스나 應치 아니하엿습니다。여려 해 동안 怨恨이 싸이고 싸엿더니 只今 와서 겨우 그 怨恨이 풀니려 하엿습니다。만은 雅典 軍에는 良將이 적고 쏘 運用의 妙計를 다하는 사람이 업섯습니다。비록 데모쓰테네쓰 하나이 政治家로 外交家로 여려 사람의 注意를 쓸며 人心을 堅固케 하기는 하엿스나 그러나 軍隊를 督促하며、戰畧을 講論함에 니르러서는 그의 責任이 아니엿습니다。그쌔에 여려 가지의 流言이 자조 流行하야 希臘軍의 元氣가 대단히 減殺하는 傾向이 잇섯슴을 보고 데모쓰테네쓰는 이것을 激動하며 皷舞하야 엇지하든지 敵軍을 粉碎**하야 여러 해 동안의 怨恨을 씨츠려고 하엿습니다。

* 不得己, 김억: 不得已, 독도 교정
** 紛碎, 김억: 粉碎, 독도 교정

---

130) 콜키레아: 코르퀴스(Corcys) 혹은 오늘날의 케르퀴라(Kerkyra)섬.
131) 명예관: 그리스어 'stephanos'는 '두르다'는 뜻의 그리스어 동사 'stepho'에서 파생되어 머리를 둘러씌우는 관을 가리키게 되었다. 고대 그리스에서는 올림픽 경기 우승자, 개선장군, 도시에 공헌한 인물 등에게 명예의 관을 씌웠다.

【번역】 전투는 시작되었습니다. 아테네 군사는 여러 번 적군을 공격하여 승리를 얻었습니다. 필리포스는 부득이하여 펠로폰네소스에 구원을 요청하였지만, 응함이 없었습니다. 여러 해 동안 쌓이고 쌓인 원한이 지금에야 겨우 풀리려 하였습니다.[132] 하지만 아테네 군대에는 우수한 장군이 적었고, 또 운용의 묘책을 쓰는 사람이 없었습니다. 데모스테네스 한 사람이 정치가와 외교가로 여러 사람의 주의를 끌며 인심을 견고하게는 하였습니다만, 군대를 감독하고 전략을 세우는 것은 그의 책임이 아니었습니다. 그때 여러 가지의 유언비어가 자주 유행하여 그리스 군대의 원기가 크게 가라앉기도 하였습니다. 이에 데모스테네스는 원기를 격동하고 고무하여 어떡하든지 적군을 분쇄하여 여러 해 동안의 원한을 씻으려 하였습니다.

【제7장 14】 最後의 決戰은 케로네아*에서 니러낫습니다、필닙은 親히 一軍을 引率하고、雅典과 對立하며、그 아들 有名한 알넥산더는 一軍의 將이 되야 시프쓰 軍과 對立하엿습니다。血戰 數十合에 勝負가 容易히 決定되지 아니하고 한갓 戰塵이 놉흔 곳에 死體가 累々하엿슬 쑨이엿습니다、雅典의 軍士는 善戰하엿슴으로 필닙도 엇지할 수가 업섯슬 째에 雅典 將士들은 부르지져 가르되、이럿케 長驅前進하야 마게쏘니아로 들어가자 하는 소리로 勝利를 自祝하엿습니다。만은 알넥

<hr>

132) 여러 해…하였습니다: 스파르타를 맹주로 하는 펠로폰네소스가 아테네의 적인 필리포스 2세의 동맹 제안에 반응이 없었다. 이 모습을 보고 원래 숙적이던 아테네와 스파르타 사이의 원한이 겨우 풀리는 것 같다고 표현하는 것으로 보인다.

산더가 크게 시프쓰의 軍士를 破하야 그 形勢가 盛大함에 밋
처、필닙도 元氣를 얻어 나아가 力戰하엿슴니다、이리하야 雅
典軍은 가이업게도 敗北를 當하야 서로 몬저 하기를 다토아
潰走하엿슴니다、데모쓰테네쓰는 겨우 生命을 保全하게 되엿
슴니다。

* 케요네아, 김역: 케로네아, 독도 교정

【번역】 최후의 결전은 카이로네이아[133]에서 벌어졌습니다. 필리포
스는 직접 한 군대를 거느리고 아테네와 맞섰으며, 유명한 그의 아
들 알렉산드로스는 한 군대의 장군이 되어 테베 군대와 맞섰습니다.
수십 번의 혈전에도 승부가 쉽게 나지 않았습니다. 전란의 먼지가
수북한 곳에 시체가 겹겹이 쌓였을 뿐이었습니다. 아테네의 군사가
잘 싸워 필리포스도 어찌할 수가 없었습니다. 이때 아테네 장병들은
"이렇게 거침없이 마케도니아로 쳐들어가자."라고 부르짖으며 승리
를 자축하였습니다. 하지만 알렉산드로스가 테베의 군사를 크게 격
파하여 그의 군세가 성대해졌습니다. 이에 필리포스도 원기를 회복
하여 힘껏 싸웠습니다. 이렇게 하여 아테네 군대는 가엾게도 패배를
당하고 앞을 다투어 뿔뿔이 달아났습니다. 데모스테네스도 생명을
겨우 보전하였습니다.

---

133) 카이로네이아 전투: 카이로네이아(Chaeroneia)는 그리스 동부에 위치한 보이
오티아의 고대 도시이다. 이곳에서 기원전 338년 마케도니아군과 아테네-테
베 연합군이 맞붙었고, 필리포스 2세가 크게 승리하여 그리스 지배권을 손에
넣었다. 필리포스 2세의 아들인 알렉산드로스 당시 18살의 나이로 전투에 참
여하여 마케도니아군의 좌익을 지휘했다.

第八[*]

【제8장 1】 케로네아의 敗北는 希臘의 運命을 悲境으로 陷入
케 한 同時에 데모쓰테네쓰의 모든 希望까지 永々히 實現되지
못한 水泡가 되게 하엿슴니다。 史家의 傳하는 바의 말을 듯건
댄 필넙은 勝利를 엇고 엇지 깃벗든지 死體가 싸히고 싸힌 안
을 쒸여 돌아단니며 한갓 自己의 成功을 祝賀하다가 문득 데
모쓰테네쓰가 告示한 唱歌의 數語를 엇더 曲調를 마초아 노래
하엿슴니다、 그러ᄒ다가 문득 精神이 들어 크게 自己가 危險
한 곳에 잇슴을 알고 쏘는 自己의 身命과 領地를 恒常 싣지 아
니하고 危險한 곳으로 誘引하는 雄辯家 데모쓰테네쓰의 偉力
이 엇더케 큰 것을 생각하고는 혼자 남몰으게 몸을 썰엇다 함
니다。

* 第八, 김역: 第八 爾後の動靜, 토도키

【번역】 카이로네이아의 패배는 그리스의 운명을 불행한 처지로 빠
져들게 하였습니다. 아울러 데모스테네스의 모든 희망까지도 영원
히 실현되지 못한 물거품이 되게 하였습니다. 역사가의 전하는 말에
따르면,[134] 필리포스는 승리를 얻고 얼마나 기뻤던지 시체가 가득
쌓인 성^城 안을 뛰어다니며 자기의 성공을 축하하였습니다. 그러다

가 문득 데모스테네스가 보여준 노래[135] 몇 마디를 얻어 곡조를 맞
춰 노래하였습니다. 그러다가 문득 정신을 차려 자기가 위험한 곳에
있음을 알았습니다. 또 자기의 생명과 영지를 끊임없이 위험한 곳으
로 유도하는 웅변가 데모스테네스의 위력이 얼마나 위대한지를 생
각하고는 남모르게 홀로 몸을 떨었다고 합니다.

【제8장 2】 이 戰爭으로 因하야 希臘이 大悲運에 쌔지게 되
자、데모쓰테네쓰의 反對黨들은 이야말로 千古에 엇기 어려운
好機라 하야 곳 데모쓰테네쓰를 彈劾하엿스나、一般 群衆은
그 罪狀을 認定하지도 아니하고 그의 信用은 前日과 조곰도
틀님이 업고 그의 指導면 무엇이나 다 服從하엿습니다. 한데
케로네아 戰役에 戰死한 死體를 埋葬할 쌔에는 데모쓰테네쓰
로 하야금 儀式을 司宰하며、葬送의 演說을 하게 하엿는데 그
演說이 크게 遺族의 尊敬과 同情을 엇더습니다. 그윽히 생각
하건댄 抑制할 수 업는 그의 悽愴한 생각과 千古에 類가 업는
壯烈한 雄辯은 民衆의 心肝을 찔너、듯는 사람으로 하야곰 몰
으는 듯 萬斛의 悲歎의 눈물을 쌱리게 하엿슬 것임니다. 雅典
人民은 不幸으로 敗北의 辛苦를 만나기는 하엿스나 그로 因하
야 다시 니러나지 못할 만한 精神은 조곰도 沮喪하지 아니하
고、이 指導者의 指導를 밧으랴고 하엿스며、쏘는 조곰도 그의

---

134) 역사가의⋯따르면: 플루타르코스《비교열전·데모스테네스전》20.3.
135) 노래: 데모스테네스가 부른 노래가 아니다. 데모스테네스가 필리포스 2세와의
　　　전쟁을 선포하는 공식 포고문이다. 필리포스 2세는 이를 운율로 바꾸어 노래
　　　하듯 불렀다.

指導 밧듬을 後悔하지 아니하엿슴니다。이러한 一般 國民의
쓰거운 敬愛를 밧으면 밧을사록 그의 가슴에는 모든 것을 다
희생하고 다만 國家를 위하야 모든 것을 盡瘁하랴고 하엿슴니
다。雅典에서 城壁을 싸흘 째에 그는 監督이 되야 私金을 寄附
한 일도 잇섯슴으로 더욱 民心을 自己 한 몸에 모흐게 되엿슴
니다。

【번역】 이 전쟁으로 말미암아 그리스가 큰 비운에 빠지게 되자, 데
모스테네스의 반대당들은 이야말로 천고에 얻기 어려운 호기라 하
여 곧 데모스테네스를 탄핵하였습니다. 하지만 대부분의 군중은 그
죄상을 인정하지 않았습니다. 그에 대한 신뢰는 이전 날과 조금도
다름이 없었고, 그의 지도라면 무엇이나 다 복종하였습니다. 카이로
네이아의 전투에서 전사한 병사를 매장할 때는 데모스테네스에게
장례식을 주재하고 장송연설을 하게 하였습니다. 그 연설은 유족의
존경과 동정을 얻었습니다. 곰곰이 생각해 보면, 억제할 수 없는 그
의 애달픈 생각과 천고에 비길 수 없는 장렬한 웅변은 민중의 심장
과 간을 찔러 드는 사람들이 자신도 모르게 다량의 슬픈 눈물을 뿌
리게 하였을 것입니다. 아테네 인민은 불행하게 패배의 고통을 만났
지만, 그로 인하여 다시 일어나려는 불굴의 정신은 조금도 잃지 않
았습니다. 데모스테네스의 지도를 받으려고 하였고, 그의 지도를 받
게 된 것을 조금도 후회하지 않았습니다. 이렇게 많은 국민의 뜨거
운 존경을 받으면 받을수록, 그의 가슴에는 모든 것을 다 희생하고
오로지 국가를 위하여 모든 것을 다 바치려고 하였습니다. 아테네에
서 성벽을 쌓을 때 그는 감독이 되어 사재를 기부한 일도 있었기에,
민심이 자기 한 몸에 더욱 모이게 되었습니다.

【제8장 3】 데모쓰테네쓰가 마츰 필닙이 死去하엿다는 秘報를 들엇는데 아직 公表되지 아니함을 好機로 삼아 一般 雅典의 市民을 激動식히랴고 欣然히 集會에 나아가 가르되、『나는 쑴에 큰 幸運이 우리나라로 옴을 보앗슴니다。』* 이러한 말이 잇슨 지 얼마 아니하야 果然 필닙이 죽엇다는 訃音이 왓슴니다。 이째 雅典 사람들은 歡喜의 極度에 잇서 서로 酒杯**를 놉히 들어 祝賀하며、暗殺者 포사니아쓰의 功을 칭찬하엿슴니다。 그째에 데모쓰테네쓰는 自己의 愛女를 일코 대단히 悲哀하게 지내든 째엿슴니다、만은 이러한 訃音을 듯고 그대로 잇슬 수 가 업서、곳 美服과 花冠을 쓰고 즐거운 빗으로 그 會席에 參 與하엿슴니다。 생각하건대 여려 해 동안 내려오든 宿仇가 하로 아츰에 업서지고 怨恨이 骨髓에 가득하든 民衆의 깃붐은 모든 것을 니져바리고 한갓 깃버하엿슴니다。 데모쓰테네쓰는 모든 自己의 私事를 니져바리고 民衆과 갓치 깃버 쒸놀며、여려 가 지로 民心을 皷吹하엿슴니다。 이러한 것은 極히 적은 그의 一 面이라 하겟지만은 이것도 足히 그의 愛國的 赤誠을 證明할 만한 것이라 하지 아니치 못하겟슴니다。

* 『。, 김억: 。』, 독도 교정
** 酒抔, 김억: 酒杯, 독도 교정

【번역】 데모스테네스는 마침 필리포스가 죽었다는 비밀스러운 소식을 들었습니다. 그는 아직 공표되지 않음을 호기로 삼아 모든 아테네 시민을 격동시키려고 기꺼이 집회에 나아가 말하였습니다. "나는 꿈에 큰 행운이 우리나라로 오는 것을 보았습니다."[136] 이 말을 한 지 얼마 되지 않아 정말로 필리포스가 죽었다는 부음이 전해졌

습니다. 이때 아테네 사람들은 아주 기뻐하여 서로 술잔을 높이 들어 축하하고, 암살자 파우사니아스[137]의 공을 칭찬하였습니다. 그때 데모스테네스는 사랑하는 딸을 잃고 몹시 슬프게 지내고 있었습니다. 하지만 이러한 부음을 듣고 그대로 있을 수가 없어 곧 미복과 화관을 착용하고 기쁜 얼굴로 집회에 참여하였습니다. 생각해 보면, 여러 해 동안의 숙적이 하루아침에 없어져 원한이 골수에 가득하던 민중은 모든 것을 잊어버리고 기뻐하였습니다. 데모스테네스는 자기의 개인적인 일을 모두 잊어버리고 민중과 같이 기뻐 뛰놀며 여러 가지로 민심을 고취하였습니다. 이러한 것은 지극히 적은 단면이라 하겠지만, 이것도 충분히 애국적인 그의 마음을 진실로 증명할 만한 것이라 하지 않을 수 없습니다.

【제8장 4】 새로히 再擧하야 希臘 諸國을 警醒하야 大同盟을 니르키여、여려 해 동안의 汚辱을 雪恥할 時期가 到達하엿슴니다。 이째에 데모쓰테네쓰가 前과 갓치 民心을 鼓吹하엿슬 것 갓트면 激動하야 니러설 것은 反掌보다 쉬워슬 것이외다、 만은 그는 생각하는 바가 잇서 輕率히 움직이지 아니하고 그

---

136) 데모스테네스는…보았습니다: 플루타르코스 《비교열전·데모스테네스전》 22.1. "그런데 데모스테네스는 필리포스의 최후를 비밀리에 알아내고, 아테네인이 미래의 일에 대해 자신감을 가질 수 있도록 그 마음을 사로잡게끔 미리 손을 쓰려고, 밝게 빛나는 모습을 하고 회의장으로 나갔습니다. 아테네 사람들에게 매우 좋은 뭔가가 있으리라 기대하게 해 주는 꿈을 보았노라고 하면서…"

137) 파우사니아스(Pausanias): 오레스티스의 파우사니아스. 필리포스 2세를 암살한 인물로, 암살의 동기가 사적인 원한이었는지 사주받은 것인지 여전히 불분명하다.

익히 글을 波斯의 一將에게 보이며、젓내 나는 알녁산더는 조
곰도 무서울 것이 업다 하며 갓치 마게쏘니아를 征服하자고 하
엿슴니다。그째 波斯의 形勢는 대개 希臘의 獨立과 利害가 一
致하야 마게쏘니아로 하야금 遠征의 餘暇를 엇지 못하게 하랴
는 것은 그들의 希望이엿슴으로 데모쓰테네쓰는 갓치 波斯의
힘을 엇으랴고 하엿는데、이 쏘한 至當한 政策이라 하지 안을
수 업슴니다。雅典의 데모쓰테네쓰의 名望은 발서 바다를 건
너、波斯의 朝廷에까지 波及되야 波斯의 그에게 對한 囑望도
쏘한 적지 아니하엿슴니다。이리하야 여러 번 波斯에서는 巨額
의 金錢도 보내며、크게 데모쓰테네쓰를 援助하엿슴니다。

【번역】 새롭게 다시 일어나 그리스 여러 나라를 각성시켜 대동맹
을 일으키고, 여러 해 동안의 오욕을 설욕할 시기가 찾아왔습니다.
이때 데모스테네스가 이전과 같이 민심을 고취하였다면, 격동하여
일어서는 것은 손바닥 뒤집는 일보다 쉬웠을 것입니다. 하지만 그
는 생각하는 바가 있어 경솔히 움직이지 않고 몰래 페르시아의 한
장군에게 글을 보내어 "젓내 나는 알렉산드로스는 조금도 무서워할
것이 없다."[138]라고 하며, 같이 마케도니아를 정복하자고 하였습니
다. 그때 페르시아의 형세는 대체로 그리스의 독립과 이해득실이 일
치하였습니다. 두 나라의 희망은 마케도니아가 원정의 여력을 얻지
못하게 하는 것이었기에, 데모스테네스는 페르시아의 힘을 얻으려
고 하였습니다. 이 또한 지극히 합당한 정책이라 하지 않을 수 없습
니다. 아테네에서의 데모스테네스 명망은 벌써 바다를 건너 페르시

---

138) 젓내…없다: 플루타르코스《비교열전·데모스테네스전》23.2.

아의 조정에까지 미쳤습니다. 페르시아의 그에 대한 기대도 적지 않
았습니다. 이렇게 해서 페르시아에서는 여러 번 거액의 돈을 보내
데모스테네스를 크게 원조하였습니다.

【제8장 5】 이째에 마게쏘니아 反抗 運動은 全希臘 天地에 充
滿하야 시프쓰는 그 初擧手로 곳 마게쏘니아의 守備隊를 掩襲
하야 殺傷이 만히 나게 하엿습니다。데모쓰테네쓰는 波斯에서
바든 金錢으로 軍費를 삼으며、雅典은 그째에 同盟에 參加하
야 쟝차 큰 戰鬪를 始作하랴고 하엿습니다。아〻 그러나 하눌
은 넘우도 늣게 모든 일을 始作하게 하야 이째에 발서 알넥산
더는 本國의 內亂을 鎭定하고 베틔아로 進軍하여 왓습니다、
이것을 보고 雅典 人民은 크게 놀내며 勇氣가 沮喪하엿습니
다。이째에 시프쓰는 그 同盟을 일코 獨力으로 對抗하엿스나
조곰도 勝利를 엇지 못하고、가이업게도 沒落의 悲運을 當하
야 한번 敗北한 뒤에는 다시 니러날 힘이 업서젓습니다。

【번역】 이때 마케도니아에 대한 저항 운동은 그리스 모든 지역에
충만하였습니다. 테베는 가장 먼저 마케도니아의 수비대를 엄습하
여 많은 살상을 나게 하였습니다. 데모스테네스는 페르시아에서 받
은 돈을 군비로 지출하고, 아테네는 그때 동맹에 참여하여 큰 전투
를 시작하려고 하였습니다. 아아, 그러나 하늘은 너무도 늦게 모든
일을 시작하게 하였습니다. 이때 알렉산드로스는 벌써 본국의 내란
을 진정하고 보이오티아로 진군하였습니다. 아테네 인민은 이것을
보고 매우 놀라 용기를 잃었습니다. 이때 테베는 그 동맹을 잃고 혼

자 힘으로 대항하였으나 좀처럼 승리하지 못하였습니다. 그들은 가엾게도 몰락의 비운을 맞아 한번 패배한 뒤에는 다시 일어날 힘이 사라졌습니다.

【제8장 6】 이러한 것을 보고 雅典은 한갓 무서워하며, 엇지하면 죠흘 것좃차 몰으고 데모쓰테네쓰로 하야금 알넥산더에게* 가서 平和를 맷게 하랴고 하엿슴니다、 만은 데모쓰테네쓰로 말하면 알넥산더의 가쟝 원망하는 사람이엿슴으로 만일 데모쓰테네쓰가 使節이 되야 알넥산더에게로 간다 하면 곳 面前에서 身首가 써러지게 되든가、 그럿치 아니하면 鐵窓에서 禁錮를 當하든가 하지 아니할 수 업는 事情이매 데모쓰테네쓰로 하야금 이 任務를 當하게 하는 것은 適當한 일이라 할 수가 업섯습니다。 데모쓰테네쓰는 이러할 줄을 몬져 알고 알넥산더에게로 가지 아니하고 逃亡하야 왓슴니다、 果然 알넥산더가 使節을 雅典에 보내여、 데모쓰테네쓰 以下 十人의 辯士를 보내라고 하엿슴니다、 이째에 데모쓰테네쓰가 譬喩를 가지고 말하여 가르되、 諸君은 諸君을 守護하는 忠犬을 내여좃차 마게쏘니아의 凶狼의 손에 죽이랴고 함닛가。 이 明快한 演說은 民衆의 맘을 激動식혀、 아직 엇지하면 죠켓다는 決定이 업슴니다。 이째에 마츰 데마데쓰가 自己가 마게쏘니아로 가서 十人의 辯士를 代身하야 알넥산더에게 懇請하겟다 함으로 衆議는 即席에 一致하야 데마데쓰를 보내기로 하엿슴니다、 이리하야 危機를 當한 雅典의 愛國者는 身命을 保全하게 되엿슴니다、 데마데쓰가 重大한 使命을 가지고 마게쏘니아 王 알넥산더에게 곳

가서 여러 가지로 말을 한 結果、十人의 辯士의 危險도 풀니고 쏘한 平和도 締結하엿슴니다。

* 알넥산데더게, 김억: 알넥산더에게, 독도 교정

【번역】 아테네는 이러한 상황을 보고 무서워할 뿐 어떻게 하면 좋을지 몰랐습니다. 그들은 그저 데모스테네스에게 알렉산드로스와 평화를 맺으라고만 하였습니다. 하지만 데모스테네스는 알렉산드로스에게 가장 원한을 산 사람이었습니다. 만일 데모스테네스가 사신이 되어 알렉산드로스에게로 간다면, 곧장 눈앞에서 목이 몸에서 떨어지게 됩니다. 그렇지 않으면 철창에 감금당할 수밖에 없는 형편이었습니다. 데모스테네스에게 이 임무를 맡기는 것은 적절한 일이라 할 수 없었습니다. 데모스테네스는 이럴 줄 먼저 알고 알렉산드로스에게 가지 않고 도망쳤습니다. 과연 알렉산드로스가 사신을 아테네에 보내 데모스테네스 이하 10명의 변사[139]를 보내라고 하였습니다. 이때 데모스테네스가 비유하여 말하였습니다. "여러분은 여러분을 수호하는 충견을 내쫓아 마케도니아의 흉악한 늑대 손에 죽게 하려 합니까?"[140] 이 명쾌한 연설은 민중의 마음을 격동시켰습니다. 하지만 아직 어떻게 하는 것이 좋은지에 대한 결정을 내리지 못했습니다. 마침 데마데스가 10명의 변사를 대신하여 자신이 마케도니아

---

139) 변사: 아테네의 입장을 대변하는 연설가이다.

140) 여러분은…합니까?: 플루타르코스 《비교열전·데모스테네스전》 23. 5. "바로 이때 데모스테네스가 민중에게 양들에 관한 이야기를 해 주었습니다. 양들이 늑대들에게 개들을 넘겨주었다는 이야기를 하면서, 자기 자신과 측근들을 민중을 위해 싸우는 개들에 비유하였고, 알렉산드로스를 마케도니아의 '홀로 사는 늑대'라는 별명으로 불렀습니다."

로 가서 알렉산드로스에게 간청하겠다고 하자, 즉석에서 중론이 일치되어 데마데스를 보내기로 하였습니다. 이렇게 해서 위기를 맞았던 아테네의 애국자는 목숨을 보전하게 되었습니다. 데마데스가 중대한 사명을 띠고 마케도니아 왕 알렉산드로스에게 가서 여러 가지로 말한 결과, 10명 변사의 위험도 풀리고 평화도 체결하였습니다.

【제8장 7】알렉산더는 임의 希臘을 平定하고 空前絶后의 壯圖를 實現하기 위하야 아시아 遠征의 기를 잡고 써낫습니다. 이 后부터、雅典의 全權은 데마데쓰의 手中에 잇섯고、데모쓰테네쓰는 다만 內政에 조곰 干步이나 하엿습니다、만은 그의 滿腔의 熱情은 조곰도 變치 아니하고 鬱勃하야 機會만 잇스면 큰 爆發을 하랴고 하엿습니다。그째에 斯波多 王 아씌쓰가 알렉산더가 잇지 아니하는 틈을 타서 大兵을 引率하고 希臘을 위하야 마게쏘니아를 征服하랴고 하엿는데 이에 對하야 데모쓰테네쓰는 크게 同情을 하며、엇지하든지 援助를 하여야 한다고 하엿스나、雅典은 조곰도 參加하기를 죠와하지 아니하엿습니다。斯波多는 孤軍으로 勇敢하게 싸와、여러 번 敵軍을 괴롭게 하기는 하엿스나、時不利의 歎息 만흔 敗北를 當하야 全軍이 다 戰死하야 死體를 日光에 쏘이며、忠勇의 맑은 精神을 남기엿습니다。일이 이리된 以上에는 데모쓰테네쓰는 엇지할 수 업시 한동안 退隱하야 活動을 中止하지 아니치 못하게 되엿습니다。만은 民心은 아직 變치 아니하야 前日과 갓치 그를 敬慕하며、그를 信賴하는 마음이 적어지지 아니하엿습니다。敵手 에쓰키네쓰와 宏大한 爭論을 한 것은 實로 이를 證明할 만

하엿습니다。

【번역】 알렉산드로스는 이미 그리스를 평정하고 공전절후空前絶後[141]의 웅대한 계획을 실현하기 위해 아시아 원정의 깃발을 잡고 떠났습니다.[142] 이후 아테네의 전권은 데마데스의 수중에 있었고, 데모스테네스는 내정에 조금 간섭할 뿐이었습니다. 하지만 그의 가슴속에 가득한 열정은 조금도 변치 않고 왕성하여 기회만 있으면 크게 폭발하려고 하였습니다. 그때 스파르타 왕 아기스[143]는 그리스를 위해 알렉산드로스가 없는 틈을 타서 대병을 이끌고 마케도니아를 정복하려고 하였습니다. 이에 대해 데모스테네스는 크게 공감하며 어떻게든 원조해야 한다고 하였지만, 아테네는 동참하는 것을 조금도 좋아하지 않았습니다. 스파르타는 고립무원으로 용감하게 싸워 여러 번 적군을 괴롭혔지만, 시운이 좋지 않아 탄식 많은 패배

---

141) 공전절후(空前絶後): 전에도 없었고 앞으로도 있을 수 없음. 전무후무(前無後無).

142) 알렉산드로스는…떠났습니다: 기원전 335년, 알렉산드로스 3세(알렉산드로스 대왕)은 북부 트라키아(현 불가리아)를 정벌하러 떠난다. 이때, 알렉산드로스가 전투 중 사망했다는 소문이 테베와 아테네에 퍼졌다. 데모스테네스는 이 소문에 발맞추어 의회 연단을 장악하여 전쟁을 종용하는 한편, 아시아의 페르시아 태수들에게 전쟁을 일으키라 고무했다. 페르시아는 이에 화답하여 테베와 아테네에 자금을 지원하여 반란을 종용한다. 그러나 알렉산드로스는 이 소식을 듣고 신속히 남하하여 테베를 잿더미로 만든다. 아테네는 의도했든 그렇지 않았든 테베를 적극적으로 지원하지 않았다. 그리고 바로 알렉산드로스에게 무릎 꿇는다. 이때, 데모스테네스는 페르시아에게 지원받은 300탈란톤을 착복했다는 혐의를 받았다(《크테시폰 고발연설》 240).

143) 아기스(Agis): 스파르타 왕 아기스 3세(B.C.?~B.C.331)를 말한다. 알렉산드로스가 아나톨리아 침공 때문에 그리스를 비운 틈을 타 그리스의 여러 도시 국가를 이끌어 반란을 일으켰지만 실패했다.

를 당하였습니다. 전군이 다 전사하여 시체는 햇볕에 쪼이며 충용의 맑은 정신만을 남겼습니다. 일이 이렇게 된 마당에 데모스테네스도 어찌할 수 없이 은퇴하여 한동안 활동을 중지하지 않을 수 없었습니다. 하지만 민심은 아직도 변치 않고 이전처럼 그를 경모하고 신뢰하는 마음이 적어지지 않았습니다. 정적 아이스키네스와 벌인 웅대한 논쟁은 진실로 이를 증명할 만한 것입니다.

【제8장 8】 以前 에쓰키네쓰는 데모쓰테네쓰에게 冕冠을 쓰게 하자는 議論으로써 違法이라 하며 데모쓰테네쓰에게는 조곰도 이러한 光榮을 가지게 할 것이 못 된다고 彈劾하엿습니다. 그 后 六年間은 이에 對하야 아모 議論이 업섯습니다、만은 只今 와서는 서로 敵視하는 兩辯士는 宏壯한 辯論의 싸홈을 하게 되엿습니다. 일로 말하면 그럿케 重大한 公事가 아니엿습니다、만은 이 두 사람은 다 有名한 雄辯家엿슴으로 쯧박게 이 論爭은 天下의 耳目을 씨을게 하엿습니다. 에쓰키네쓰는 할 말 못할 말을 가지고 데모쓰테네쓰의 來歷을 熱罵하야 一事一行에 對하야 攻擊의 銳矢를 더하지 아니한 것이 업섯습니다. 데모쓰테네쓰가 이에 對한 演說은 冕冠論이라는 題目으로 只今까지 遺存된 것이 잇는데、이는 몬저 自己의 來歷을 叙述하야 敵手의 讒誣임을 明白히 하고、그다음에 論法을 나외여、敵手의 論鋒을 顚倒하야 말한 것인데、痛快 明白함이 前後에 그 類가 업섯습니다. 가만히 그 글을 읽을 쌔에는 當時의 形勢가 눈압해 보이는 듯하야 그의 經歷에 對하야 자세하게 알게 됨은 勿論이며、希臘의 歷史도 實로 이로 由하야 明白하여것다

할 수 잇슴니다。

【번역】 이전에 아이스키네스는 데모스테네스에게 명예관을 쓰게
하자는 논의가 위법이라고 하며, 데모스테네스가 이러한 영광을 조
금도 차지할 자격이 못 된다고 하면서 탄핵하였습니다. 그 뒤 6년간
은 이에 대하여 어떤 논의도 없었습니다. 하지만 지금에 와서는 서
로 적대시하는 두 변사는 굉장한 변론의 싸움을 하게 되었습니다.
일로 말하자면 그렇게 중대한 공무는 아니었습니다. 이 두 사람은
모두 유명한 웅변가였기에 이 논쟁은 뜻밖에 천하의 이목을 끌게
되었습니다. 아이스키네스는 할 말 못할 말 구분하지 못하고 데모스
테네스의 내력을 심하게 꾸짖었을 뿐만 아니라, 한 가지 일 한 가지
행동에 대하여 날카로운 공격의 화살을 더하지 아니한 것이 없었습
니다. 데모스테네스의 이에 대한 연설은《명예관에 대하여》[144]라는
제목으로 지금까지 남았습니다. 이것은 먼저 자기의 내력을 서술하
여 적수의 참소가 무고임을 밝혔습니다. 그다음에는 논법을 거듭 들
었는데, 적수의 논봉을 뒤집은 것입니다. 이제까지 그렇게 통쾌하고
명백한 사례를 찾아볼 수 없습니다. 가만히 그 글을 읽을 때면 당시
의 형세가 눈앞에 보이는 듯합니다. 그의 경력에 대하여 자세하게
알게 됨은 물론이며, 그리스의 역사도 진실로 이로 말미암아 명백하

---

144) 기원전 330년 실연된 데모스테네스의《명예관 연설(On the Crown)》을 일컫
　　는다. 기원전 336년 아테네 정치인 크테시폰은 데모스테네스에게 명예관을
　　수여하자고 제안한다. 이에 그의 정적 아이스키네스는 데모스테네스가 명예관
　　을 받을 자격이 없다며 이 발의를 불법이라 고발했다. 그러나 데모스테네스는
　　《명예관 연설》을 통해 아이스키네스의 기소를 제압했고, 아이스키네스는 아테
　　네를 떠나기에 이른다. 키케로는 이 연설을 "고대 그리스 최고 연설가의 최고
　　의 연설"이라고 칭송했다.

게 드러났다고 할 수 있습니다.

【제8장 9】 그가 熱烈한 雄辯을 가지고 이 壯快한 論駁을 함
에 當하야 聽衆을 感動식힌 것은 勿論이엿습니다、그들의 論
辯이 끛나자、評決이 잇섯는데、에쓰키네쓰를 賛成한 사람
은 不過 五分의 一이엿다는 것으로써 足히 當時의光景을 살
필 수가 잇슴니다。더욱 그쌔의 聽衆은 雅典의 市民만이 아니
고 希臘 全土에서 東西南北으로 모혀 들어、이 壯觀을 듯으랴
고 하엿슴니다。論題는 單純히 法律上 議論쑨이 아니고 一生
의 來歷을 들어、旣往으로부터 現在에 니르기까지 하나도 남
기지 아니하고 自己의 貢獻과 抱負를 말한 것이엿슴으로 대단
히 興味 잇는 것임니다。만히 모힌 群衆의 視線을 바드며、光
彩 잇는 그의 來歷을 말하는 데모쓰테네쓰의 熱心은 말할 것
도 업시、그 雄辯은 얼마나 사람의 가슴을 울니엿슴닛가。이리
하야 에쓰키네쓰는 엇지할 수 업시 巨額의 罰金을 내게 되야、
그는 本國에는 잇슬 수가 업서、外國으로 다라낫슴니다。아々
오래 동안 그를 괴롭게 하며、그를 못 견대게 하든 政敵은 只今
멀니 自己의 부쓰러움을 이기지 못하야 恥辱을 國外로 가지고
갓슴에 臨하야 데모쓰테네쓰는 쏘한 얼마만한 安心도 잇섯슬
것이며、압흐로 쏘한 함이 잇슬 것이외다。

【번역】 데모스테네스가 열렬한 웅변으로 이처럼 장쾌하게 논박하
자, 청중이 감동한 것은 당연하였습니다. 두 사람의 논변이 끝나자,
판결[145]이 있었습니다. 아이스키네스를 찬성한 사람은 불과 5분의 1

이었습니다. 이로써 당시의 광경을 충분히 살필 수 있습니다. 게다가 그때의 청중은 아테네의 시민만이 아니었고, 그리스 전역의 동서남북에서 모여들어 이 훌륭하고 장대한 광경을 보려고 하였습니다. 논제는 단순히 법률상의 의론에 그친 것이 아니었습니다. 일생의 내력을 들어 과거부터 현재까지 하나도 남기지 않고 자기의 공헌과 포부를 말한 것이기에, 대단히 흥미로운 것이었습니다. 운집한 군중의 시선을 받으며 광채 있는 그 내력을 말하는 데모스테네스의 열성은 말할 것도 없고, 그 웅변은 사람의 가슴을 얼마나 울렸겠습니까? 이로 말미암아 아이스키네스는 어찌할 수 없이 거액의 벌금을 내게 되자, 본국에 있을 수가 없어 외국으로 달아났습니다. 아아, 오랫동안 그를 괴롭게 하고 그를 못 견디게 한 정적은 지금 자신의 부끄러움을 이기지 못하여 치욕을 안고 멀리 국외[146]로 달아났습니다. 이에 데모스테네스도 얼마 동안 안심을 할 수 있었을 것이며, 앞으로 행하려는 마음도 가졌을 것입니다.

---

145) 판결: 기소자 아이스키네스는 데모스테네스에게 완패해 5분의 1의 지지표를 얻지 못했다. 아이스키네스는 막대한 벌금을 물어야 할 처지에 놓였고, 벌금을 낼 형편이 안 되어 결국 아테네를 떠나고 말았다.

146) 국외: 소아시아 서쪽 해안에 위치한 이오니아 지역과 로도스 섬에서 수사학 교사로서 남은 인생을 보냈다고 한다. 플루타르코스《비교열전·데모스테네스 전》24.

<h1 style="text-align:center">第九[*]</h1>

【제9장 1】 째가 才士를 바리고、大勢가 그를 지여 바리지 아니하엿는가、이리하야 精忠의 굿은 생각은 한갓 쓸데업시 되며、愛國의 쓰거운 精神은 아모 效果를 엇지 못하게 하엿습니다。項羽의 吳江의 末路와 成忠의 心肝도 이리하야 한갓 後世人의 가이 업는 눈물만 짜게 하지 아니하엿습닛가。애닯습니다、데모쓰테네쓰의 晩年은 實로 悲慘한 구름이 싸히고 싸혀서 맘을 압흐게 하는 것쑨이엿습니다、이러한 말을 記錄함에 니르러、우리는 그의 末路와 함쎄 希臘의 光榮 가득한 歷史가 悽愴한 黃昏의 落日을 맛지 아니하면 아니 될 것에 對하야 쓰겁고 애닯은 눈물을 쑤리지 아니할 수가 업습니다。

* 第九, 김억: 第九 晩年, 토도키

【번역】 때가 훌륭한 선비를 버리고, 대세가 그를 지워 버리지 아니하였던가? 이리하여 정충[147]의 굳은 생각은 한갓 쓸데없는 것이 되었으며, 애국의 뜨거운 정신은 어떤 효과도 얻지 못하게 되었습니다. 오강에서 항우의 말로[148]와 성충[149]의 깊은 마음속도 마찬가지

---

147) 정충(精忠): 사적인 욕망이 없는 순수하고 한결같은 충성.

로 한갓 후세 사람들에게 끝없는 눈물만 짜게 하지 않았습니까? 애
달픕니다. 데모스테네스의 만년은 진실로 비참한 구름이 쌓이고 쌓
여 마음을 아프게 하는 것뿐이었습니다. 이러한 말을 기록함에 이르
러, 우리는 그의 말로와 함께 영광이 가득한 그리스 역사가 처량한
황혼의 낙조를 맞지 않으면 안 될 것에 뜨겁고 애달픈 눈물을 뿌리
지 않을 수가 없습니다.

【제9장 2】 마게쏘니아에는 알녁산더가 遠征의 길을 써나고、
國內에는 守將들이 잇서、自己의 쯧에 맛지 아니하는 行動을
하는 사람이 잇스면 죽이기도 하고、處罰도 하엿습니다。이러
케 마게쏘니아* 國內에는 危險이 잇섯는데、그 中에 할팔쓰
라고 하는 사람이 自己도 엇지하면 奇禍를 當할가 하는 疑心
을 품고 雅典으로 逃亡하여 왓습니다。한데 引率하고 온 사람
은 數百이나 되엿고、가지고 온 財寶는 巨萬이라고 하는데 雅
典 사람 中에는 밧자고 하기도 하고 拒絕하자고 하기도 하는
것을 보고 할팔쓰는 妙하게 알녁산더에게 對하야 敵抗心 가진
쯧을 表하며、쏘는 넓히 雅典 愛國者를 煽動하는 同時에 財寶
를 貪心 만흔 政治家에게 分與하야 써 여러 사람의 歡心을 언
어、엇지하엿스나 雅典의 保護를 밧게 되엿습니다。만은** 데

---

148) 오강에서 항우의 말로: 항우는 초패왕이 된 뒤에 유방과 천하를 두고 다투었
  지만 해하(垓下)의 싸움에서 진 뒤에 휘하의 병사를 이끌고 포위망을 벗어나
  달아나다가 마침내 오강(吳江) 가에 이르러 자결하였다.
149) 성충(成忠): 백제 의자왕 때의 충신(?~656). 좌평(佐平)으로 있으면서 왕의 방
  탕을 여러 번 간하다가 투옥되자, 옥에서 외적의 침입을 예언하면서 육로는 탄
  현(炭峴)에서, 수로는 기벌포(伎伐浦)에서 적을 막으라는 말을 남기고 죽었다.

모쓰테네쓰는 자세히 政局의 大勢를 살피고、國家의 前途를 생각하야 할팔쓰를 保護하게 되면 반듯시 알넥산더의 憤怒를 사게 되겟슴으로 그는 決코 할팔쓰를 保護하여서는 아니 된다 하며、拒絕하자고 主張하엿슴니다。그는 決코 마게쏘니아에 對하야 敵抗할 맘이 업는 것이 아니고、썩 强烈하엿슴니다。만 은 輕擧妄動하야 國運을 그릇하는 일이 잇서서는 아니 될 것 은 그와 갓튼 政治家가 깁히 생각한 바이엿슬 쑨 아니라、쏘 當 時의 形勢로 보게 되면 아모리 하여도 알넥산더와 갓튼 强敵 과 싸호지 못할 것은 明若觀火이엿슴니다。이러한 것을 몰으 고 過激한 마게쏘니아 反對黨들은 데모쓰테네쓰를 가르처、알 넥산더에게 좃케 보이랴고 한다 하며、甚하면 變節者라고까지 하며 憤怒하엿슴니다。

* 마게쯧니아, 김억: 마게쏘니아, 독도 교정
** 만흔, 김억: 만은, 독도 교정

【번역】 마케도니아에서는 알렉산드로스가 원정의 길을 떠났습니다. 마케도니아 국내에서는 수비를 맡은 장군들이 있었는데, 자기의 뜻에 맞지 않은 행동을 하는 사람이 있으면 죽이거나 처벌하였습니다. 마케도니아 국내에는 위험이 있었습니다. 그중에 하르팔로스[150] 라는 사람이 자신도 어쩌다가 뜻밖에 재난을 당하지 않을까 하는 의심이 들어 아테네로 도망쳐 왔습니다. 그가 데리고 온 사람은 수

---

150) 하르팔로스(Harpalos): 마케도니아 귀족의 아들로, 알렉산드로스의 어릴 적 친구이자 재무관이었다. 하르팔로스는 사치벽으로 인해 죄를 저질렀고 처벌이 두려워 알렉산드로스가 맡긴 공금 5,000탈란톤를 들고 피신처를 모색하다가 30척의 함선과 6,000명의 용병을 이끌고 기원전 324년에 아테네로 도망쳤다.

백 명이 되었고, 가지고 온 재화와 보물은 엄청난 금액이라고 하였습니다. 아테네 사람 중에는 그를 받아들이자고 하는 이도 있고 거절하자는 이도 있었습니다. 이에 하르팔로스는 알렉산드로스에 대하여 속에 품은 적개심을 교묘하게 드러냈습니다. 또한 널리 아테네 애국자를 선동하는 동시에, 재물을 탐욕 많은 정치가에게 나눠주어 여러 사람의 환심을 얻었습니다. 이리하여 하르팔로스는 아테네의 보호를 받게 되었습니다. 하지만 데모스테네스는 정국의 대세를 자세히 살피고 국가의 앞날을 생각하여 '하르팔로스를 보호하게 되면 반드시 알렉산드로스의 분노를 사게 된다'라고 생각하였습니다. 그래서 그는 하르팔로스를 결코 보호해서는 안 된다고 하며 거절을 주장하였습니다. 하지만 그는 결코 마케도니아에 대해 대항할 마음이 없는 것이 아니라 매우 강렬하였습니다. 경거망동하여 국운을 그르치는 일이 있어서는 안 된다는 것이 그와 같은 정치가가 깊이 생각하는 것이었습니다. 게다가 당시의 형세로 보게 되면, 아무리 애를 써도 알렉산드로스와 같은 강적과 싸우지 못할 것은 명약관화였습니다. 이러한 것을 모르고 과격한 마케도니아 반대당들은 데모스테네스를 가리켜 '알렉산드로스에게 잘 보이려고 한다'라고 했고, 심하게는 '변절자'라고까지 하며 분노하였습니다.

【제9장 3】 얼마 아니 잇다가、 마게쏘니아의 使者가 와서 할팔쓰를 보내라고 하엿슴니다、 만은 雅典에서는 이 請求를 拒絶하엿슴으로 마게쏘니아에서는 깁히 記憶하고 [크]일을 쟝차 〈크〉게 만들랴고 하엿슴니다、 일이 이리되야서는 아니 될 것을 짐작하고 될 수 잇는 대로 알녝산더의 感情을 害치 아니하랴

고、할팔쓰를 잡아 獄中에 던지고 그 財寶는 모하서 衛城 안에 保管하자고 提議하엿습니다、이러한 提議를 한 사람은 다른 사람이 아니고 데모쓰테네쓰엿습니다。이러한 것을 보고 마게 쏘니아 反對黨들은 더욱 憤激하야 가로되、데모쓰테네쓰는 마 게쏘니아의 權威에 屈服하야 한갓 그 朝廷의 쯧을 마초아 주랴 고 하는 卑劣한 사람이라 하엿습니다。그러나 이 提議는 通過 되야 할팔쓰는 곳 獄中에 禁錮되엿는데、얼마 오래지 아니하 야 逃亡하야 크레트 島로 갓다가 從者가 죽이고 말앗습니다。

【번역】 얼마 뒤에, 마케도니아의 사신이 와서 하르팔로스를 보내라고 하였습니다. 하지만 아테네에서는 이 요구를 거절하였기에, 마케도니아에서는 이를 깊이 기억하고 일을 장차 크게 만들려고 하였습니다. 일이 이렇게 되어서는 안 될 것을 짐작하고 될 수 있는 대로 알렉산드로스의 감정을 상하게 하지 않으려고 하르팔로스를 잡아 옥중에 가두었습니다. 그 재물은 모아서 아크로폴리스[151] 안에 보관하자고 제안하였습니다. 이러한 제안을 한 사람은 다른 사람이 아니라 데모스테네스였습니다. 이러한 것을 보고 마케도니아 반대당들은 더욱 격분하여 "데모스테네스는 마케도니아의 권위에 굴복하여 한갓 그 조정의 뜻에 맞춰 주려는 비열한 사람이다."라고 하였습니다. 그러나 이 제안은 통과되어 하르팔로스는 곧 옥중에 구금되었습니다. 그는 얼마 뒤에 크레타[152] 섬으로 도망쳤다가 시종에게 피

---

151) 아크로폴리스: 원문에서는 '위성(衛城)'으로 번역하였다. 높은 도시라는 뜻으로, 고대 그리스의 도시 중심이나 배후에 있던 언덕을 이르는 말이다. 도시의 종교·정치적 중심이 되는 장소로 폴리스 수호신의 신전이 세워져 있어 전시(戰時)에는 시민의 최후 보루 역할을 하였다.

살되었습니다.

【제9장 4】 最初 할팔쓰가 禁錮되엿슬 째에 데모쓰테네쓰는 할팔쓰를 公會에 召喚하야 民衆의 面前에서 財寶의 全額을 明言케 하야 全財寶가 七百二十탈렌트 됨을 確定하엿습니다、만은 衛城 안에서 자세히 調査하여 본즉 不過 三百五十탈렌트밧게 되지 아니하엿슴으로 한동안은 不足한 것을 發表하지 아니하고 잇섯슴니다。그러나 이것은 반듯시 한번은 發表되지 아니할 수 업는 것인 바、여러 사람들은 衛城 안에 七百二十탈렌트가 잇슴을 確實히 밋고 조곰도 疑心하지 아니하엿습니다、그러나 한번 그 實相이 發表됨에 니르러서는 여러 사람의 驚怪*가 如干이 아니엿고、쌀아서 니러나는 風說은 대단히 甚하야 이에는 반듯시 不正의 費用이 잇다 하엿습니다。

* 驚怪, 김억: 驚怪, 독도 교정

【번역】 하르팔로스가 맨 처음 구금되었을 때, 데모스테네스는 하르팔로스를 민회에 소환하여 민중의 눈앞에서 재물의 전액을 분명히 말하게 하였습니다. 그리하여 모든 재화와 보물이 720탈란톤[153]임

---

152) 크레타(Creta) 섬: 에게해 남쪽 끝에 있는 그리스의 섬.

153) 탈란톤(talanton): 고대 그리스의 화폐 단위로 순은 26kg의 양에 해당하는 가치를 지닌다. 화폐 가치는 시대와 지역에 따라 차이가 있겠으나, 기원전 4세기의 수준에서 숙련 노동자의 하루 임금이 2와 $\frac{1}{2}$ 드라크마(drachma) 가량이었던 것을 고려하면, 1탈란톤(=6000 드라크마)는 숙련 노동자 한 명의 약 9년치 임금에 해당한다.

을 확정하였습니다. 하지만 아크로폴리스 안을 자세히 조사하여 보니, 불과 350탈란톤밖에 되지 않았습니다. 한동안 부족한 것을 발표하지 않고 있었습니다. 그러나 이것은 반드시 한번은 발표되지 않을 수 없는 것이었습니다. 여러 사람들은 아크로폴리스 안에 720탈란톤이 있다고 확신하고 조금도 의심하지 않았습니다. 그러나 한번 그 실상이 발표됨에 따라 여러 사람이 여간 놀라고 괴이하게 여긴 것이 아니었습니다. 이에 따라 일어나는 풍설은 매우 심하여 '여기에는 반드시 부정의 비용이 있다'라고 하였습니다.

【제9장 5】 이에 對하야 데모쓰테네쓰는 高等法院으로 하야곰 事實을 審理케 하고 犯罪者를 發見하야 刑罰하지 안을 수 업다고 建言하엿습니다。高等法院에서는 事件을 六個月 동안이나 報告하지 아니함으로 데모쓰테네쓰는 여러 번 督促하엿습니다、이리하야 高等法院에서는 名聲 잇는 演說家의 家宅을 搜索하야 數名의 嫌疑者를 發表하엿는데 데모쓰테네쓰가 그 首位에 잇섯습니다。데모쓰테네쓰는 크게 놀내여 百方으로 힘을 다하야 辯明을 하엿스나 조곰도 民衆의 同情을 엇지 못하고、그만 高等法院의 豫審에 依하야 有罪의 判決을 밧고 五十탈렌트의 罰金을 젓습니다。만은 이러한 巨大한 金額을 支出할 수가 업섯슴으로 苦役을 밧아 汚辱을 當하다가 多幸히 逃亡할 길을 얻어、펠로폰네사쓰*로 달아낫습니다。

*페로폰네사스, 김억: 펠로폰네사쓰, 독도 교정

【번역】 이에 대하여 데모스테네스는 고등법원[154]으로 하여금 사실을 심리하게 하고 범죄자를 발견하여 형벌하지 않을 수 없다고 건의하였습니다. 고등법원에서는 사건을 6개월 동안이나 보고하지 않았기에 데모스테네스는 여러 번 독촉하였습니다. 이리하여 고등법원에서는 명성 있는 연설가의 가택을 수색하여 여러 명의 혐의자를 발표하였는데, 데모스테네스가 그 앞자리에 있었습니다. 데모스테네스는 매우 놀라 백방으로 힘을 다해 변론하였지만, 민중의 동정을 조금도 얻지 못하고 그만 고등법원의 예심에 의하여 유죄 판결을 받고 50탈란톤의 벌금을 받았습니다.[155] 하지만 이렇게 거대한 금액을 납부할 수가 없었기에 고역을 치르고 오욕을 당하다가 다행히 도망할 길을 얻어 펠로폰네소스로 달아났습니다.

【제9장 6】 이것이 所謂 할팔쓰 事件의 大綱이올시다。精忠至誠의 몸으로 이러한 不正의 嫌疑를 밧는 것도 참아 참을 수 업는 설음이거든、그보다도 甚하게 有罪라는 惡名을 바다、獄中 鐵窓 아래서 모든 苦楚를 當하게 됨이야 엇지 설다고 하지 아니하랴。그리하고 事實은 조곰도 그러하지 아니하고 寃枉*하

---

154) 고등법원: 아레이오파고스 법정. 5세기에는 사형 및 종교 재판 등 중범죄를 심사했다. 페리클레스 시대에 이르러 종교사건 같은 제한적인 사안만 맡았다. 그러나 4세기에 들어선 원래 기능으로 작동한 것으로 보인다. 시대별로 달랐으나 반국가 행위(반역죄)에 대한 재판을 맡기도 했다. 최자영,《고대 그리스 법제사》

155) 데모스테네스는…받았습니다: 데모스테네스는 하르팔로스의 몰수금의 관리위원이었다. 그러나 돈이 비자, 데모스테네스가 의심받았다. 아크로폴리스 창고에서 벌어진 일이었기에, 종교재판을 맡는 아레이오파고스 법정이 수사를 맡았고, 데모스테네스의 착복이 확인되었다.

게 私黨의 軋轢으로 因하야 不意의 禍變을 만나、靑天白日 갓
튼 맑은 가슴에 非命의 恥辱을 밧아 몸을 희생하게 됨을 생각
할 째에는 누구가 쓰거운 눈물을 앗씰 사람이 잇스며、同情을
表하지 아니할 사람이 잇스랴。생각하면 悲憤한 눈물은 씐칠
줄을 몰앗슬 것이외다。데모쓰테네쓰의 맑은 胸中의 鬱悶을
생각하면 무엇이라 말하기좃차 말이 오히려 어렵지 아니한가。
모든 사람들은 그를 위하야 辯護하랴고 하지 아니하엿습니다。

* 寃扡, 김억: 寃枉, 독도 교정

【번역】 이것이 이른바 '하르팔로스 사건'의 대강입니다. 순수한 충
성과 지극한 정성으로 이러한 부정의 혐의를 받는 것도 차마 참을
수 없는 설움이거니와, 그보다도 심하게 유죄의 악명을 받아 옥중의
철창 아래에서 모든 고초를 당하게 됨을 어찌 서럽다고 하지 않겠
습니까? 그리고 사실은 조금도 그렇지 않고 억울하게 사당의 알력
으로 인하여 뜻밖의 재앙을 만나 청천백일 같은 맑은 가슴에 비명
의 치욕을 받아 몸을 희생하게 됨을 생각할 때, 뜨거운 눈물을 아낄
사람이 누구이겠으며, 동정을 표하지 않을 사람이 누구이겠습니까?
생각하면 슬프고 분한 눈물이 그칠 줄을 몰랐을 것입니다. 데모스테
네스의 맑은 가슴속의 답답하고 괴로움을 생각하면, 무엇이라 말하
는 것조차 어렵지 않겠습니까? 모든 사람은 그를 위하여 변호하려
고 하지 않았습니다.

【제9장 7】 생각하건댄 七百二十탈렌트는 할팔쓰의 財寶의 全額이엿든 것은 疑心 업섯는 듯합니다 만은 그가 여러 만흔 政治家를 買收하기 위하야 財寶의 大部分은 消費하고 衛城 안에 保管하여 두엿든 것은 그 殘額에 不過하엿슬 것이외다. 이에 對하야 할팔쓰는 明言하지 아니하엿고、데모쓰테네쓰는 그것을 尋究하지 아니하엿슴으로 實際 不足된 것이 發見되기는 하엿스나、그 犯人을 發見하기는 대단히 어려웟슴니다。高等法院에서 審理할 재에 그것은 반듯시 政論客의 所爲라고 하야 조곰도 事實을 調査하지 아니하고 嫌疑者만을 捕縛하엿슴니다。한데 그째에 데모쓰테네쓰에는 여러 惡意를 가진 黨派가 잇서 하나는 마게쏘니아 反對黨이며、하나는 反對黨의 不信者이엿슴니다、이럿케 兩面으로 反對黨의 攻擊을 밧아、가이업시도 그들의 私事롭은 惡意의 희생이 되고 말앗슴니다。아々 憂國愛世의 義士로 無實한 冤罪를 밧아 小人의 汚名을 엇게 됨을 생각할 재에는 맘 잇고 눈물 잇고 피 잇는 사람으로 누구가 그를 위하야 痛哭하며、그의 不運을 슬퍼하지 아니할 사람이겟슴닛가。

【번역】 생각해 보면, 720탈란톤은 하르팔로스의 재물 전액이었던 것은 의심할 나위가 없는 듯합니다. 하지만 그가 많은 정치가를 매수하기 위해 재물의 대부분을 소비하고 아크로폴리스 안에 보관해 두었던 것은 그 잔액에 불과하였을 것입니다. 이에 대하여 하르팔로스는 명확히 말하지 않았고, 데모스테네스는 그것을 찾아서 밝히지 않았습니다. 그러므로 실제 부족한 것이 밝혀지기는 하였지만, 그 범인을 찾아내기는 매우 어려웠습니다. 고등법원에서 심리할 때, 그

것은 반드시 정론객의 소행이라고 하여 조금도 사실을 조사하지 않고 혐의자만을 포박하였습니다. 그런데 그때 데모스테네스에게 악의를 가진 당파가 여럿 있었습니다. 하나는 마케도니아 반대당이며, 하나는 그 반대당의 불신자들이었습니다. 이렇게 양면으로 반대당의 공격을 받아 가엾게도 그들의 사사로운 악의의 희생이 되고 말았습니다. 아아, 나라를 근심하고 세상을 사랑하는 의사로서 실체가 없는 억울한 죄를 뒤집어써 소인의 오명을 얻게 됨을 생각할 때, 마음 있고 눈물 있고 피 있는 사람으로서 그를 위해 통곡하며, 그의 불운을 슬퍼하지 않을 사람이 누구이겠습니까?

【제9장 8】 그가 逃亡하야 途上에 잇슬 째、數名의 政敵이 그를 좃차왓는데 그는 그윽히 逃亡하랴고 하엿스나 그것좃차 맘대로 되지 아니하엿습니다. 엇지하얏스나 좃차오는 사람이 途上에서 그의 이름을 부르며、가르되 旅費가 업슬 터이니 旅費를 주겟다 하며、조곰도 다른 쯧이 업다고 함을 듯고 그는 설은 듯시 눈물을 흘니며 나는 他關에서 朋友를 어드랴고 나왓는데 只今 本國의 政敵이 이럿케 厚情을 表하니、내가 엇지 참아 써 나가랴 하며、울엇습니다、이째에 그의 政敵도 이것을 보고 깁히 그를 위하야 울엇다 하엿습니다.

【번역】 데모스테네스가 도망길에 올랐을 때, 여러 정적이 그를 쫓아왔습니다. 데모스테네스는 몰래 도망치려 하였지만, 그것조차 마음대로 되지 않았습니다. 어찌 된 영문인지 쫓아오는 사람이 길에서 데모스테네스의 이름을 부르며 "여비가 없을 테니 여비를 주겠소."

라고 하였습니다. 그들에게 다른 뜻이 없음을 듣고서야 데모스테네스는 서럽게 눈물을 흘리며 말하였습니다. "나는 타관에서 붕우를 얻으려고 도망쳐 나왔소. 지금 본국의 정적이 이렇게 두터운 정을 드러내니, 내가 어찌 차마 떠나갈 수 있으리오?" 이때 데모스테네스의 정적도 이 광경을 보고 그를 위하여 가슴 깊이 울었다고 합니다.

【제9장 9】 그가 異鄕에 여러 해 流浪의 生活을 恨 만흔 가운데서 보내는 동안에 아모리 하여도 몸에 잇는 冤罪는 씻츨 수가 업고 世上은 참 그의 期望을 지어바리여、 아모리 하여도 自己의 몸를 救할 길이 업섯슴니다. 不平한 생각과 나라를 조심하는 情은 相和하야 여긔 快々*不樂한 生活을 만들어、恒常 꿈에 보는 故國 雅典의 하늘을 바라보고 悲歎한 눈물을 흘니며 지내엿슴니다. 그가 雅典을 써날 째에 손을 놉히 들어 衛城을 바라보며、 설은 목소리로 가르되、『불상하다、雅典의 守神 아테나여、 너는 엇지하면 밉살스러운 부헝이와 배암과 사람을 깃버하는냐』 하엿슴니다. 머리를 들니여 가만히 생각할 째에는 感慨한 생각은 가슴에 가득하며、悲憤한 情은 쓰거운 챵자를 寸斷하지 안앗슬 쑌이엿슴니다. 아々 그의 가슴은 實로 불샹하엿슴니다. 流浪하야 써돌아다니는 데모쓰테네쓰의 가이업고도 셜은 맘이여、世上은 언제든지 쑷잇고 有爲함이 잇스랴는 사람을 이럿케 괴롭게 하지 아니하는가.

＊快々, 김억: 快々, 독도 교정

【번역】 데모스테네스는 여러 해 동안 타향에서 한 많은 유랑 생활을 하여[156] 아무리 노력해도 몸에 있는 억울한 죄는 씻을 수가 없었고, 세상은 그의 희망을 싹 지워버려 아무리 애를 써도 자기의 몸을 구원할 길이 없었습니다. 그는 이곳에서 불평의 생각과 나라를 걱정하는 감정이 서로 어우러져 불만에 가득 찬 생활을 울적하게 만들었습니다. 항상 꿈에 그리던 고국 아테네의 하늘을 바라보고 비탄의 눈물을 흘렸습니다. 그는 아테네를 떠날 때, 손을 높이 들어 아크로폴리스를 바라보며 서러운 목소리로 말하였습니다. "불쌍하다, 아테네의 수호신 아테나여! 그대는 어찌하여 밉살스러운 부엉이와 뱀과 사람을 좋아하는가?"[157] 머리를 들어 가만히 생각할 때, 가슴에는 만감이 교차하였지만, 비분강개한 감정은 뜨거운 창자를 토막토막 끊지 않을 수 없었습니다. 아아, 그의 가슴은 참으로 불쌍하였습니다. 유랑하여 떠돌아다니는 데모스테네스의 가엾고도 서러운 마음이여! 세상은 뜻있고 훌륭한 일을 하려는 사람을 언제나 이렇게 괴롭게 하지 않았던가?

---

156) 데모스테네스는…하여: 데모스테네스는 기원전 323년 '하르팔로스 비리 사건'으로 추방당했지만, 9개월 뒤 복귀했다. 이후 마케도니아와 아테네가 맞붙은 라미아 전쟁에서 패한 뒤, 사형 선고를 받고 칼라우리아 섬(오늘날 포로스)으로 도망친다. 따라서 '여러 해'라는 표현은 적절치 않아 보인다.

157) 불쌍하다…좋아하는가?: "오, 주인이신 폴리아스 [아테나]여, 어찌하여 가장 사나운 세 짐승들, 부엉이와 뱀과 민중을 기뻐하십니까?" 플루타르코스《비교열전 · 데모스테네스전》26.4.

第十*

【제10장 1】 데모쓰테네쓰는 異鄕에서 물과 갓치 落葉과 갓치 限定업는 길을 거르며 모든 辛酸과 온갓 괴로움을 다 맛보앗습니다. 만은 그의 가슴에 잇는 銳氣는 오히려 可燃性의 爆發을 가지고 잇서 조곰도 前日과 다름이 업섯습니다. 오래 동안의 宿敵 알넥산더도 只今은 病을 얻어 죽엇고、希臘同盟의 機運은 다시 勃然히 니러나게 되엿슬 째에、그는 혼자 손벽을 치며 깃븜을 이기지 못하야 몸을 썰엇습니다. 나래 업는 몸 異鄕의 낫설은 곳에 잇스나、맘은 恒常 故國을 쩌나지 아니하고 耿々한 衷情**은 한갓 希臘의 國運을 걱정하며、무엇보다도 그 獨立을 恢復할 機會가 오기만 기달이고 잇섯습니다.

피시아쓰 카리메돈들이 안틔파텔의 뜻을 바다 가지고 希臘諸國으로 돌아단니며、마게쏘니아와 絕緣하는 것이 不利하다는 말을 하며、雅典과 連結하지 말나고 함을 듯고 데모쓰테네쓰는 니러나서 雅典의 使節과 싸움하야 마게쏘니아를 對抗하는 戰兵을 募集하야 그들을 國境으로 驅逐하야 多年의 汚辱***을 雪耻하고 希臘의 品位를 恢復하자고 鼓吹하엿습니다.

* 第十, 김억: 第十 最後, 토도키
** 哀情, 김억: 衷情, 독도 교정
*** 汚辱, 김억: 汚辱, 독도 교정

【번역】 데모스테네스는 타향에서 물처럼 낙엽처럼 한없이 길을 걸으며 모든 고통과 온갖 괴로움을 다 맛보았습니다. 하지만 그의 가슴에 있는 날카로운 기세는 오히려 예전과 조금도 다름없이 불만 댕기면 폭발할 듯하였습니다. 오랫동안의 숙적 알렉산드로스도 지금은 병들어 죽었고, 그리스 동맹의 기회와 시운은 다시 세차게 일어나게 되었습니다. 이에 데모스테네스는 혼자 손뼉을 치며 기쁨을 이기지 못하여 몸을 떨었습니다. 날개 없는 몸은 타향의 낯선 곳에 있지만, 마음은 항상 고국을 떠나지 않았습니다. 애타는 충정은 오로지 그리스의 국운을 걱정하였습니다. 무엇보다도 고국의 독립을 회복할 기회가 오기만 기다리고 있었습니다. 퓌테아스와 칼뤼메돈[158] 등이 안티파트로스[159]의 뜻을 받아서 그리스 여러 나라로 돌아다니며, "마케도니아와 절연하는 것은 불리하다."라고 하거나, "아테네와 연결하지 말라."고 하였습니다. 데모스테네스는 이를 듣고, 벌떡 일어나서 아테네의 사신과 맞서며 "마케도니아와 대항하는 전투병[160]을 모집하여 마케도니아를 국경 밖으로 쫓아내어, 여러 해 동안의 오욕을 설욕하고 그리스의 품위를 회복하자."라고 고취하였습니다.

【제10장 2】 그는 피시아쓰와 알케듸아에서 偶然히 만낫슴니다、두 사람은 公會에 列席하야 各々 自己가 생각하고 잇는 바

---

158) 퓌테아스와 칼뤼메돈: 두 사람 모두 데모스테네스의 정적이다.

159) 안티파트로스(Antipatros, B.C.397~B.C.319): 마케도니아의 장군으로, 알렉산드로스가 마케도니아 왕위에 오르도록 도왔다. 알렉산드로스의 사후에 그의 뒤를 이어 그리스 본토와 마케도니아 본국을 통치하였다.

160) 전투병[戰兵]: 일본 판본에서는 '義兵'으로 표기하였다.

를 主張하야 크게 論戰을 하엿슴니다。이러케 論戰하고 잇는
것을 雅典 사람이 보고 크게 데모쓰테네쓰의 行動을 아름답게
생각하고 곳 議決하야 雅典으로 돌아오라고 하며 배를 보내
여 불넛슴니다。데모쓰테네쓰가 폐레우쓰에 上陸하자、來迎하
는 사람이 連結不絕하며、그를 맘으로 맛는 歡呼하는 소리는
물 쓸 쯧하엿슴니다。아々 오래 동안 異域의 風霜에 流飄하며、
故國을 쑴에 생각하든 데모쓰테네쓰의 가슴은 엇더하엿겟슴
닛가。그는 쓰거운 歡迎을 바들 째에、무엇이라 말할 길이 업슬
만큼 즐겁고 깃쓴 情을 禁치 못하엿슬 것이외다。그는 손을 들
어 놉히 하날을 向하야 自己의 幸福을 빌며、同時에 無事히 돌
아단니다가 故國으로 돌아오는 즐거움과 쏘는 同胞가 自己를
狂熱로 마자주는 光榮을 생각하며、쏘는 目擊할 째에는 정말
깃분 눈물이 나오며、自己의 幸福을 늣겻슬 것이외다。만은 그
의 몸에는 아직도 巨大한 罰金이 잇서、市民의 任意로는 免除
케 할 힘이 업섯슴니다、이리하야 그는 慣例에 딸아 트오이쓰*
의 祭禮에 神壇裝飾의 任務를 다하고 그것으로써 罰金을 免除
하엿슴니다。

* 트오이쓰, 김역: ツオイス(쯔오이스), 토도키

【번역】 데모스테네스는 아르카디아에서 퓌테아스[161]와 우연히 만
났습니다. 두 사람은 민회에 나란히 참석하여 각각 자기가 생각하고

---

161) 퓌테아스(생몰년 미상) 아테네의 정치인. 데모스테네스의 하르팔로스 비리사건
　　때, 데모스테네스를 엄혹히 비판하고 추방을 주도했다. 대표적인 아테네의 친
　　마케도니아파 정치인.

있는 바를 주장하여 크게 논쟁하였습니다. 아테네 사람이 이렇게 논쟁하고 있는 것을 보고, 데모스테네스의 행동을 매우 아름답게 생각하였습니다. 그들은 데모스테네스에게 아테네로 돌아오라고 곧장 의결하고 배를 보내 불렀습니다. 데모스테네스가 피레우스[162]에 상륙하자, 마중 나온 사람들이 끊이지 않고 줄지어 그를 마음으로 맞이하였습니다. 환호하는 소리가 물이 끓는 듯하였습니다. 아아, 오랫동안 이역에서 풍상을 겪으며 정처 없이 떠돌아다녔는데, 꿈에 그리던 고국에 대한 데모스테네스의 가슴은 어떠했겠습니까? 뜨거운 환영을 받을 때, 무엇이라 말할 길이 없을 만큼 즐겁고 기쁜 감정을 그는 금치 못하였을 것입니다. 그는 손을 높이 들어 하늘에 향하여 자기의 행복을 빌었습니다. 동시에 무사히 돌아다니다가 고국으로 돌아오는 즐거움과, 동포가 자기를 열광적으로 맞아주는 것을 영광으로 생각하였습니다. 게다가 그 광경을 목격할 때는 참으로 기쁜 눈물이 나오고 자신이 행복하다고 느꼈을 것입니다. 하지만 그의 몸에는 아직도 거대한 벌금이 걸려있어, 시민들에게는 마음대로 면제하게 할 힘이 없었습니다. 그리하여 그는 관례에 따라 제우스의 제례에 신단 장식의 임무를 다하고 그것으로써 벌금을 면제받았습니다.[163]

---

162) 피레우스(Piraeus): 그리스 아티키 주의 항구 이름이다.

163) 그는…면제받았습니다: 데모스테네스는 사면 복권이 되었지만, 벌금까지 사면된 것은 아니었다. 그래서 시민들은 혜안을 내었다. 데모스테네스를 제우스 신전에서 열리는 제례 관리직으로 임명하여, 제물과 기부금을 그가 벌금 납부에 활용할 수 있도록 했다.

【제10장 3】 데모쓰테네쓰는 임의 民間의 同情을 한 몸에 모히게 되며 地位도 엇게 되엿습니다、이리하야 그는 이 압흐로 쟝차 同盟을 連結하야 驚將驚人의 大活躍을 하랴고 하엿습니다。當時 希臘軍에 驍名이 잇는 레모쓰테네쓰*라는 사람이 잇섯는데、軍士를 引率하고 運用의 妙計를 다하야 여러 번 안틔파텔에서 싸와 크게 勝利를 얻어、同盟의 勢**을 대단히 놉게 하엿습니다。안틔파텔은 거의 對抗도 하지 못하게 됨에 쌀아、마게쏘니아의 威力은 漸次 衰弱하게 되엿습니다。이러한 째에 不幸히 레모쓰테네쓰가 負傷을 當하야 그 째문에 몸이 죽어、그만 同盟軍의 威嚴도 크지 못하게 되엿습니다。크란논의 戰役에는 마게쏘니아가 勝利를 얻어、雅典은 엇지할 수 업시 降服하게 되야 데모쓰테네쓰와 다른 同輩들은 다시 都市를 써나 逃亡하지 안을 수가 업게 되엿습니다。

* 래모쓰테네쓰, 김억: 레모쓰테네쓰, 독도 교정
** 熱, 김억: 勢, 독도 교정

【번역】 데모스테네스는 이미 시민들의 동정을 한 몸에 모으고 지위도 얻게 되었습니다. 이리하여 그는 앞으로 동맹을 규합하여 장군을 놀라게 하고 시민을 놀라게 하는 대활약을 장차 하려 하였습니다. 당시 그리스 군대에 용감한 평판이 있는 레오스테네스[164]라는 사람이 있었습니다. 그는 군사를 인솔함에 운용의 묘책을 다하고, 여러 번 안티파트로스와 싸워 크게 승리를 얻어 동맹의 기세를 대단히

---

164) 레오스테네스(Leosthenes, B.C.?~B.C.323): 기원전 4세기 말 그리스의 반(反) 마케도니아파 장군으로, 라미아 전쟁에서 그리스군과 연합한 고대 아테나의 사령관이다.

높게 하였습니다. 안티파트로스는 거의 대항도 하지 못하게 됨에 따라 마케도니아의 위력은 점차 쇠약하게 되었습니다. 이러한 때 불행하게도 레오스테네스가 부상으로 인해 죽었기에, 그만 동맹군의 위엄도 크지 못하게 되었습니다. 크란논의 전투[165]에서 마케도니아가 승리를 얻어 아테네는 어쩔 수 없이 항복하게 되었습니다. 데모스테네스와 다른 동지들도 다시 도시를 떠나 도망하지 않을 수 없게 되었습니다.

【제10장 4】 이것은 그가 마게쏘니아에 對한 最后의 反對活動이엿습니다。 이러나기는 멧 번이나 이러낫스며、업드려지기는 멧 번이나 업드러젓든가。 업드러젓다가는 다시 이러나고 한 것이 쏘한 여러 번이엿습니다、만은 그만 그는 쯧을 이루지 못하고 말앗습니다。 冤恨 됨이야 그 限定이나 잇스랴。 이리되자、慘憺한 運命의 검은 손은 그의 머리 우에 내리게 되엿습니다。 나라를 근심하며、百姓을 사랑하야 寢食이 한번 甘味로운 적이 업든 精忠誠意의 熱血男兒도 이 運命의 검은 손과는 對抗하지 못하고 世上에는 다시도 업는 悲慘한 最后를 일우게 되엿습니다。 생각이 한번 이에 니르매、하늘이 원망스럽으며、時勢가 밉살스러워지지 아니할 수 업는 同時에 한갓 限업는 怨恨과 哀痛함만이 생길 뿐임니다。

---

165) 크란논 전투(Battle of Crannon): 기원전 322년에 벌어진 라미아 전쟁(B.C. 323~B.C.322)의 마지막 결정적 전투. 알렉산드로스의 아시아 원정군이 복귀하고 안티파트로스와 합류한 군대가 아테네 반란 연합군을 분쇄했다. 이 전투로 아테네는 완전히 마케도니아에 굴복한다.

【번역】 이는 데모스테네스가 마케도니아에 맞서는 최후의 반대 활동이었습니다. 일어나기는 몇 번이나 일어났으며, 엎드리기는 몇 번이나 엎드렸던가? 엎드렸다가 다시 일어나고 한 것이 또한 여러 번이었습니다. 하지만 그는 뜻을 이루지 못하고 말았습니다. 원한 됨이야 그 한계가 있으랴! 이리되자 참담한 운명의 검은 손이 그의 머리 위에 내리게 되었습니다. 나라를 근심하고 백성을 사랑하여 자고 먹는 일이 한 번도 감미로운 적이 없었습니다. 한결같은 충성과 정성스러운 마음을 지닌 열혈남아도 이 운명의 검은 손에게는 대항하지 못하고 세상에 다시 없는 비참한 최후를 맞이하게 되었습니다. 생각이 한번 이에 미치자, 하늘이 원망스럽고 시대의 형세가 밉살스러워지지 않을 수 없으며, 동시에 한갓 한없는 원한과 애통함만이 생길 뿐입니다.

【제10장 5】 데모쓰테네쓰*가 四方으로 流浪하게 되자、안틔파텔에서는 다시 後難이 잇슬가 疑心하며、알키아쓰로 하야곰 四方으로 流行하며、一々히 搜索하게 하야 世上은 대단히 危急하엿슴니다。憂國의 同志 히페리더쓰、아리스토닉쓰、히메데우쓰들은 다 捕縛되야、慘然하게도、안틔파텔**에서 首身이 各々 써러젓슴니다。이 사람들의 運命이 이러케 되엿슬 째에는 말할 것도 업시 그 首領되는 데모쓰테네쓰***의 運命도 쏘한 알 것이올시다。四方에서 探索을 甚히 하야 只今은 天上天下가 비록 넓다고 하나、적은 몸을 감출 길이 업는데、漠々한 前途에는 한 줄기의 命望좃차 보이지 아니하엿슴니다。그윽히 머리를 돌니여 지나간 일을 생각하면 往事는 하나도 쏨갓치 아

니한 것이 업서、쯧은 비록 컷스나 成功이란 하나도 업섯스며、나라는 沒落의 悲運을 當하고 自己의 한 몸은 生命이 朝夕에 엇지 될 것을 몰낫습니다。설은 바람이 휙 하고 지내갈 쌔마다、쓸데업시 頭髮이 나붓기며、가슴에 숨어 잇는 秋思는 쓴길 쌔가 업섯습니다。아々 이리하야 只今 데모쓰테네쓰의 모든 希望은 다 쓴기고、모든 機會도 다 지내가고 말앗습니다。이째의 그의 가슴속의 慷慨한 생각은 果然 엇더하엿겟습닛가。우리는 넘우도 그의 末路가 一篇의 哀史보다도 더한 悲痛한 것을 참아 記錄할 수가 업서 합니다。

* 데모테쓰네쓰, 김억: 데모쓰테네스, 독도 교정
** 안틔파렐, 김억: 안틔파텔, 독도 교정
*** 더모쓰테네쓰, 김억: 데모쓰테네스, 독도 교정

【번역】 데모스테네스가 사방으로 유랑하게 되자 안티파트로스에게는 다시 뒷날 재난에 대한 의심이 생겼습니다. 아르키아스로 하여금 사방으로 찾아다니며 일일이 수색하게 하였습니다. 세상은 대단히 위급하였습니다. 우국의 동지 휘페레이데스, 아리스토니코스, 히메라이오스[166] 등은 다 포박되어 비참하게도 안티파트로스에게 머리와 몸이 각각 떨어졌습니다. 이 사람들의 운명이 이렇게 되었을 때, 그 수령이었던 데모스테네스의 운명도 말할 필요도 없이 또한 분명할 것입니다. 온 세상이 비록 넓다고 하지만, 사방에서 수색을 심하게 하여 작은 몸을 감출 길이 없었습니다. 막막한 앞길에는 한 줄기

---

166) 휘페레이데스(Hypereides), 아리스토니코스(Aristonikos), 히메라이오스
(Himeraios): 모두 당대 유명한 반(反) 마케도니아 정치인들이었다.

의 희망조차 보이지 않았습니다. 가만히 머리를 돌리어 지나간 일을 생각해 보면, 지난 일은 어느 하나도 꿈같지 않은 것이 없었습니다. 뜻은 컸으나 성공은 어느 하나도 없었고, 나라는 몰락의 비운을 맞았으며, 자기 한 몸의 생명은 아침저녁에 어찌 될지 몰랐습니다. 서러운 바람이 획 하고 지나갈 때마다, 쓸데없이 머리카락이 나부끼고 가슴에 숨어 있는 가을날의 쓸쓸한 생각은 끊길 때가 없었습니다. 아아, 이리하여 지금 데모스테네스의 모든 희망은 다 끊기고 모든 기회도 다 지나가고 말았습니다. 이때 그 가슴속의 비분강개한 생각은 과연 어떠했겠습니까? 우리는 그의 말로가 너무도 한 편의 슬픈 역사보다 더 비통한 것을 차마 기록할 수 없습니다.

【제10장 6】 世上이 그를 바리고 希望이 그를 지어바리엿슴에 그는 엇지할 수 업시, 몸을 카로리아 島의 쏀세인튼 神祠에 맛기고 한갓 最後의 運命이 오기만 期待*하엿습니다. 알키아쓰**는 데모쓰테네쓰가 그곳에 잇다는 말을 듯고 곳 배를 타고 가서 그를 쟝차 잡으랴고 하엿습니다. 아々 悲慘한 運命은 그의 몸을 只今 싸게 되엿습니다. 만은 그는 泰然自若하야 조곰도 무서워하지도 아니하며、조곰도 屈하지도 아니하엿습니다. 그의 確乎不拔한 精神은 아직도 오히려 光彩를 노아、그의 最后의 一幕을 썩 아름답게 裝飾하엿습니다.

* 期侍, 김억: 期待, 독도 교정
** 압키아쓰, 김억: 알키아쓰, 독도 교정

【번역】 세상이 데모스테네스를 버리고 희망이 데모스테네스를 지

워버렸습니다. 그래서 그는 어찌할 수 없이 몸을 칼라우리아 섬[167]의 포세이돈 신전에 맡기고 최후의 운명이 오기만을 기다렸습니다. 아르키아스[168]는 데모스테네스가 그곳에 있다는 말을 듣고, 곧장 배를 타고 가서 그를 잡으려고 하였습니다. 아아, 비참한 운명은 이제 데모스테네스의 몸을 감싸게 되었습니다. 하지만 그는 태연자약하여 조금도 무서워하지도 않았고, 조금도 굴하지도 않았습니다. 확고하여 꺾이지 않는 그의 정신은 아직도 광채를 발하여 최후의 한 장면을 매우 아름답게 장식하였습니다.

【제10장 7】 알키아쓰는 利害關係로써 말하야 가로되、안틔파텔*은 決코 그대를 죽이지 아니하리라 盟誓를 하며、여려 가지로 言辭를 다하야 勸誘도 하며 諫告도 하야 아모죠록 이 神祠를 써나가라고 하엿슴니다. 알키아쓰**는 本來 俳優의 出身이엿슴니다、한데 데모쓰테네쓰가 前夜에 그와 함께 演戲를 하엿는데、技術은 비록 優勝하엿스나 結局 壓服 바든 것을 쑴쒼 일이 잇섯슴니다. 이째에 데모쓰테네쓰는 알키아쓰의 얼골을 자세히 보며 가르되、『그대는 舞臺에서 나를 感動식힌 적이 업다、只今 말하는 것도 쏘한 그러한 말이리라。』*** 이 말을 듯고 알키아쓰는 문득 怒하며、곳 달녀들어 그를 잡아단니려고 하엿

---

167) 칼라우리아(Calauria) 섬: 그리스 아티키 주 사로니코스 제도에 속한 섬으로, 오늘날의 칼라브리아(kalaureia) 섬을 말한다.

168) 아르키아스(Archias): 마케도니아의 안티파트로스가 보낸 데모스테네스의 암살자이다. '탈주자 사냥꾼'이라는 별명이 있었다고 한다. 플루타르코스 《비교열전·데모스테네스전》 28.3~4.

습니다、 그리하고 脅迫이 썩 甚하엿습니다。 데모쓰테네쓰는 從
容히 말을 하야 가르되『좀 기달여라、 나는 只今 글을 하나 쓰
랴고 한다[』] 하며 神殿의 內部로 들어가서 적은 冊床을 依支
하고 白紙를 내여놋고 붓긋을 입에 물고 沈思默考하는 態度를
보이엿습니다。 얼마 잇다가『데모쓰테네쓰는 안틔파텔****에
게』하는 數字를 記錄하고 문득 外套*****로 머리를 가리우고
팔꿉을 依支하고 압흐로 숙이엿습니다。

* 안틔파텔, 김억: 안틔파텔, 독도 교정
** 알케아쓰, 김억: 알키아쓰, 독도 교정
*** 』。, 김억: 。』, 독도 교정
**** 안틔팔렐, 김억: 안틔파텔, 독도 교정
***** 外奪, 김억: 外套, 독도 교정

【번역】 아르키아스는 이해관계로써 말하며 "안티파트로스는 결코
그대를 죽이지 않을 것이다."라고 맹세하였습니다. 아르키아스는 갖
은 언사를 다하여 권유도 하고 간고도 하며 아무쪼록 이 신전을 떠
나가라고 하였습니다. 아르키아스는 본래 배우 출신이었습니다. 데
모스테네스가 전날 밤 꿈에 그와 연기를 겨루었습니다. 데모스테네
스는 아르키아스의 뛰어난 기술에 결국 굴복당하고 말았습니다. 이
때 데모스테네스는 아르키아스의 얼굴을 자세히 보며 말하였습니
다. "그대는 무대에서 나를 감동시킨 적이 없다. 지금 말하는 것 또
한 그러한 말이리라." 이 말을 듣고 아르키아스는 벌컥 화내며 곧장
달려들어 그를 잡아당기려고 하였습니다. 심하게 협박하였습니다.
데모스테네스는 조용히 말하였습니다. "좀 기다려라. 나는 지금 글
을 하나 쓰려 한다." 신전의 내부로 들어가서 작은 책상에 의지하고
백지를 내어놓고 붓끝을 입에 물고 심사숙고하는 태도를 보였습니

다. 얼마 있다가 〈데모스테네스가 안티파트로스에게〉라는 몇 글자를 적은 뒤에, 문득 외투로 머리를 가리고 팔꿈치에 의지한 채 앞으로 숙였습니다.

【제10장 8】 이러한 行動을 門外의 兵士들이 보고 그윽히 卑惻하다고 웃섯습니다。알키아쓰는 다시 나아가 안틔파텔이 決코 그대를 害하지 아니하리라 하며 勸告하엿슴니다。그가 입에 물고 잇는 붓끗에는 毒藥이 잇섯슴니다、그는 발서 自己의 運命을 째닷고、남의 손에 죽으랴고 하지 아니하고 自己의 손으로 죽으랴고 하엿슴니다。아々 只今 毒藥은 漸次 效果가 생기여、그의 全身에 퍼지기 始作하엿슴니다。그는 只今 外套를 버서바리고 이러섯슴니다。알키아쓰를 눈을 크게 하고 보며、꾸지저 가르되『너의 맘대로 나의 死體를 주린 개에게 주어라。그러나 애닯다 쏜세이튼의 神이여、안틔파텔과 마게쏘니아의 惡奴들은 暴掠으로써 너의 神殿을 더럽게 하기를 사양하지 아니한다、만은 나는 내 生命이 잇는 동안에 이 神殿을 쩌나간다。나는 죽음으로써 너의 神殿을 더럽게 하지 안는다。』* 하며 손을 내밀어 自己의 몸을 支持하랴고 하엿슴니다。呼吸은 漸次 急하여 오며 얼골 빗은 蒼白하여 가고、그의 손은 썰니기 始作하엿슴니다、그의 다리는 썰니며、쟈리를 잡지 못하엿슴니다。兵士의 擁衛를 바다 거의 神殿의 압흘 지내오자 呻吟한 소리에 몸은 쌍에 넘어지며、魂은 永久히 有耶無耶의 仙境으로 날아가 발엇슴니다。

* 』。김억: 。』, 독도 교정

 문밖의 병사들이 이러한 행동을 보고 비겁하다며 은근히 웃었습니다. 아르키아스는 다시 나아가 "안티파트로스가 결코 그대를 해치지 않을 것이다."라고 권고하였습니다. 그가 입에 물고 있는 붓 끝에는 독약이 있었습니다. 그는 벌써 자기의 운명을 깨닫고 남의 손에 죽으려 하지 않고 자기 손에 죽으려고 하였습니다. 아아, 지금 독약은 점차 효과가 생겨 그의 전신에 퍼지기 시작하였습니다. 그는 지금 외투를 벗어버리고 일어섰습니다. 그는 눈을 크게 뜨고 아르키아스를 노려보며 꾸짖었습니다. "너의 마음대로 나의 시체를 주린 개에게 주어라. 그러나 애달프도다, 포세이돈 신이여! 안티파트로스와 마케도니아 나쁜 놈들은 약탈로 당신의 신전을 더럽히는 것을 사양하지 않았습니다. 하지만 나는 내 생명이 있는 동안에 이 신전을 떠나갑니다. 나의 죽음으로써 당신의 신전을 더럽게 하지 않겠습니다." 그리고 손을 내밀어 자기 몸을 지탱하려고 하였습니다. 그의 호흡은 점차 급해졌고, 얼굴빛은 창백해졌습니다. 그의 손은 떨리기 시작하였고, 다리는 떨리며 자리를 잡지 못하였습니다. 그가 병사의 부축을 받아 거의 신전의 앞을 지나올 때였습니다. 그는 신음 소리를 내며 몸은 땅에 넘어졌고, 혼은 영원히 유야무야有耶無耶의 선경으로 날아가 버렸습니다.

【제10장 9】 이와 갓흔 것은 實로 希臘의 末運을 當하야 異彩를 노흔 데모쓰테네쓰의 生涯이엿슴니다。그가 죽은 뒤에 希臘 運命이 엇더한가에 對하야서는 더 말을 하랴고 하지 아니함니다。그가 皷吹한 希臘精神은 그와 갓치 가고 말앗고、그가 唱 道한 主義는 그와 갓치 쓸어지고 말아서、한 줄기의 元氣를 오

직 데모쓰테네쓰가 잇서 維持하든 것이어늘 그가 돌아간 뒤에
야 어느 곳을 向하야、잇든 바 넷 元氣를 차즐 수가 잇스랴。

【번역】 데모스테네스의 생애는 진실로 이처럼 기울어져 가는 그리
스의 운명을 맞이하여 이채를 띠었습니다. 그가 죽은 뒤에, 그리스
운명이 어떠한가에 대해서는 더 이상 말하지 않으려 합니다. 그가
고취한 그리스 정신은 그와 함께 가고 말았고, 그가 창도한 사상은
그와 함께 쓰러지고 말았습니다. 데모스테네스가 있었기에 한 줄기
의 원기를 오롯이 유지하였거늘, 그가 세상을 떠난 뒤에는 어느 곳
에서 옛 원기를 찾을 수 있으랴!

【제10장 10】 自由를 理想으로 하고、獨立을 神髓로 하든 希
臘은 形態、精神 兩界에 아모 자최도 남기지 아니하고 瓦解되
고 말아서、只今은 한갓 外夷의 任意대로 더하는 壓迫 아래에
呻吟할 쑨이엿슴니다。落日은 暗澹*하고、秋風은 찬빗을 씌고
枯木의 蕭條한 가지를 흔들며、져녁의 烏雀이 것츤 소리를 노
흘 째、누구라서 지내간 녯일을 追懷하고 限업는 感慨에 가슴
을 압히지 아니할 사람이 잇스랴。더욱 무엇보다도 그가 滿腔
의 熱誠을 다하야 넘어지랴고 하든 頹勢를 붓잡지 못하고、만
흔 限을 저 世上으로 그대로 안고 간 것을 생각할 째에는 千載
를 지낸 今日에도 오히려 챵자가 끈기려 합니다。그러나 그의
義烈은 千古에 썩을 길이 업스며、그의 忠誠은 萬代에 光彩를
놋코 잇슬 것임니다。그의 일흠이야말로 希臘의 精神의 好模
型으로 永久히 希臘의 靑史와 함께 傳하게 되야、아름닭은 末

路를 아름답게 裝飾하고 잇습니다.

* 暗憺, 김억: 暗澹, 독도 교정

【번역】 자유를 이상으로 여기고 독립을 정수로 여기는 그리스는 형체와 정신 두 세계에 아무런 자취도 남기지 않고 와해되고 말았습니다. 지금은 제멋대로 하는 오랑캐의 억압 아래에 신음할 뿐이었습니다. 지는 해는 암담하였고, 가을바람은 차가운 빛을 띠며 마른나무의 쓸쓸한 가지를 흔들었습니다. 저녁에 까막까치가 거칠게 지저귈 때, 뉘라서 지나간 옛일을 추억하고 한없는 감개에 가슴이 아프지 않을 사람이 있으랴. 게다가 무엇보다도 그가 가슴 가득히 열성을 다하였지만 넘어지려고 하는 형세를 붙잡지 못하고, 저세상으로 많은 한을 그대로 안고 간 것을 생각할 때는 천 년이 지난 지금도 여전히 창자가 끊어지려고 합니다. 그러나 그의 장렬한 의기는 천고에 썩지 않을 것이고, 그의 충성은 만 대에 광채를 띨 것입니다. 그의 이름이야말로 그리스 정신의 좋은 본보기로 영원히 그리스의 역사와 함께 전해져 아름다운 말년을 아름답게 장식하고 있습니다.

第十一*

【제11장 1】 古來로 希臘이 危機에 쌔진 것이 한두 번이 아니
엿슴니다。사라미쓰 戰爭이나 마라손 戰役은 希臘의 運命으로
하야금 累卵의 危急을 늣기게 하엿슴니다。波斯의 大軍이 堂
々한 威勢로 들어올 새 陸上에는 旌旗가 하날을 덥헛고、바다
에는 艨艟이 가득하야 鼓聲은 天地를 뒤흔들엇슴니다。이쌔
에 希臘이 運 좃케 擊退하야、다시 來寇의 外患이 업게 한 것
은 城壁이 堅固한 째문도 아니엿고 武器가 精銳한 째문도 아
니엿고 다만 國民이 義勇壯烈한 氣象이 잇섯든 째문이엿슴니
다。이러한 精神이 만일 如前히 잇셧스면 필닙은 百個가 오더
라도 조곰도 무서울 것이 아니엿슴니다。생각하여 봅시다、마
게쏘니아의 軍士가 波斯의 軍士보다 强할 것이 업셧스며、셀
키세쓰의 形勢가 필닙의 形勢보다 못할 것이 업지 아니하엿슴
닛가。波斯는 擊退하고 필닙은 擊退치 못하야 恥辱의 平和를
매즌 것에 對하야 天時와 地利가 그러케 만든 것이 아니엿고、
다만 偉大한 希臘精神이 衰弱하엿든 까닭이엿슴니다。

* 第十一, 김억: 第十一 餘論, 토도키

【번역】 예로부터 그리스가 위기에 빠진 적은 한두 번이 아니었습니

다. 살라미스 전쟁이나 마라톤 전투는 그리스 운명이 알을 쌓아 올
린 듯 위험천만한 것임을 느끼도록 하였습니다. 페르시아 대군이 당
당한 위세로 들어올 때, 육상에는 깃발이 하늘을 덮었고, 바다에는
전함이 가득하여 북소리는 천지를 뒤흔들었습니다. 이때 그리스는
운 좋게 페르시아를 격퇴하여 다시 침략의 외환을 사라지게 하였습
니다. 이는 성벽이 견고하기 때문도 아니었고, 무기가 정예하기 때
문도 아니었습니다. 다만 국민이 정의롭고 용기가 있었으며 장렬한
기상이 있었기 때문이었습니다. 만일 이러한 정신이 여전히 있었다
면, 백 명의 필리포스가 오더라도 조금도 무서울 것이 못 되었습니
다. 생각하여 봅시다. 마케도니아의 군사가 페르시아의 군사보다 강
할 것이 없었으며, 크세르크세스[169]의 위세가 필리포스의 위세보다
못할 것이 없지 않았습니까? 그리스는 페르시아를 격퇴하였으나 필
리포스를 격퇴하지 못하여 치욕의 평화를 맺게 되었습니다. 이는 천
시와 지리가 그렇게 만든 것이 아니었습니다. 다만 위대한 그리스
정신이 쇠약하였던 까닭입니다.

【제11장 2】 데모쓰테네쓰는 이러한 것을 理解하고 이 精神을
維持하며、氣像을 保存함으로써 自己의 天職을 삼아、이를 위
하야 모든 熱誠과 온갓 至誠을 다하며、千難萬艱이 잇슬지라

---

169) 크세르크세스(Xerxēs): 고대 페르시아 제국의 왕인 크세르크세스 1세(B.C.519~
    B.C.465)를 말한다. 기원전 480년 페르시아 군대를 이끌고 그리스를 침공해
    제2차 그리스-페르시아 전쟁을 일으켰다. 테르모필레 전투에서 스파르타군을
    격파하고 아테네에 도달했으나, 이후 살라미스 해전과 플라타이아 전투에서
    패배하면서 2년 간의 원정을 중단하고 철수했다.

도 조곰도 屈하지 아니하고 한갓 이 精神과 이 氣像을 保全하
랴고 하엿슴니다. 비록 不幸하게 그의 뜻은 成就가 되지 못하
엿슬지라도 그의 至誠과 쓰거운 맘은 天地와 함께 썩어지지
아니하고 日月과 갓치 쓴치지 아니하고 光彩를 노흘 것임니
다. 그의 功績은 國民의 元氣를 激動식힘에 잇섯고、그가 國家
를 救援하지 못한 것은 엇지할 수 업는 運命이라고 할 수밧게
업슴니다. 만은 그가 奉公의 精神을 皷舞하며 獨立의 氣像을
警醒하야、써 希臘 獨有의 理想을 維持하랴고 함에 對하야 그
의 努力은 實로 무서울 만하고 큰 것이라 하지 아니할 수가 업
슴니다、그러하기 쌔문에 그의 生命이 잇는 날까지는 希臘에
오히려 高尙한 理想이 잇섯슴니다、이것은 實로 希臘의 光榮
인 同時에 데모쓰테네쓰라는 一個人의 光榮이라고 하지 아니
할 수 업슴니다、

【번역】 데모스테네스는 이러한 것을 이해하여 이 정신을 유지하고
기상을 보존하는 것을 자기의 천직으로 삼았습니다. 그는 이를 위하
여 모든 열성과 온갖 지성을 다하며, 어떤 고난이 있을지라도 조금
도 굴하지 않고 오로지 이 정신과 이 기상을 보전하려고 하였습니
다. 비록 그의 뜻은 불행하게도 성취되지 못하였지만, 그의 지성과
뜨거운 마음은 천지와 함께 썩지 않고 일월과 같이 끊기지 않고 광
채를 띨 것입니다. 그의 공적은 국민의 원기를 격동시킴에 있었고,
그가 국가를 구원하지 못한 것은 어쩔 수 없는 운명이라고 할 수밖
에 없습니다. 하지만 그가 봉공의 정신을 고무하고 독립의 기상을
각성시켜 그리스가 홀로 갖고 있는 이상을 유지하려는 것에 대하여,
그의 노력은 진실로 무서울 만하고 위대한 것이라 하지 않을 수가

없습니다. 그러므로 그의 생명이 있는 날까지는 그리스에 오히려 고상한 이상이 있었습니다. 이것은 진실로 그리스의 영광인 동시에 데모스테네스라는 한 개인의 영광이라고 하지 않을 수 없습니다.

【제11장 3】 그러나、한번 그가 돌아가서 靑史에 芳名이 빗날 째에는 希臘에는 그 精神이 업서지고、누구 한 사람이나 그의 遺志를 繼續한 사람이 잇셧슴닛가、생각하면 限업는 追懷가 後世의 사람의 가슴을 압흐게 할 쑨임니다. 그러나 도리켜 생각하면 歐洲文化의 源泉인 希臘精神이 末期에 잇서 最後의 光彩를 노흔 것을 깁버하지 아니할 수가 업슴니다. 만일 사람이 페리크레쓰와 에파미논짜쓰의 政治上 偉勳을 仰慕하며、익틔누쓰와 픠듸아쓰의 美術上 傑作에 늣김이 생기며、쏘는 소포크레쓰와 프라토의 思想上의 奧妙함을 解得하고、그 가운데 活躍하는 希臘精神을 생각한다 하면 그째에는 반듯시 데모쓰테네쓰가 異彩를 希臘 末期까지 保全한 功績을 認定하게 될 것임니다. 생각하여 보시요、그가 만일 熱誠의 鼓吹를 하지 아니하엿다 하면 이 精神은 발서 오래 前에 업서젓슬 것이며、쌀아서 末期의 永久한 잠에 한 거름이라도 쌜니 들어갓슬 것이 아니엿겟슴닛가. 이 点 하나으로만 보아도 實로 그의 偉勳은 決코 업서질 것이 아니올시다。

【번역】 한번 그가 세상을 떠나 푸른 역사에 꽃다운 이름이 빛날 때, 그리스에 그 정신이 사라져서 어느 한 사람이라도 그가 남긴 뜻을 이을 사람이 있었습니까? 생각하면 한없는 그리움이 후세 사람의

가슴을 아프게 할 따름입니다. 그러나 돌이켜 생각하면, 유럽 문화의 원천인 그리스 정신이 말기에 최후의 광채를 띠었던 것을 기뻐하지 않을 수 없습니다. 만일 사람이 페리클레스와 에파미논다스[170]의 정치적 위대한 공적을 추앙하고, 익티노스[171]와 페이디아스[172]의 미술 걸작에 감동을 느끼며, 또한 소포클레스와 플라톤의 사상적 오묘함을 해득하고, 그 가운데서 활약했던 그리스 정신을 생각한다면, 그때는 반드시 데모스테네스가 그리스 말기까지 이채를 보전한 공적을 인정하게 될 것입니다. 생각해 보십시오. 그가 만일 열성적으로 고취하지 않았다면, 이 정신은 벌써 오래전에 없어졌을 것입니다. 따라서 말기의 영구한 잠으로 한 걸음이라도 빨리 들어갔을 것이 아니었겠습니까? 이 점 하나만 보아도, 진실로 그의 위대한 공적은 결코 사라질 것이 아닙니다.

【제11장 4】 그리하고 그의 壯烈한 快辯에 니르러서는 二千餘年이나 지내간 오늘 와서 그 風調가 엇더하엿든지、자세하게 알 수가 업슴이다、만은 한번 그의 演說集을 넑어보면 그 豫言

---

170) 에파미논다스(Epaminondas): 그리스 도시 국가 테베의 장군이자 정치가. 기원전 371년 레욱트라 전투에서 스파르타군을 물리치고 테베의 전성기를 이끌었다. 이후 펠레폰네소스 반도로 진출하여 오랜 기간 스파르타의 예속하에 있던 메세니아인들을 해방시켰다.
171) 익티노스(Iktinos): 기원전 5세기경에 활동한 그리스의 건축가. 아크로폴리스에 있는 파르테논 신전과 엘레우시스에 있는 신비 신전, 바사이에 있는 아폴로 에피쿠리오스 신전을 지은 것으로 알려졌다.
172) 페이디아스(Pheidias): 기원전 5세기 아티카 고전 조각 양식을 완성한 그리스의 조각가로, 아테나와 제우스 등을 위한 신상을 제작하여 명성을 얻었다. 파르테논 신전의 박공(pediment) 장식 제작자로도 추정된다.

者와 갓튼 熱烈*한 音聲은 只今도 오히려 귀에 들니는 것 갓
흐며、그 元氣、그 憤怒、그 激昂은 눈압헤 보이는 듯한 늣김
이 잇슴니다。懦弱한 民心을 꾸짓고 名譽의 感情을 奮起케 한
것이나、貪慾한 무리를 罵倒하고 獻身的 義勇을 激昂케 한 것
이나、또는 優柔不斷의 情弊를 꾸짓고 最後의 決心을 굿게 한
것이나、鎖**沈하고 沮喪한 元氣를 激憤식혀、將來의 希望을
가지게 한 것이나 이러한 것을 닑는 동안에는 몰으게 拍案 一
快哉를 부르게 됨니다。이것은 말할 것도 업시、熱誠의 氣運이
言辭에 나타나며、眞摯한 情이 議論을 쏠코 흘너난 것이외다。
이러하엿거든、엇더케 當時의 民이 激動되지 아니하엿겟슴닛
가。짤아서 그는 勿論 舌端을 쑤다리어、써 一時 民心을 속이
랴고 하는 무리가 아닌 同時에 그에게는 舌端을 쑤다리는 것
이 末葉이며、根元이 아니엿슴니다。

* 熱烈, 김억: 熱烈, 독도 교정
** 銷, 김억: 鎖, 독도 교정

【번역】 데모스테네스의 장렬하고 거침없는 말솜씨에 관해서는 2천
여 년이나 지난 오늘에 와서 그 풍격이 어떠했는지는 자세하게 알
수 없습니다. 하지만 그의 연설집을 한번 읽어보면, 그 예언자와 같
은 열렬한 음성은 오히려 지금도 귀에 들리는 것 같습니다. 그의 원
기와 분노와 격앙은 눈앞에 선한 느낌이 있습니다. 나약한 민심을
꾸짖고 명예의 감정을 떨쳐 일어나게 한 것이나, 탐욕의 무리를 몹
시 꾸짖고 헌신적인 정의와 용기를 격앙케 한 것이나, 우유부단한
정폐情弊[173)를 꾸짖고 최후의 결심을 굳게 한 것이나, 침체하고 기가
꺾인 원기를 격분시켜 장래의 희망을 품게 한 것 등은 이러한 것을

읽는 동안에 자기도 모르게 책상을 치며 쾌재를 부르게 됩니다. 이 것은 말할 것 없이 열성의 기운이 언사에 나타나며, 진지한 감정이 의론을 뚫고 흘러나온 것입니다. 이러하거늘, 어떻게 당시 시민이 격동되지 않았겠습니까? 따라서 그는 당연히 혀끝을 놀려 한때 민심을 속이려는 무리가 아니었습니다. 그에게 혀끝을 놀리는 것은 끝자락의 이파리에 불과하고 뿌리에 있는 근본이 아니었습니다.

【제11장 5】 그의 愛國的 熱誠은 그의 一生을 通한 經絲엿스며、壯烈한 雄辯은 그것을 얼거매는 緯絲엿습니다。達眼明識은 일을 未然에 制禦하며、禍根을 未發에 鑑定하야、조곰도 遺憾됨이 업셧습니다。이리하야 비로소 그의 天職은 完全히 되엿고 그의 使命은 그 任務를 다하엿습니다。더욱 그의 着眼한 바가 더 아름답은 것은 雅典的이 아니고 希臘的임이엿습니다、다시 말하면 그가 警備하는 바가 다만 雅典이라는 것을 위하지만 아니하고 넓히 全希臘을 위하엿다는 것입니다。이 点에서는 그가 前代의 偉人 페리크레쓰、알케쌉쓰、아게시라우쓰、에파미논짜쓰들과 比하야 오히려 優勝합니다。이들 사람은 雅典的이나、그럿치 아니하면 斯波的이나、쏘는 시프쓰的 됨에 지내지 못하엿습니다、만은 데모쓰테네쓰는 그러치 아니하야 그가 理想한 바는 波斯 來寇 當時의 氣像이엿습니다、雅典의 努力으로 因하야 希臘 全土의 利害를 統合한 時代精神이엿습니다、그가 鼓吹한 바가 最高 最大한 愛國心이엿스며、

---

173) 정폐(情弊): 사사로운 정이나 관계에 이끌려 일어나는 폐단.

希臘獨立的 熱情이엿슴니다、이것이 永世로 업서지지 아니할
것이 아니고 무엇이겟슴닛가。

【번역】 데모스테네스의 애국적 열성은 그의 일생을 관통하는 날줄
이었으며, 장렬한 웅변은 그것을 엮어주는 씨줄이었습니다. 통달한
안목과 현명한 식견은 일을 미리 제어했고, 화근이 일어나기 전에
계산하여 조금도 후회하는 마음이 없게 하였습니다. 이리하여 비로
소 그의 천직은 완전하게 되었고, 그의 사명은 그 임무를 다하였습
니다. 게다가 그의 발상이 더 아름다운 것은 아테네를 위한 것이 아
니고 그리스를 위한 것이었습니다. 다시 말하면 그가 미리 살피고
지키는 것이 아테네만을 위하지 않고 널리 그리스 전역을 위하였다
는 것입니다. 이 점에서는 그가 전대의 위인 페리클레스, 아르키모
다스,[174] 아게실라오스,[175] 에파미논다스[176] 등에 비하여 오히려 뛰
어납니다. 이 사람들은 아테네를 위하거나, 그렇지 않으면 스파르타
를 위하거나, 또는 테베를 위한 것에 지나지 않았습니다. 하지만 데
모스테네스는 그렇지 않았습니다. 그가 이상으로 삼는 것은 페르시

---

174) 아르키다모스(Archidamos): 기원전 5세기 스파르타의 왕인 아르키다모스 2
　　세(B.C.?~B.C.427)를 말한다. 1차 펠로폰네소스 전쟁을 이끈 스파르타의 장군
　　이기도 했다. 불가피한 전쟁을 막기 위한 노력으로 1차 펠로폰네소스 전쟁의
　　평화협정을 446년 맺었으나, 이후 430년 2차 펠로폰네소스 전쟁이 발발한 이
　　후 얼마 되지 않아 사망한다.
175) 아게실라오스(Agesilaos): 기원전 4세기 초반 펠로폰네소스 전쟁을 승리로 이
　　끈 스파르타의 왕인 아게실라오스 2세(B.C.444?~B.C.360)를 말한다. 그는 승
　　리를 바탕으로 페르시아 원정을 계획했었다. 테베가 그리스의 헤게모니를 쥐고
　　스파르타를 침공했을 때도, 스파르타를 성공적으로 방어하여 멸망을 막았다.
176) 에파미논다스(Epaminondas): 기원전 4세기 중반 테베의 장군(B.C.410~B.
　　C.362). 만년 2인자였던 테베를 성장시켜, 기원전 360년대, 그리스의 헤게모
　　니를 장악하도록 만들었다.

아가 침략할 당시의 기상이었습니다. 아테네의 노력으로 인해 그리스 전역의 이해득실을 통합한 시대정신이었습니다. 그가 고취한 것은 가장 높고 가장 큰 애국심이었으며, 그리스 독립의 열정이었습니다. 이것이 영원히 사라지지 않을 것이 아니고 무엇이겠습니까?

【제11장 6】 그의 抱負는 이와 갓치 크고、그의 決心은 이와 갓치 壯하엿습니다、만은 時運은 그를 바리어、한갓 無限한 怨恨만 남기고、가슴에는 壯圖를 그대로 가지고 只今은 돌아오지 못할 손이 되엿습이다。그의 至誠이 不足함이 아니엿스며、그의 熱情이 不足함이 아니엿고、다만 時勢가 그럿케 만들엇슬 쑨임니다。큰 집이 넘어지랴는 것을 엇지 한 그루 나무가 保持할 수 잇겟슴닛가。가만히 그의 一生을 생각할 쌔에는 그 義烈의 高貴를 仰慕하지 아니할 수 업는 同時에 當時 民心의 頹廢를 설어하지 아니할 수가 업습니다。

【번역】 데모스테네스의 포부는 이처럼 컸고, 결심은 이처럼 굳세었습니다. 하지만 시대의 운명은 그를 버려 끝없이 원한만 남겼습니다. 지금 그는 가슴에 웅대한 계획을 그대로 품은 채 돌아오지 못할 길손이 되었습니다. 그의 지극한 정성이 부족함도 아니었으며 그의 열정이 부족함도 아니었습니다. 시대의 형세가 그렇게 만들었을 뿐입니다. 큰 집이 넘어지려 할 때, 어찌 나무 한 그루로 지탱할 수 있겠습니까? 가만히 그의 일생을 생각하면, 고귀하고 의로운 열정을 추앙하지 않을 수 없는 동시에, 당시 민심의 퇴폐를 슬퍼하지 않을 수 없습니다.

【제11장 7】 아々 落花는 한번 써러지면 다시 돌아오지 못하고、流水는 한번 흘너가면 다시는 올 길이 업슴니다、데모쓰테네쓰는 한번 돌아간 뒤에는 다시 업슴니다、이리하야 그는 希臘精神과 갓치 살다가 希臘精神과 갓치 가고 말앗슴니다。只今 그의 雄魂義魄은 엇다한 곳에 아득이 고잇스랴。한번 가매 消息이 슨긴 지、해를 거듭하야、여긔에 二千餘年!

　『데모쓰테네쓰여 네가 만일 心力과 갓흔 體力을 가젓드라면 마게쏘니아의 暴王이 엇더케 希臘을 征服하엿스랴。』
하는 그의 碑銘도 只今은 오래 동안의 바람과 비에 갈니여 자최좃차 업슴을 셜어할 다름임니다。「씃」

【번역】 아아, 낙화는 한번 떨어지면 다시 돌아오지 못하고, 유수는 한번 흘러가면 다시는 올 길이 없습니다. 데모스테네스는 한번 세상을 떠난 뒤에는 다시는 돌아올 길이 없습니다. 이리하여 그는 그리스 정신과 같이 살다가 그리스 정신과 함께 가고 말았습니다. 지금 그의 웅대하고 의로운 혼백은 어느 곳에 아득히 머무르고 있는가? 한번 가서 소식이 끊긴 지 해를 거듭하여 지금 2천여 년!

　"데모스테네스여, 당신이 만일 심력과 같은 체력을 가졌다면 마케도니아의 포악한 군주가 어찌 그리스를 정복하였으랴!"[177]라는 비석에 새긴 글도 지금은 오랫동안의 비바람에 갈려 자취조차 없음을

---

177) 데모스테네스여…정복하였으랴: 플루타르코스의 문장을 가져온 것으로, 원문의 맥락에서는 이상에 걸맞은 군사적 힘을 뜻한다. "εἴπερ ἴσην ῥώμην γνώμῃ, Δημόσθενες, εἶχες, οὔποτ ἂν Ἑλλήνων ἦρξεν Ἄρης Μακεδών." 만일 생각과 똑같은 힘을 가졌으면, 데모스테네스여! 마케도니아의 아레스가 헬라스를 지배하지 못했으리라! 플루타르코스 《비교열전 · 데모스테네스전》 30.5.

슬퍼할 따름입니다.「끝」

독도디지털도서관 소개

종이책으로 출판되는 이 《데모쓰테네쓰》는 독도디지털도서관(http://www.dokdodl.org/)에서도 이용할 수 있다. 독도디지털도서관은 미국 의회가 후원하고 터프츠Tufts 대학이 꾸리고 있는 '페르세우스Perseus 디지털도서관'을 모델로 삼아 시작되었으며, 기존의 한국 '디지털 도서관'들이 가지고 있었던 한계를 극복하고, 연구자와 대중 모두를 위한 한국어 누림터를 구축하기 위해서 노력하고 있다. 독도디지털도서관은 다음과 같은 세가지 원칙에 입각하여 만들어졌다.

첫째는 신뢰성과 표준성이다. 독도디지털도서관에서 제공하는 텍스트들은 모두 서양고전문헌학의 방법론에 기초하여 만들어진 비판 정본을 토대로 하며, 텍스트와 함께 비판 정본의 편집자, 번역자, 주해자의 이름을 명시하여 공신력을 확보한다. 편집부호 사용과 비판 장치 기술은 원칙적으로 국제 표준 부호 및 약호를 따르며, 한국어와 한국한문을 기술하는데 있어 필요한 경우 자체적인 부호와 약호를 표준으로 만들어 사용한다.

둘째는 접근성과 편리성이다. 독도디지털도서관은 지리적·경제적·문화적 배경에 상관없이 최대한 많은 사람들이 접근할 수 있도록 활용 가능한 자료를 온라인 플랫폼을 통해 공개한다. 또한 전문 연구자 뿐만 아니라 학생과 일반 독자들도 쉽게 정보를 이용할 수 있도록 구성과 디자인을 꾸준히 이용자 친화적으로 개선한다.

셋째는 연결성과 확장성이다. 독도디지털도서관은 축적된 텍스트 간의 상호텍스트성intertextuality을 활용하기 위해, 도서관 내부에 역동적인 관계망을 구축하고자 한다. 이는 이용자들의 관심사가 단일한 텍스트를 독해하는 데에서 그치지 않고, 다양한 텍스트를 여러 차원에서 음미할 수 있도록 도구상자를 제공하는 것과 같다. 이를 통해 독도디지털도서관은 한편으로는 근현대 한국사 연구자들에게 근대 한국의 사상과 사회를 조망하는 원천자료로 활용될 수 있고, 다른 한편으로는 한국어 연구자들에게 근대 한국어의 변천을 통시적으로 추적할 수 있는 언어 자료의 축적을 목표로 한다. 텍스트가 쌓여갈수록 연구 주제들은 연쇄적으로 확장되어 갈 것이다. 또한 도서관 외부에 출처를 둔 관련 자료와 배경 정보들을 텍스트 본문에 연결하여, 인쇄본에서는 구현할 수 없었던, 지속적으로 확장가능한 디지털도서관 구축을 추구한다.

궁극적으로 독도디지털도서관은 상기한 세 가지 원칙에 따라 한국의 문헌학, 나아가 디지털 문헌학의 길라잡이가 될 모범적인 준거점을 제시하고, 한국의 근대 문헌을 언제 어디서나 누구나 향유할 수 있도록 만드는 것을 목표로 삼고 있다. 독도디지털도서관은 현재 웹 상에서 확인할 수 있으며, 이용자들의 편의와 학술적 발전을 위해 계속해서 새롭게 단장하고 있다. 이번 《데모쓰테네쓰》 역시 디지털 비판정본으로 공개하여 보다 많은 사람들이 누릴 수 있기를 기대한다.

이 책이 세상의 빛을 보게 도운 사람들

후원회원(2025. 12.23)

감혜정 강경구 강경록 강경미 강경이 강경희 강규옥 강기만 강담현 강동주 강동환

강두산 강무현 강무홍 강무홍 강문희 강미경 강미옥 강민선 강산 강상애 강서윤

강선숙 강선영 강선주 강선중 강성란 강소영 강소희 강순영 강애리 강여진 강연정

강영우 강우원 강유리 강유홍 강은영 강은정 강은준 강인숙 강정희 강제숙 강종심

강주현 강준우 강지아 강지연 강지예 강지원 강진영 강진영 강태리 강한아 강한옥

강행운 강혜정 강환규 강효정 강휘 강희선 강희숙 경유진 고경권 고경숙 고대현

고라경 고명섭 고명임 고민지 고선하 고성민 고성용 고수민 고수아 고영은 고영조

고영탁 고예슬 고예이 고유미 고유미 고유진 고은나라 고은실 고은정 고은정

고자현 고재광 고재원 고재홍 고한조 고현희 고혜성 고혜진 공명희 공민정 공석기

공선화 공재형 공정희 공희자 곽노현 곽문석 곽미숙 곽민경 곽민정 곽서영 곽수진

곽은숙 구미원 구수정 구신정 구윤모 구준모 국경희 국혜연 권경진 권나현 권난주

권남선 권대훈 권두용 권명희 권미경 권미영 권미진 권민서 권민정 권상윤 권석광

권선미 권소아 권순교 권영숙 권영심 권영애 권오춘 권유리 권유진 권윤덕 권은미

권이준 권정희 권초롱 권춘자 권해신 권혁연 권현선 권혜림 권혜수 권혜자 권희숙

금은주 금이순 김가희 김강수 김건우 김건희 김경렬 김경문 김경민 김경민 김경민

김경민 김경숙 김경숙 김경아 김경애 김경현 김경희 김경희 김계옥 김계정 김고운

김광오 김광필 김귀향 김규랑 김근명 김근영 김근혜 김근화 김금래 김기돈 김기훈

김나연 김나영 김나영 김나윤 김나정 김난영 김다혜 김다홍 김달님 김덕수 김도윤

김도은 김도현 김도형 김동일 김동하 김동희 김막희 김명규 김명미 김명옥 김명희

김문경 김문호 김미경 김미경 김미경 김미경 김미남 김미래 김미령 김미령 김미리

김미선 김미선 김미선 김미숙 김미애 김미양 김미연 김미영 김미영 김미영 김미옥

김미자 김미정 김미주 김미주 김미진 김미진 김미진 김미혜 김미희 김민기 김민빈

김민서 김민선 김민섭 김민성 김민숙 김민아 김민웅 김민유 김민재 김민정 김민정

김민정 김민정 김민정 김민주 김민주 김민준 김민지 김민하 김민하 김민회 김민희
김민희 김민희 김범수 김범필 김병록 김병필 김보경 김보경 김보람 김보선 김보연
김보현 김보혜 김복희 김봉민 김산 김삼택 김상희 김새롬 김서영 김선경 김선경
김선녀 김선미 김선미 김선미 김선범 김선애 김선영 김선영 김선영 김선영 김선영
김선일 김선임 김선중 김선형 김선홍 김선희 김선희 김선희 김선희 김성관 김성기
김성명 김성미 김성민 김성범 김성수 김성실 김성완 김성은 김성진 김성호 김세규
김세나 김세랑 김세영 김세진 김세진 김소기 김소명 김소양 김소연 김수경 김수근
김수린 김수민 김수선 김수아 김수자 김수정 김수진 김수진 김수향 김수환 김숙경
김순미 김순영 김순이 김순이 김순임 김순자 김슬아 김승수 김승연 김승욱 김시열
김시온 김시현 김아람 김애경 김애경 김애자 김양미 김언호 김언희 김여숙 김여종
김연경 김연교 김연량 김연옥 김영도 김영래 김영미 김영미 김영미 김영숙 김영숙
김영숙 김영식 김영심 김영애 김영인 김영진 김영호 김영화 김영환 김영훈 김영희
김영희 김영희 김영희 김영희 김예서 김예승 김예은 김옥렬 김옥지 김옥희 김온
김완숙 김완희 김외숙 김용숙 김용원 김우택 김원식 김원중 김원회 김월회 김유경
김유준 김유진 김유진 김윤경 김윤석 김윤아 김윤영 김윤정 김윤희 김은경 김은령
김은령 김은미 김은미 김은민 김은비 김은숙 김은숙 김은영 김은우 김은정 김은정
김은정 김은주 김은주 김은주 김은주 김은진 김은진 김은채 김은혜 김은희 김이현
김인선 김인숙 김인숙 김인애 김자연 김자희 김재경 김재성 김재은 김재이 김재학
김재형 김재희 김정룡 김정민 김정선 김정수 김정숙 김정순 김정아 김정애 김정옥
김정용 김정은 김정이 김정임 김정하 김정현 김정현 김정현 김정화 김정화 김정회
김정희 김종규 김종심 김종우 김종한 김주현 김주혜 김주희 김준엽 김지나 김지선
김지섭 김지수 김지영 김지영 김지영 김지영 김지영 김지영 김지우 김지원 김지은
김지현 김지현 김지혜 김지환 김지훈 김진길 김진미 김진서 김진석 김진성 김진수
김진아 김진영 김진영 김진옥 김진우 김진이 김진주 김진향 김진현 김진호 김진희
김찬기 김창준 김창진 김창현 김채린 김채은 김천석 김청 김초롱 김춘영 김춘화
김태경 김태경 김태윤 김태윤 김태임 김태주 김태환 김필례 김한겸 김한나 김한솔
김해성 김해진 김향미 김향미 김헌 김현 김현동 김현미 김현미 김현서 김현서
김현수 김현숙 김현숙 김현실 김현아 김현애 김현우 김현정 김현정 김현정 김현정
김현주 김현주 김현지 김형숙 김혜림 김혜선 김혜숙 김혜순 김혜연 김혜영 김혜영
김혜은 김혜정 김혜진 김혜진 김혜진 김혜진 김혜진 김환희 김효리 김효임 김효정
김효정 김효정 김효진 김후성 김훈민 김훈의 김희경 김희경 김희경 김희선 김희숙
김희원 김희은 김희정 김희정

나경림 나선민 나소진 나우천 나윤희 나은선 나지수 나현승 나현주 남경숙 남경준
남미진 남바 사야까 남수연 남수현 남영식 남용희 남정연 남정이 남정희 남지민
남지연 노경미 노경숙 노민자 노성영 노아현 노연경 노윤아 노은주 노인영 노정화
노형숙 노혜원 노희숙

동금자 두양진

라안숙 류미경 류소형 류수진 류여원 류여해 류영선 류영애 류재수 류정아 류정옥
류주열 류현미

명연파 모미라 모영신 모재홍 모현정 문경숙 문미경 문미희 문서윤 문세은 문세인
문송이 문수양 문수정 문슬혜 문아인 문연희 문영아 문은수 문은주 문지영 문지은
문진아 문진영 문진우 문채원 문필주 문현준 민경애 민정희 민진 민태일

박건영 박경미 박경자 박경현 박경희 박경희 박계숙 박관순 박광진 박규철 박금선
박금숙 박금순 박금자 박나현 박노욱 박도은 박명아 박명화 박미나 박미숙 박미은
박미정 박민정 박민표 박민형 박보경 박봉재 박상훈 박상훈 박선경 박선명 박선미
박선미 박선영 박선옥 박선욱 박선주 박선준 박선희 박성민 박성식 박성용
박성욱 박성은 박성희 박세은 박소연 박소영 박소율 박소은 박소현 박송이 박수경
박수근 박수현 박숙현 박순섭 박순옥 박순옥 박순자 박순자 박승호 박신자 박신자
박아로미 박애란 박여울 박연미 박연순 박연희 박영렬 박영미 박영숙 박영욱
박영자 박영주 박영희 박예찬 박옥연 박용석 박용진 박운옥 박유진 박윤경 박윤정
박윤정 박윤주 박윤희 박은경 박은미 박은성 박은숙 박은영 박은영 박은영 박은영
박은옥 박은정 박은주 박은진 박은희 박의선 박이분 박인식 박인옥 박인자 박재동
박재령 박재영 박재필 박재현 박재형 박점숙 박정림 박정미 박정선 박정숙 박정안
박정애 박정연 박정우 박정원 박정은 박정의 박정임 박정하 박정헌 박정현 박정현
박정현 박정현 박정호 박정화 박정훈 박정희 박제성 박종덕 박종선 박종철 박주령
박주선 박주홍 박준범 박준상 박준성 박준영 박준영 박준영 박준우 박준혁 박준희
박지민 박지성 박지영 박지영 박지원 박지윤 박지이 박지정 박지혜 박진혜 박진화
박창규 박창수 박창숙 박채윤 박춘화 박태우 박태찬 박하민 박해련 박해옥 박해진
박행님 박향심 박현 박현숙 박현옥 박현진 박현정 박현정 박현정 박현주 박현진
박현희 박형준 박혜경 박혜경 박혜경 박혜선 박혜숙 박혜연 박혜영 박혜영 박혜영

박혜영 박혜정 박희성 박희숙 박희정 박희진 박희찬 반영선 반정록 반정하 방기정
방숙자 방정인 방희영 배금영 배난선 배미순 배소라 배신영 배양숙 배영선 배유진
배은주 배은희 배익준 배인경 배주영 배지연 배지현 배찬영 백가희 백경연 백경윤
백근민 백근영 백복규 백성숙 백승미 백승화 백안나 백영숙 백영춘 백자옥 백정민
백창훈 백한나 백현숙 백현우 백혜경 법운 변경미 변경숙 변명기 변미정 변재규
변재현 변정인

사공진 서경미 서경희 서경희 서길동 서명숙 서명주 서미선 서미화 서보민 서석현
서성혁 서수정 서승원 서시원 서연미 서옥주 서유나 서은자 서은희 서인희 서재관
서재원 서정빈 서정일 서정현 서정화 서지성 서지연 서지원 서지윤 서진원 서진원
서창완 서천웅 서해림 서현우 서혜민 서희원 선우책방 설동남 설서진 설서희
설정윤 설진선 설해근 성경숙 성미향 성소희 성시영 성예령 성유리 성자은 성지연
성진숙 성춘택 성현아 소경은 소영지 소예한 소원섭 소은혜 소재현 소준희 소진형
손경희 손문희 손미령 손미숙 손민재 손선화 손수경 손아영 손애영 손원자 손인욱
손정열 손하누리 손현주 송경주 송덕희 송동훈 송문석 송미선 송미옥 송미자
송민정 송민정 송민주 송봉종 송성림 송성진 송성희 송수진 송수진 송숙희 송순옥
송승미 송승윤 송언분 송영실 송영현 송영현 송우주 송원경 송원진 송은실 송은지
송은지 송인현 송재희 송정연 송정희 송지영 송지형 송창희 송채영 송하종 송현석
송현숙 송회순 송희정 신경애 신계숙 신기석 신동재 신동희 신라온 신라윤 신명진
신미정 신민경 신민경 신민하 신봉화 신상현 신선영 신선옥 신선임 신설아 신성하
신소용 신수자 신수정 신수진 신수진 신숙녀 신순철 신승은 신시언 신아영 신연옥
신연주 신연진 신영숙 신영주 신윤지 신은미 신은영 신은진 신은희 신이은 신일아
신재민 신정희 신주언 신주연 신지명 신지민 신지현 신지혜 신진선 신진희 신해숙
신현숙 신현숙 신현정 신현지 신혜경 신혜선 신효순 신희경 심경희 심금순 심미숙
심상언 심영석 심우용 심윤경 심준호 심행연

안동실 안명옥 안무건 안보근 안부영 안상훈 안세아 안소민 안수영 안숙희 안신영
안은영 안은영 안은정 안일경 안재원 안정희 안주영 안지인 안치환 안치훈 안태경
안혜영 안희경 양경희 양기수 양기순 양나희 양덕휘 양미란 양미영 양미영 양미자
양민구 양부영 양부옥 양선례 양승규 양신이 양신택 양영옥 양원아 양윤영 양윤영
양은영 양인하 양지숙 양지인 양지현 양지혜 양태훈 양하늘 양현미 양현운 양혜윤
양희선 어창선 어혜경 엄돈분 엄영주 엄주원 엄지영 엄태정 엄형수 엄호은 여국현

여수인 여차숙 여태전 여호수 여희경 여희숙 연경희 염가영 염슬아 염정삼 염정신
염정훈 염지율 오기출 오덕수 오미경 오미나 오선옥 오선혜 오설자 오성근 오세련
오세범 오송경 오순이 오승민 오승은 오승주 오안나 오영자 오영희 오용주 오유경
오유진 오유진 오윤실 오윤주 오은숙 오은영 오은주 오인섭 오정인 오정임 오정현
오정화 오정환 오지현 오창윤 오판진 오해균 오현영 오현주 오효선 옥샘 용회수
우미진 우선미 우선희 우수진 우애정 우연미 우인숙 우태헌 원성욱 원순옥 원유순
원종희 원혜진 원효진 위성신 유강남 유경순 유계원 유광연 유다님 유도영 유동걸
유미경 유미진 유병호 유상조 유상화 유선경 유소향 유수연 유숙현 유순자 유아주
유애희 유영애 유영애 유영재 유은영 유은주 유은지 유인영 유정인 유주열 유진아
유진아 유진아 유진영 유창화 유향자 유현아 유혜숙 유혜정 육수진 육연우 육재숙
윤경 윤경민 윤경숙 윤경은 윤경희 윤나래 윤명자 윤미라 윤미선 윤미순 윤민서
윤보민 윤상민 윤샘 윤석찬 윤선희 윤성아 윤성원 윤성필 윤성화 윤세라 윤소영
윤숙자 윤숙향 윤영란 윤영서 윤영신 윤영채 윤영태 윤윤경 윤은자 윤은희 윤재성
윤재성 윤재숙 윤정은 윤정화 윤정후 윤주연 윤주옥 윤지선 윤지영 윤지은 윤지현
윤지현 윤지현 윤지현 윤지훈 윤한아 윤행숙 윤혜경 윤혜정 윤효숙 윤효영 윤희정
이가은 이강재 이건명 이경선 이경순 이경은 이경은 이경자 이경종 이경진 이경희
이계숙 이계화 이국엽 이권택 이규만 이금주 이기수 이길순 이남희 이다민 이다은
이덕 이도겸 이란희 이래경 이만식 이명숙 이명숙 이명순 이명완 이명우 이명주
이명혜 이명희 이명희 이명희 이모란 이문호 이문희 이미경 이미리 이미성 이미숙
이미숙 이미숙 이미원 이미정 이미진 이미화 이민서 이민재 이민정 이병재 이보영
이보형 이보혜 이봉은 이상국 이상란 이상림 이상미 이상민 이상연 이상영 이상욱
이상은 이상종 이상철 이상희 이상희 이상희 이서린 이서영 이선경 이선구 이선남
이선미 이선순 이선아 이선옥 이선용 이선주 이선진? 이선희 이선희 이설빈
이성연 이성열 이성자 이성준 이성희 이성희 이소민 이소연 이소은 이수경 이수옥
이수인 이수정 이수진 이수진 이수현 이숙현 이숙현 이순애 이순호 이순화 이슬
이승미 이승숙 이승우 이승우 이승윤 이승진 이승하 이승희 이안 이연숙 이연옥
이연재 이연희 이영근 이영남 이영노 이영매 이영미 이영미 이영미 이영미 이영미
이영수 이영애 이영옥 이영옥 이영주 이영주 이영주 이영채 이영희 이예지 이예지
이옥종 이옥화 이옥희 이용중 이용창 이원희 이유리 이유리 이유주 이윤선 이윤영
이은경 이은경 이은숙 이은애 이은영 이은정 이은정 이은정 이은정 이은주 이은주
이은진 이은혜 이은희 이은희 이이건 이인식 이재규 이재심 이재영 이재원 이재준
이재현 이정경 이정근 이정금 이정미 이정민 이정섭 이정숙 이정숙 이정숙 이정순

이정아 이정아 이정안 이정우 이정욱 이정인 이정호 이정희 이제웅 이종연 이종현
이종훈 이주연 이주연 이주영 이주영 이주하 이주해 이준혁 이준희 이지민 이지선
이지선 이지수 이지애 이지연 이지연 이지연 이지영 이지영 이지영 이지영 이지영
이지은 이지인 이지향 이지현 이지후 이진규 이진선 이진영 이진원 이찬혁 이찬희
이창선 이창호 이채영 이채율 이춘숙 이충범 이태동 이태인 이태향 이하영 이하윤
이하윤 이하정 이학주 이해경 이해담 이해미 이향숙 이현경 이현서 이현숙 이현숙
이현숙 이현아 이현정 이현정 이현정 이현주 이현주 이현주 이현주 이현지 이현진
이현채 이현하 이현화 이형도 이형준 이혜영 이혜정 이혜진 이혜진 이홍걸 이화수
이화엽 이화엽 이화진 이효경 이효남 이효민 이효인 이효준 이효진 이희라 이희승
이희옥 이희호 인경화 임강희 임건홍 임경아 임경희 임근영 임도이 임동신 임동진
임명주 임명현 임미경 임미은 임미정 임미현 임병선 임보라 임산 임상우 임성훈
임세정 임세호 임소연 임소정 임수민 임수연 임수연 임수진 임수필 임수형 임수희
임승종 임애련 임양선 임여진 임영님 임영란 임영신 임원자 임은경 임은경 임은진
임재범 임정숙 임정연 임정진 임지애 임지연 임지영 임지영 임지현 임진아 임채임
임춘순 임한결 임해아 임현숙 임현순 임현아 임현정 임현주 임형성 임혜연 임혜영
임휘준

장계림 장미연 장범희 장보영 장상윤 장서윤 장선미 장선희 장수이 장시은 장애란
장양선 장여진 장연수 장영미 장영민 장영복 장영숙 장영철 장예종 장용철 장원선
장원실 장원철 장원택 장은빛 장은성 장재혁 장점숙 장정순 장정은 장주희 장진경
장진석 장채원 장혜경 장혜린 장혜림 장호선 장희정 전경옥 전다운 전명국 전민영
전상화 전선영 전성실 전성은 전세련 전소현 전송이 전수진 전연휘 전영근 전영자
전유정 전윤희 전은숙 전은주 전인순 전정윤 전정임 전정현 전지은 전지혜 전지후
전진영 전충진 전해연 전헌숙 전현민 전현욱 전혜민 전화연 전효선 정경이 정광일
정근정 정금순 정금인 정금현 정금현 정기열 정길용 정길자 정남선 정대원 정동영
정란희 정미경 정미경 정미순 정미영 정미영 정미욱 정미정 정민옥 정민지 정민호
정보영 정봉선 정부임 정상식 정상호 정서현 정석광 정선영 정성문 정성원 정세은
정세인 정소영 정수은 정수진 정수희 정승규 정승연 정애령 정애리 정애숙 정애숙
정연미 정연승 정연승 정연실 정영미 정영선 정영신 정영애 정영자 정영주 정영주
정예을 정옥 정옥남 정옥자 정운랑 정유진 정윤남 정윤정 정윤지예 정윤희 정은미
정은선 정은선 정은숙 정은영 정은영 정은정 정은주 정은진 정은혜 정은화 정이원
정이현 정인숙 정인자 정장화 정재민 정재연 정재진 정정은 정정희 정종국 정종순

정준호 정중현 정지구 정지선 정지선 정지성 정지순 정지영 정지은 정진 정진아
정진홍 정진화 정태수 정하윤 정해순 정향철 정현경 정현빈 정현아 정현자 정현정
정현주 정현주 정혜송 정혜숙 정혜숙 정혜숙 정혜원 정혜원 정혜윤 정혜인 정혜지
정환미 정환웅 정훈희 정희정 정희진 조경배 조경삼 조경숙 조기영 조만재 조명구
조명신 조명희 조미라 조미선 조미숙 조미숙 조민정 조민철 조병범 조보나 조부민
조성신 조성현 조성훈 조수민 조수진 조순우 조슬기 조아련 조아름 조애리 조연숙
조연학 조영실 조영옥 조영이 조용근 조용희 조우나 조우리 조원희 조유미 조유진
조윤미 조윤석 조윤성 조윤진 조은숙 조은주 조은지 조은진 조은희 조인향 조잔디
조잔디 조정은 조정희 조정희 조종숙 조항미 조현목 조현숙 조현진 조형제 조형제
조형주 조혜경 조혜란 조홍남 조효진 조희영 좌세준 좌연순 주선미 주소연 주소연
주소이 주윤서 주은선 주은정 주중식 주채영 지미현 지소원 지소윤 지예은 지자영
지항모 지해옥 지현정 지형욱 진다미 진소라 진수임 진승희 진옥년 진윤정 진주빈

차규근 차명진 차영근 차영동 차원준 차은주 차은혜 차일경 차정화 차지원 차현정
차혜정 채민주 채영신 채은아 천권환 천명자 천성자 천승희 천원석 초문정 초문정
최강진 최강토 최강훈 최강희 최경선 최경숙 최경애 최경욱 최권현 최귀숙 최규서
최규석 최규희 최덕근 최미나 최미랑 최미선 최미숙 최미순 최미아 최미애 최미영
최미진 최미향 최민서 최병일 최복수 최상국 최상수 최상희 최선영 최선영 최선영
최선자 최선주 최성숙 최성훈 최성희 최소영 최수희 최승기 최승천 최양희 최연정
최연향 최연희 최영선 최영수 최영순 최영주 최영화 최용 최용근 최운호 최원영
최유나 최유빈 최유정 최윤규 최윤근 최윤미 최윤정 최은규 최은길 최은숙 최은영
최은영 최은희 최익현 최인석 최인영 최장순 최재경 최정선 최정화 최정희 최준규
최지영 최지원 최진경 최진우 최진화 최진희 최찬 최창미 최치숙 최현덕 최현주
최현주 최혜빈 최혜은 최환이 최희옥 추수진
탁무권 표말순 표준희

하봄비 하봉수 하성욱 하세린 하수정 하연서 하영일 하예승 하예은 하예진 하예찬
하유리 하윤하 하춘선 하혜영 한강수 한계선 한계희 한규주 한나라 한도윤 한미정
한미화 한민지 한사라 한상묵 한상진 한상희 한서윤 한성민 한성심 한성준 한송이
한수민 한순애 한슬기 한승재 한실희 한아름 한연식 한영선 한영숙 한우정 한운성
한재희 한정옥 한종석 한지영 한지혜 한지환 한진수 한진영 한진우 한혜경 한홍구
함미선 함지윤 함형심 허경림 허기 허남석 허미숙 허선영 허소윤 허소희 허수민

허순영 허순임 허운정 허은우 허은화 허정숙 허홍숙 허효남 허희재 현명자 현선식
현안나 현충훈 형은경 홍경화 홍근영 홍동화 홍루리 홍루아 홍루희 홍명수 홍미란
홍민서 홍선애 홍성화 홍용도 홍유리 홍윤정 홍인걸 홍정숙 홍정욱 홍정주 홍종욱
홍현주 홍혜자 황규안 황남구 황미경 황미순 황미영 황병구 황병석 황봉률 황수경
황여나 황연경 황영나 황영찬 황인덕 황인성 황인택 황정인 황정혜 황종미 황종옥
황지숙 황진경 황진희 황학영 황현정 황혜경 황효진

다봄출판사 데이라이트(Daylite) (주)사계절출판사

특별 후원
김하광 박재근 박종구 양미선 유병철

데모쓰테네쓰

초판 1쇄 인쇄일 2025년 12월 20일
초판 1쇄 발행일 2025년 12월 30일

저술 김억
역주 김은숙 김종헌 김충구 김태주 손하누리 안재원 장원철
펴낸이 여희숙

기획 독도글두레 **편집** 김태주 **디자인** 노승우

펴낸곳 독도도서관친구들 **출판등록** 2019년 4월 25일 제2019-000128호
주소 서울특별시 마포구 동교로 114, 태복빌딩 301호(서교동)
전화 02-571-0279 **팩스** 02-323-2260 **이메일** yeoyeoum@hanmail.net

ISBN 979-11-967279-6-3 03920
ISBN 979-11-967279-0-1 (세트)

• 잘못 만들어진 책은 구입하신 서점에서 바꿔드립니다.